万川
reflections

一步万里阔

东北专电

大公报里的政声与民生

1945
1948

张刃 著

中国工人出版社

致读者

从1931年“九一八事变”到1945年“八一五”日本投降，3000多万东北同胞经历了14年沦陷岁月，深受日寇压迫蹂躏之苦。抗战胜利了，他们对于和平生活的期待与渴望如大旱望云霓。不料，东北和平仅仅维持了两个多月，国民党为了争夺东北，不惜调集重兵，挑起内战，从1945年11月开始，至1948年12月辽沈战役结束，历时三年。国民党在东北的统治风雨飘摇，终至消亡。

对于东北问题，当时中国最具影响力的报纸——大公报很早就给予了关注与重视，派出得力记者常驻东北采访，及时报道各方动态和局势演变。1945年10月，大公报特派员吕德润即随国民党接收人员到东北常驻；1946年4月，大公报北平办事处主任徐盈随军调小组到东北做过短暂采访；1946年5月，全面内战爆发前，大公报又增派记者张高峰作为特派员到东北，与吕德润分驻沈阳、长春，共同负责东北报道。在一个地区常驻两名特派员，是大公报历史上仅有的一次，可见其对东北局势的重视，也因应了公众对东北问题的关注。1947年夏，吕德润调往上海后，东北的采访报道即由张高峰全面负责。1948年初，国民党东北当局实施新闻检查，扣发记者稿件，张高峰撤回北平，但继续间接报道东北局势发展，直至辽沈战役结束。

对于1945年至1948年发生在东北地区的那场关乎国运、民生的战争，海峡两岸及国外的许多学者都曾有过研究、著述，尽管立场、观点有所不同乃至对立，但基本史实不能也无法改变。而当年新闻记者所做的报道，正是当时发生的各种事实的原始记录。由于记者（特别是非官方记者）以“第三者”的立场观察、记录，因而应该成为历史研究的重要资料。时隔70多年，重新翻阅当年作为新闻、如今已成历史的文字，把它们整理出来，或可成为另一个视角下的历史见证，于是有了这样一本小书。需要向读者做几点说明的是：

一、“新闻专电”是大公报派驻各地记者通过电报形式向编辑部发回的当日乃至即时新闻。无线电报是当时最快捷的信息传播方式。报纸通过“专电”迅速、及时地发布最新消息、独家新闻，才能赢得读者和声誉，此即为新闻时效性的价值所在（遇有重要动态新闻，常常一天要发多条。而时效性不强的长篇通讯，则通过邮寄方式发回编辑部）。由于电报以字数计算费用，价格昂贵，因此要求言简意赅，通常只用几十、百把字记述某一事实，除必备的新闻要素，容不得陈词冗文，是为当年新闻写作范式。

二、本书基本依照年月时序叙事，大量摘录当年大公报专电、通讯原文，以便读者循其脉络，一窥当年东北局势演变过程，做出正确判断。引文中的个别词语和表述囿于当时的历史环境，今天看来亦需要读者明辨。引用资料除个别注明引自其他报刊，绝大部分为天津大公报所载。当事记者的回忆部分为笔者采访所得。

三、以当年的新闻报道作为历史研究资料，前提是内容必须客观、真实。但事实上，记者个体对于新闻价值的判断、素材的选择乃至文字的表述，又不能不受其主观意识（包括政治立场）的支配，影响到他们所做报道的主观倾向与客观公正。当年到东北采访的三位大公报记者，徐盈是1938年入党的中共地下党员，吕德润、张高峰则没有党派身份。[①]“反对内战，同情百姓”的立场主导了他们的采访报道及其他社会活动，且鲜明体现在他们公开发表的文字之中。指出这一点，有助于更好地理解本书所表现的大公报记者当年的思想、活动和文字。

四、特派员是大公报记者中的最高一级，分国外、国内两种。什么情况下，谁为特派员，由总编辑决定，在记者见报通讯署名前冠以“本报特派员”字样（新闻专电一般不署记者名）。吕德润、张高峰被特派东北，与他们抗战时期的战地记者经历有关。他们不仅有较丰富的报道经验，而且有当时在东北的国民党军政高层人脉关系，因此成为合适人选。

五、大公报记者在东北初期，由于国、共、美三方参与军事调处的关系，还可以到中共解放区或对中共代表进行采访、报道。军调失败，中共代表撤退后，其采访、报道范围局限于国统区，加之受记者个人视野、关注点等因素所限，报道所及不足以体现当时东北局势全貌（但重要新闻不会遗漏），作为“一面之词”和“一家之言”，亦请读者理解、明辨。

以当年新闻记者的视角与整理原始文本的方式回顾、记述历史，

---

① 三位记者晚年分别任全国政协委员（徐盈）、北京（吕德润）和天津（张高峰）市政协委员。

是一种尝试。笔者选取资料、文字表述或有不当，错误之处在所难免，恳请读者批评指正。如果读者能够从中读出当年国共在东北的对决何以分出高下、决定胜败的原委，一窥当年新闻记者的职业追求与操守，则是笔者的最大欣慰。

张刃

2020 年春于北京

目　录

第二章　剪不断理还乱

第三章　黑土地面面观

第四章 你方唱罢我登场

第五章 兵败如山倒

回首东北三年

引子：东北！东北！！

1945 年 8 月上旬，随着美国原子弹轰炸广岛、长崎，苏联对日本宣战，百万苏军出兵我国东北，日本即将投降的消息已经不胫而走，受降问题也已提上日程。8 月 13 日，重庆大公报在要闻版同时发布了两条新闻，标题分别为“军委会令十八集团军就原地待命勿自行动，已令全国部队一律听候命令，根据盟邦协议执行受降决定”；“延安广播，朱总司令曾另发令，内容与军委会电令各节相悖”，并全文发表了朱德签署的“延安总部命令”，要点即各解放区抗日武装部队有权“向其附近各城镇交通要道之敌”受降、接收。显然，中共领导的八路军、新四军和其他抗日武装拒绝执行国民党政府的命令，准备自行动作了。

接下来的事态发展，双方果然背道而驰。尽管蒋介石邀请毛泽东到重庆进行和平谈判，国共双方还签署了“双十协定”，但由于国民党一方面竭力阻止中共部队向投降的日军缴械，另一方面调集大军开赴各地抢占地盘，而中共坚决抵制，双方不可避免地在许多地方发生了武装冲突。最突出的事件，就是毛泽东到重庆的第三天，阎锡山就在晋东南（山西省上党地区）大打出手，进攻八路军占领区，结果损兵折将，反而丢了不少地盘。上党战役实际上揭开了后来三年大规模国共内战的序幕。

除了公开的武装冲突，国共双方的暗中较量更有长远谋划，重点就在具有重要战略地位的东北地区。

东北包括黑龙江、吉林、辽宁三省（伪满时代包括热河），土地面积和当时人口虽仅及全国的10%左右，却素有“北方粮仓”的盛名，而且地下矿藏和水力资源丰富。从地理条件看，东北地区西邻蒙古，北靠苏联，东接朝鲜，成为远东地区天然枢纽；境内既有高山密林、辽阔平原，又有大江大河、沿海港口，进则利于攻，退则易于守，加之充足的人力、兵源，战略地位无可匹敌。因此，早在1904年，日俄两国就曾为了独占在我国东北的利益发动战争，划分势力范围。1931年“九一八事变”后，日本人更把这块中国领土当作它的“关东州”经营了14年，依托黑土地丰富的物产与矿藏，建立了完备的国民经济体系，粮食、木材、煤炭、钢铁、化工、机械制造以及航空、铁路等关系国计民生的经济基础和产值、产量，都远远超过全国其他地区，特别是工业化水平大幅度提高，工业总产值占东北工农业总产值的比重由26.9%增加到了59.3%。1945年日本投降时，东北生产了占全国49%的煤、87%的生铁、93%的钢材和93%的电力，工业总量4倍于关内；交通方面，东北的铁路、公路总里程分别达到1.4万和近6万公里，铁路网密度3倍于关内；从沈阳到大连的铁路沿线两侧，城市密集成片，工厂烟囱林立，城市化水平居全国之首，沈阳的铁西工业区更被誉为“东方鲁尔”。就整体来讲，当时东北的工业规模已经超过日本本土，居亚洲第一。

东北如此富庶，战略地位如此重要，可以说，当年谁占据了东北，谁就赢得了中国。对此，国共两党都有明确认识。

早在日本投降前4个月召开的中共七大上，毛泽东就指出，我们党要特别重视东北。如果我们把现有的一切根据地都丢了，只要我们占有了东北地区，中国革命就有了巩固的基础。这是因为，中共占有东北，不仅可以结束自己的根据地长期处于国民党包围的历史，而且可以依托东北雄厚的经济基础，应对国民党的进攻，进而夺取华北、华中以至全国胜利。因此，日本投降之初，中共中央就要求所属武装部队，宁肯放弃部分根据地，也要抢在国民党军之前进入东北。[①]

1945年9月，日本投降不到一个月，中共中央即成立了东北局，并下达《当前任务和战略部署》，明确"全国战略方针是向北发展，向南防御"。"向北发展"即让出南方八块根据地，把长江以南的主力部队撤到长江以北；"向南防御"即采取各种方式（包括破坏铁路公路交通）阻滞国民党军从陆路北进，以掩护"向北发展"的中共部队顺利开进东北。11月初，中共中央决定成立东北人民自治军（后称民主联军），到11月底，由关内到达东北的中共部队已达10万人，连同各级干部共13万人。中共派驻东北的领导干部中，有10名中央委员（包括政治局委员高岗、林彪、陈云、彭真4人）和10名候补中央委员，分别占当时中央委员和候补中央委员总数的22.7%和30%，足见中共对争夺东北的决心。

国民党对占领东北同样高度重视，蒋介石说得更直接、具体："国民党命运在东北，盖东北之矿产、铁路、物产均甲冠全国。"从战略看，不能控制东北，则难保华北，危及中原；占领东北，则可对华北、华中解放区形成南北夹击，甚至包围态势。因此，1945年8月31日，日本投降仅半个月，"重庆谈判"刚刚开始，国民党政府即任命熊式辉为东北行营主任兼行营政委会和军委会主任，

---

① 中共部队进入东北，比国民党从西南、华南千里迢迢调兵东北具有便捷优势。晋察冀部队跨越长城即可出关；山东部队从胶东半岛乘船即可登陆辽东半岛；原驻中苏边境的抗日联军更率先进入东北，并且组织了若干小分队，随苏军率先空降哈尔滨、吉林、长春、沈阳、大连等城市，实施战略部署。

张嘉璈任行营经委会主任，蒋经国任外交部驻东北特派员，并决定将东北三省划为九省。9 月 5 日，任命东北九省主席和三市（哈尔滨、长春、沈阳）市长；10 月 18 日，任命杜聿明为东北保安司令，由此形成行政与军事接收两套人马。为了争取“南军北调”的时间，国民党一方面与中共和谈，另一方面请美国协助运兵。熊式辉放言：“我们的困难起于东北，我们的胜利也必须止于东北，贯彻于东北。”①

国共两党都志在夺取和控制东北，势必要经过激烈争夺，直至诉诸武力。而当时的苏美两国，对中国东北地区的战略价值和自身利益也都有谋算、动作。美军协助蒋介石运兵东北，苏军迟迟不从东北撤兵，内中各有玄机。苏军在东北大肆拆运工业设备，不仅招致中国人的愤怒，而且引起美国、英国的警惕，并先后提出警告、抗议，美国人甚至明确表示，准备“采取措施，阻止侵略”……如此多的外交、内政问题交织，使得东北问题愈加复杂、严重。

---

① 熊式辉（1893—1974），江西人，1924年毕业于日本陆军大学，北伐时期以战功闻名，两度担任淞沪警备司令一职，主持赣政十年，陆军二级上将，1949 年退出政坛，1974 年病逝于台中。

张嘉璈（1889—1979），江苏人，早年在日本学习金融，在中国银行界工作二十年，被誉为“金融巨子”。离任东北后，任中央银行总裁，是蒋介石的敛财重臣。1949 年后到美国从事经济研究，1979 年在美国逝世。

杜聿明（1904—1981），陕西人，著名抗日将领，陆军中将，黄埔系骨干。从北伐战争起屡建战功，1949 年淮海战役中被俘，特赦后曾任全国人大代表、全国政协常委和文史专员。1981 年在北京逝世。

第一章　城头频换大王旗

东北是一块富饶的土地，但在国家积弱积贫的时代，也因此成为一块多灾多难的土地。近代以来，东北不同的主宰者不断地更换象征权力的旗帜，成为中国近现代历史上罕见的现象。

1894年中日甲午战争，中国战败，入侵朝鲜的日本兵打过鸭绿江，从安东（今丹东）一路打到沈阳，日本“太阳旗”耀武扬威。

1896年，德国强迫清廷租占山东胶州湾，俄国援例强行“租借”旅顺、大连，帝俄未流一滴血，把“双头鹰”旗帜插到了辽东半岛两个最重要的城市上空。

1904年，日、俄为争夺在我国东北的利益爆发战争，日军再次打过鸭绿江，击败俄军，不仅直取沈阳，并且占领旅顺、大连，俄国旗又换成日本旗。

民国时期，东北是奉系军阀张作霖的地盘，挂的是北洋政府的五色旗。1928年底，张学良宣布东北易帜，一夜之间改换国民政府的青天白日旗。

1931年“九一八事变”、1932年“满洲国”成立，此后14年，东北各地飘扬的是日本的“太阳旗”和伪满的“五色旗”。

1945年8月，苏联红军出兵东北，占领全境，一时到处飘扬苏联国旗；10月，国民政府接收人员出关，中共部队更抢先一步，双双亮出自己的旗帜；11月双方交火，民主联军且战且退，国民党军步步紧逼，苏军撤了，“双头鹰”飞了，中共跟进刚刚立足，国民党迅速进攻占领，城头再换大王旗；1946年4月，军调小组到东北，所到之处又打出了美国的星条旗……

撩开14年的隔膜

1945年10月12日，熊式辉、蒋经国、张嘉璈等率东北行营40余人从重庆飞抵长春，与苏军交涉主权接收。民营大公报的吕德润和官方中央社的刘竹舟是当时仅有的两位随行记者。

自1931年“九一八事变”东北沦陷，1932年伪满洲国成立，以山海关、长城一线为界，东北与关内隔膜长达14年，对许多内地读者而言，已经近乎一个陌生的异域，因此关内十分渴望了解东北的方方面面。吕德润到东北后，首先关注的就是它的社会经济状况和民情民意，最初发回的报道记述了长春所见所闻。

当时长春正值秋高气爽的最佳季节，抗战胜利，国土光复更带来洋洋喜气。长春已从伪满“首都”、日本关东军本部变为苏联红军总司令部的所在，街头到处飘扬着中苏两国国旗，悬挂着孙中山、蒋介石、斯大林的大幅画像。街上行人皆面有喜色，而日本侨民则狼狈不堪。吕德润写道：

十四年来日本压迫我们的同胞，有米不能吃，有衣不能穿，有话不能说。对农村用“出荷”搜集产粮，用开拓霸占土地；对都市严格实行配给制度，中国人只能吃高粱米和食盐，酱油每年发四次，每次四两，吃白米是经济犯。买卖黑市的东西，双方都有丧命的危险。知识阶级是思想犯，动不动就送入留置场。《康德新闻》是伪国唯一无二的报纸，[①]一切资料都是由日人发下，连伪满洲年鉴也是用日文印的。这些数不清的锁链把东北人民压得出不了一口气，朝不保夕。但是他们的心中却是一股烈火，加上东北人的强爽性格，于是“八一五”听到日皇投降的广播，所有的人民怒吼了，全东北每一个角落都在翻身。长春的民众赤手空拳，或拿着木棍、铁锤，疯狂似的寻找日本人和过去为虎作伥的伪警与特务。十四年作威作福的人到那时跪了下来，连有枪的日军也望风而逃。这复仇的洪流冲洗了这块新土地、旧河山。

反观投降后的日本人，大部分日军已被集中管理，有的运送到西伯利亚去做苦工了。留在长春的日本人都很驯服，遇到穿军装的中国军人甚至不敢直视，吕德润说：“一对日人夫妇和两个孩子走过我们住的（行营）门口，站岗的苏军喝令他们快走，这群日本人作跳跃式的急行，木屐几乎落下。我们升旗或唱国歌时，苏军也命令走过的日本人立正。”他写道：

一部分日侨除了卖茶卖小吃外，最近有人集拢了一百多个少女少妇开了一个日本舞厅。舞女穿着木鞋和苏联军官大跳其舞，日本住宅贴着中苏国旗，日本人居留会在大街上贴着“敬贺中国人民解放万

① “康德”是伪满洲国“皇帝”溥仪的年号。

岁”的标语。几个日本人开的小杂货店内也请中国人维持场面，一个日本小孩也说“日本不好，中国好”。

吕德润注意到，随着工业化程度的提高，日本人对东北的城市化建设下了一番功夫，14年间建设了50多个近代化城市，论面积沈阳最大，论投资长春最多。由于伪满“首都”在长春，因此日本人对长春精心规划布局，市内道路宽阔、整齐，绿化到位、漂亮，高楼大厦建筑之好，面积之大，与当时关内各大城市比较毫不逊色。日本人的住宅区多是带花园的小洋房，大建筑物则是公用机关或株式会社的办公处。街上多是日文招牌，大商店几乎清一色是日商，苏军进驻后，大多停业了，因此日用品缺乏，重庆来人的衣被都是费了很多周折才解决的。

工矿方面，日本人在人员设备方面留下了相当的基础。苏军进驻后，许多厂矿或为苏军利用，或被破坏，加之电力不足，大多数已经停产。技术人员方面，基本以日本人为主，全东北的中国技术人员只有两千多人，不及日本技术人员的一半。接收之初，东北工矿无论设备、器材、人才都十分短缺，要复工复产并不容易。

对于敏感的国共两党两军问题，吕德润的报道只提到两句话，一是“苏军知道中央大员要来，最近组织了宪兵队似的机构，加强维持地面和军风纪，专候中央来人，目前对各党各派的宣传活动都暂时停止，免失公允”。二是“共产党在市面上还未公开活动，据说也有一部分人在此工作，街上也常听到‘八路军’的字眼。苏方对电讯宣传一直保持着友好态度”。

吕德润最关心的还是东北的民心民意。他写道：

东北的民心未死！他们往往在街上截住戴“东北行营”黄布胸章的人，渴望着问：“国军来了没有？你们几时接收？”空军弟兄们去逛街，一下车便被人民包围了，他们哭着笑着高喊着“中华民国万岁！”三四岁的小孩子抱住两膝说出中国话，七十多岁的老人悄悄的抹眼泪。空军们简直不能走动一步，被人浪前涌后推，彼此的眼泪交流。这些出生入死的英雄们说：“我平生还没有这样感动过！”

教育方面过去日人操实权，日文为主，可是我们的人民没有忘了祖国的言语。我在街上散步遇到两个小孩，他们原用日语交谈，可是我和他们说国语时，他们对答如流，我问他们是哪国人，他们挺了挺胸：“中国人呀！”所有的人们把重庆看成圣地，对来的人尊重的很，接收人员只要凭良心做，是一件很容易讨好人民的工作。东北民心未死，大前提都是很光明的，后方人士尽管放心。

往年这个时候长春可以见飘雪了，可是今年却是万里无云的大晴空，风虽拂着马路上的小叶杨沙沙的点缀着秋意，可是东北四千多万的人民心中，这却是春天。今年的秋天，怕对全国的人民都是“秋天里的春天”吧！

吕德润初到东北，看到一切都觉得新鲜，甚至有空写了一组“东北行营花絮”：

东北行营人员接收工作尚待展开，天暮之后鲜有外出。市内交通除马车外，汽车已成稀罕之工具，行营只有汽车一部，且常不能被利用。各地沦陷区接收大员有“四子”（房子、车子、金子、女子）现象，此地例外。房子、车子都在苏军手里，留给行营普通人员的车子只有马车二十辆，行营二百多人每天为马车争先恐后，争论常起。金子、女子，因情调不一，借款有限，买日用品尚嫌不足，无能为力。这也许由于个人循规蹈矩，但最后定论尚待苏军撤走以后。

行营人员之招待事项，由长春市政府派员，每日三餐，饭菜均佳，早餐四菜、稀饭，午晚两餐六菜、白米饭，有鱼有肉有鸡。在市面上吃此六菜，极为不易。惟馒头系用所谓“康德面”制成，极粗糙，此为东北人民日常食品，对于重庆客不无深刻之印象也。

熊式辉、张嘉璈两先生住在一起，餐食皆由苏方负责，每餐除有水果外，并有汽水及各种酒。蒋经国氏独居一楼，房子布置亦精致。吃食似较大餐厅为佳。

吕德润如此详尽甚至琐碎地报道长春见闻，是因为东北沦陷14年，与关内隔膜太久，人们渴望了解那里的一切，更对东北收复寄予莫大希望。吕德润的报道也流露了他当时的心境。可惜的是，这种希望很快就被连天的炮火破灭了。

『先从山海关打出去』

熊式辉等人与苏军交涉接收并不顺利。苏军不撤退，接收无法进行，无论行政运作、社会管理、经济运行、工矿复工，都有许多问题需要交涉、谈判，加之行营人少力单，连长春一市都无法接收，何况东北全境。熊式辉的“行政接收”，最需要的还是杜聿明的“军事接收”支持。

1945年10月29日，杜聿明飞抵长春，与苏军司令马林诺夫斯基会谈，请求苏军在营口掩护政府军登陆。11月3日，杜聿明到营口与运送国民党军的美国第七舰队代理司令巴尔贝会晤。吕德润随行采访。杜聿明接见美国记者时说，苏军答应，撤退之后，中国政府军队可以在中国领土任何地方登陆。但在大连登陆必须获得莫斯科方面的同意。吕德润注意到，“美国记者非常关注这里国共两军不久可能发生冲突”。

然而，当杜聿明派遣人员上岸与苏军联络时，营口苏军为避免与美军发生正面冲突，已经提前撤离，港口被中共部队接管，国民党军已不可能登陆。杜聿明说："看来要接收东北主权，恐怕非用武力不能解决。"

事实上，11 月 1 日，先期到达秦皇岛的国民党 13 军一部已经与中共部队交火。10 日前后，52 军也陆续到达秦皇岛。这两支部队均系美械装备，抗战期间曾参加中原及印缅对日作战，是国民党军精锐。如今双双调到东北，显然是准备"打恶仗"的。吕德润专电报道称：

接收大东北形势演化，已面临意外大困难。海陆空各方面，条条大路通东北，国军所能达者惟河北境内秦皇岛一处，秦皇岛国军云集。国军入东北首须经过山海关，而该处已先为共军所占，国军前进遭逢阻碍，两军冲突多日，死伤不少。偌大东北，若待一步步打过去才得接收，何堪设想。

东北情况令人焦虑。目前自山海关迄辽东半岛可能登陆之地，均在中共部队手中。山海关方面近日尚无大接触，中共部队亦无撤退象征。此后数日，东北之事态演变极堪注意。巴尔贝海军中将对记者表示，今后美海军将不再运输国军赴东北各港登陆，对事态演变取客观地位。若干美国记者均望我政府与中共迅速获得圆满决定，两党既均以中国人民为号召，何忍八载抗战之余再起内战；东北人民沦陷敌手最久，何忍令东北人民再受战争痛苦。

然而，记者们所想，非蒋介石所愿。在蒋介石"先从山海关打出去"的指令下，杜聿明率部于1945年11月16日攻破山海关，18日占绥中，26 日占锦州，东北内战由此开打。

国民党出关部队"顺利"推进，固然有中共部队主力尚未到位的因素，但更重要的是，中共采取了“让开大路，占领两厢”的方针，在山海关到锦州一线正面节节阻击，消耗、迟滞国民党军的同时，将中长路[①]沿线及大城市让给国民党，转而控制地方铁路、中小城市以及广大农村，一方面有利于主力部队的休整和部署，另一方面致力于建立和巩固立足基础，准备长期斗争。到1945年底，东北中共主力部队发展到14万人，地方部队13万人，在更广大的地域成立了10个军区，较之国民党占领的“大路上的点和线”，在战略上已经居于主动地位。

国民党军打出山海关的第二天，在长春的东北行营突然奉命撤回北平，理由是“接收受阻”。实际上，这是国民党政府对苏联施以的外交压力，以期英美舆论支持，排挤中共立足东北。由于苏联与国民党政府间“友好条约”的约束，苏方不得不有所表示。十天后，跟随行营回到北平的吕德润报道称：

东北行营最初之决定撤退，系因营口暨其他地点登陆之受阻，长春市内又受到安全威胁之故。我方以此情通知苏方，苏方表示拟延缓撤兵一月，俾助国军空运长春、沈阳两地。沈阳以南地段刻已无苏军，由国军自锦州向前推进。

东北接收似有转机，此间不时有乐观空气，双方似正谈经济问题。至于政治军事问题是否解决，尚难预测。长春、沈阳、哈尔滨等大都市苏军将移交中央政府。长春市面上之中共部队已不再公开出

① 中长路，指由沙俄建成的满洲里至绥芬河全长1481公里的中东铁路干线和自哈尔滨经长春、沈阳至大连、旅顺987公里的中东铁路支线，并称中国长春铁路，简称中长路。

现。若干人士相信，东北问题除中苏会议外，政府与中共谈判亦有相当重量。

12月5日，吕德润随东北行营再返长春，陆续发回东北专电：

12-05　长春街头之标语若干刺激性者已被撕去，街头可见“希望国共合作，拥护联合政府”“欢迎联合军”之标语。报纸皆强调民主团结，并纷载新华社所发消息，朱德对美记者之谈话谓，不反对国军进至长春铁路沿线，惟望事先与中共协商，建立民主联合政府，承认东北地方自治。报纸被检之天窗乃以代表国民党，颇足令人玩味。地方新闻常见无名死尸、盗案、枪案、流弹等字样。

12-08　长春市上商业照常，影院亦换新片。毛泽东之《论联合政府》等书与三民主义建国大纲等书均公开发售。平民对此次来人多不露表情。电台播唱“松花江上”，记者闻及“那年那月”之句，黯然久之。东北民众十四年来历尽艰辛，今国土重光，对祖国想望一片光明。因隔离日久，对党派之事多无所知，皆以国家第一，希望今后过太平岁月。日俘及日侨已见减少，且多老幼妇女。周前天寒，闻已有冻死者，十四年之暖室主人，今日开始领略朔风滋味。

12-11　关于接收问题，俟我行政人员到达后即可开始。除长春、沈阳、哈尔滨三大都市外，其他各省会及大城市我方亦可派员视察，将来接收故亦无问题。苏方今后将与我出关部队取得密切联络配合，至各地接防。

12-12　目前东北局势确已全盘好转。苏军极愿协助我行政人员赴各地接收。对空运事，苏方一再表示负安全降落之责。苏方并愿将撤兵计划配合我进军计划，以便苏军早日返国。记者昨晨随蒋经国民视察长春市郊及空运部队营房，见市郊大工厂亦皆属新式，与北平比较，恰如一方为暴发户，一方为破落户。

12-16　长春空运仍无确讯。移来东北国军士兵日常生活所需将实物配给。东北流通券[①]已有一部运到，中行开幕时即开始应用。法币与流通券折合率之规定尚须时日。

12-20　官方对东北近况拒作任何解释。由最近东北大员来往迹象，可窥知中苏长春会议重要事项尚未进步。然长春苏军当局对于战利品之解释似有定见，[②]以故会议尚未见十分圆满。我方对我领土主权包括地上地下之权益坚持完整。长春铁路及其他各路线之共军，均撤离十华里处。

12-21　长春近来消息甚感沉闷，空运又延缓而无确期。经济之重要性，似超过接收及进军等问题，若干大事件之决定，重心仍在莫斯科及重庆。

东北接收迟迟没有进展，眼看已到年底，吕德润发回通讯：

这几天我的心情又沉闷起来。出关的部队至今尚未进沈阳，[③]空

---

① 东北流通券，是国民党政府针对当时东北特殊的经济环境，于1945年末发行的区域性货币，限在东北九省流通，不得在关内使用，但可与内地法币兑换，初期比值为一比十。后来通货膨胀，流通券快速贬值，流通了不到三年，就随着国民党军事、经济的崩溃而停止发行了。

② 苏方认为日本在东北所建工业为其“战利品”，不承认为我国资产，为其后来大规模拆走东北工业设备埋下伏笔。

③ 国民党军推进缓慢，与民主联军的部署与阻击有关。如从营口登陆到沈阳路程150公里，但由于民主联军控制了营口、葫芦岛，国民党军只能绕道秦皇岛，此距沈阳450公里，且战且进，一个月才推进200公里。国民党军初到东北，已经暴露出补给线过长和兵力不足的致命弱点。

运的部队延到今天仍无确讯。苏联方面说他们该做的做了，现在静待我们表演。那么到底是等什么呢？

中共军在东北到底有多少？不知道。据说精锐的一部士兵及干部是从延安经热河来的。长春铁路通车后，苏方已通知沿路中共部队撤退。一般观察，各地乡镇多有八路的足迹，数目也许不少。

赫赫一时的日本关东军，与苏军一接手没几天便垮下来，现在这些俘虏们，有劳动能力的，苏方已征调苏联国内作工去了，一部妇孺及没劳动能力的留在这里。日本人在这里作了十四年的太上皇，作威作福够了，今年他们是在劫难逃。长春据说还有十多万日本人，老弱妇女多，到现在冻死的也上万了。日本人在这里开了舞厅及妓院，并公开招考妓女，广告上说“无论有无经验均可应考”。

长春光明日报编辑部里贴着一张大纸，上写编辑方针五要四不要。五要第一要为宣传中苏友好同盟条约；四不要第一是“不准攻击蒋主席、国民政府、东北行营。”杂志水准都不高，大概是十四年来受日人统制的结果。在长春的人们共同最需要的是报纸和信件，谨向有关机关请求，在这点上救济一下冷寂的人们。

东北人民对祖国看得一片光明，对后方的人们也崇拜得很，而且把这几年我们抗战的工作估计到不可想象的地步。一个当地人问我：“听说超级空中堡垒[①]及原子弹都是我们中国人发明的，是吗？”长春对中央来人，截至目前大都欢迎。他们是期待着。一个老百姓讲：“假如我们发现他们作了坏事，我们可会气死的。”

---

① 指当时美军最先进的B–25轰炸机。

扑朔迷离战与和

岁末年初，事情忽然有了转机，1945年末，长春、沈阳、哈尔滨相继接收，国民政府任命的市长到任，国民党军北上也在加紧步伐。吕德润专电报道：

12-22　今日长春一片喜气，中央银行开幕，长春市政府顺利接收，沉闷三个多月之局面今日起已趋开朗。中央银行长春分行开幕，象征今后东北经济之重要发展。张嘉璈氏对记者发表谈话，要点为安定东北经济。今日将正式发行流通券，旧满币与之同值使用。今后流通券不在关内行使，法币不在关外行使。

12-25　进军沈阳之国军抵北镇，北平锦州间火车畅通，沿途有国军美军保护。留守北平之东北各省主席准备赴任，接收经济事业决避免“接收即停顿”现象。

12-27　记者今午乘苏联飞机抵沈阳，董文琦市长今日上午正式接收，就职视事。中央银行沈阳分行亦正式开幕。日人留沈者尚有廿余万，皆处冷风中。苏军城防司令郭夫东少将表示，今后为武器下台，工程上台之时。渠在此大工业区中，甚注意工人生活之改善及今后青年之教育工作。记者问及张学诗，① 答称，张学诗部虽一度潜入，然郭氏皆未承认亦未接见，彼静待中央正式人来。

沈阳市区较长春尤大，日人在此曾有二十年之建设计划，预算人口五百万，目前约二百万。此地仍为东北工商业重心，市区工厂林立，总数约在四千，工业会社亦有一千多。商店较长春为多，惟街道不如长春整齐。

1946-01-04　长沈哈三市相继接收，将来发展预料亦无问题。苏方人士对中国之团结前途普遍关切。中共在东北之组织力目前无精确估计，其对东北三市之接收，亦未闻有破坏行动。人民对真八路之作风尚无恶感。部分县市间中共亦有组织。一高级共产党员语记者，彼不承认东北各地武力皆为真八路，并斥为土匪。彼辈多为伪满时代作恶多端之警察与特务，集结武力作政治资本，以待双方出价。

东北人民过去受日本压迫甚重，对党派观念极淡，惟对国家观念甚强，对汉奸怀恨极深，希望政府代彼等清算十四年之血债。对接收人员及作风尤为注意，对国家团结热望无穷。亡国滋味，彼等体会最深，等了十四年，希望自此可抬头挺胸见人。

此行观察，认为目前东北确呈光明之象。各省接收大员可以早来，不必一定等待军队。事实上部分武力亦不足恃，可恃者在本身之作风。今后东北问题完全是国内政治问题，东北之民心尤不可失。国内如早日得一团结局面，当地再树一良好政治作风，东北之接收

---

① 即张学思，张学良四弟，抗战胜利后率部进入东北，任辽宁省政府主席、辽宁军区司令员。

实为易事。

东北三大城市接收顺利，使吕德润对未来充满信心。不过，他也一再提到接收者的作风与民心的关系问题，这在国民党各地接收中是有教训的。东北局势后来的发展证明，被吕德润不幸言中。或者说，那本就是国民党无可救药的宿命。

接下来，吕德润笔锋一转，笔调变得沉重起来：

我这次去沈阳是坐的苏联飞机。到了沈阳上空，我心中对这“九一八”的发生地无限感慨，看看我身上这身皮毛冬装，首先想起十四年来那些在冰天雪地中无衣无食孤军苦战的义勇军。十四年中，他们起来又倒下，倒下又起来，他们的血泪灌溉着东北的民心。他们有的已经葬身在冰天雪地里了，现在怕连骨骸都找不到。敬礼！向过去的义勇军全体将士及死难烈士。

“九一八！九一八！”，这个歌曲引起了多少人的眼泪，唤醒了多少人的觉悟。而那留在东北的人民，没看过青天白日旗的有多少人？享受到有国家幸福的有多少人？十四年来，多少青年人被屠杀？多少人饿死？这一片血泪中，人们在深夜无声的时候，低低的传递着祖国的故事，呼唤着进了关的孩子。现在我们回来了。连不到十岁的孩子都认识国旗，认得他们的祖国！敬礼！向这些坚贞不屈的人们！

日本在沈阳的株式会社便有两千家，工厂除了军需工业不准公开外，便有二千多，一般估计所有的在内约四千多。现在日本人走了，把中国工人留在那破碎而停工的工厂周围的冷风里。

东北是一团火，日本人玩过，帝俄也玩过，翻一翻旧账，东北闹出了多少花样！……现在东北收回了，这是待四万万五千万人写的一张白纸，而且平平稳稳的放在写字台上。现在是正在动笔而还没有成章。

成问题的是一部分过去不折不扣的汉奸特务警察，集结了一部武器，作起政治买卖来。受苦受难的老百姓在刀枪下过了十四年，仇恨主要对象便是那些日本人的走狗。现在他们作起买卖来，谁买了这些东西，谁就卖了人民。

一个东北人说：日本人统治的时代，对一般老老实实的人民不过是让他们流汗，慢慢的死！难道胜利后的中国非逼着人民上刀山吗？日本人在的时候，没打！难道日本走了，自己打吗？现在人民静静的等候着他们的命运，主人或奴才！

吕德润的报道忽而欣慰，忽而烦闷，昨天说“接收实为易事”，今天又感到前景堪忧，看似前后矛盾，实则反映了东北局势的扑朔迷离。问题的症结，就在于国共能否停战，实现和平。

『东北除外』埋下祸端

1946年1月10日，以国共两党、民盟为主要代表的政治协商会议在重庆开幕，会前，国共双方达成停战协议，并在北平设立由国共美三方组成的军事调处执行部，监督停战令的执行。消息传来，举国称庆，期冀和平到来。

吕德润发专电认为，政治协商会议开幕及停止军事冲突的消息，使解决东北问题步入正轨。目前东北问题重心已由中苏之间的谈判转为国内政治、军事、经济的配合，“今后连环而至之三项问题，足令人焦急”。他认为，东北政治问题需要注意的是，行政接收中，过去与日本人勾结的汉奸，有的摇身一变混入接收队伍，人民对此深恶痛绝。军事方面，今后的问题在对停止军事冲突协定的执行程序上，以及如何处置双方外围的地方武力，剿灭以武力作投机的土匪。而东北问题的当务之急在经济。其理由是：一、东北无财政收入可言；二、工矿业复工有待；三、农村春耕大成问题。“若军队早日分配各地，对盘踞之武力设法处置，则可解决大半。工业复员中，首先将因事实需要积极恢复轻工业。”他写道：

锦绣河山之东北，虽问题多端，风浪继起，然实为抗战胜利后中华民族最标准之考试场，在此将决定中国今后之国际身份。吾人应切记，东北在日人统治下之十四年，注射着慢性毒素，人民痛苦中尚可有苟且偷安之感，今后之大风浪如不防止，人民将对之如何评价？政治协商会议如获得成功，实为风浪中之指南针。东北人才之缺乏，亦待全国合力补足。今日在进入此考试场之第一步工作中，最高当局之监场官应注意重庆来人是否以京沪平津之接收情形作了夹带。

吕德润这段文字的最后一句，再次提及“重庆来人接收”话题，可见东北官场腐败也不例外。连国民党内某些高层人物都意识到，许多接收官员是把到东北看作抢肥缺、发横财的机会。然而痼疾已成，改变也难。因此，吕德润前面提出的惩办汉奸、剿灭土匪、执行停战令等，都不可能顺利实现。

一个令东北人民大失所望而且颇具讽刺意味的事实，可以佐证国民党东北当局违背民心民意。1945 年 12 月，吕德润采访空运到长春接防的部队时发现，来的并非原定的国民党正规军，而是熊式辉从伪军收编的行营保安队：

……我问一个弟兄他们过去的战绩。他们这几年都是驻在热河的，是“满洲国”的“国兵”，后来被日本逼着去塘沽一带打共产党。“八一五”日本投降，他们杀了日本军官，到唐山一带改了编制，最近成了千呼万唤的空运国军了！反正是坐飞机来的，于是便坐上大卡车开向城内。有许多人可真是旧地重游，他们阔别了的东北，这次回来大不相同，街上疏落的行人向他们喊“万岁”，日本人猛然看到这群坐飞机来的兵匆匆而过，居然也“万岁”起来了。

东北问题的症结不止在于官场腐败，更重要的还是军事方面。

由于苏军占领东北尚未撤退，或且双方都希望在东北行动“自由”，1946 年 1 月 10 日国共签署的停战令，竟把东北“除外”了，其中对补充第二节规定：“国民政府军队为恢复中国主权而开入东北九省，或在东北九省调动并不影响。”这条“除外”的规定，无异于默许因此发生冲突而继续交兵，于是东北成了全国唯一不受停战令约束的地区，也由此埋下酿成日趋激烈大战的祸端。

事实上，在停战令下达之前，蒋介石先下达了“各部在停战令生效前，应尽速抢占战略要点”的密令，出关的国民党军已经相继占领辽南、辽西许多城市，后续新一军、新六军调往东北的行动也在进行中。停战令下达后第五天，1 月 15 日，沈阳苏军刚刚撤退，国民党军即迅速接管了防务，熊式辉的行营也移驻锦州。

1 月 22 日，蒋介石夫人宋美龄到长春，向苏军慰劳和授勋，并请他们转达对眷属的慰问，祝他们早日团圆，实际上是“礼送”苏军撤兵。吕德润报道：

过去一周间东北问题相当沉重。苏军、中央、中共在东北构成之三角局面，东北问题且为国际问题中最敏感之一环……苏联亦愿至少在东北获一特殊市场。苏军之迟迟撤退，可能为保护被其认为经济战利品之一种姿态。

中央虽不断接收若干省市，然工作均无法开展，派往各县接收之人员亦未到达任所，被阻而回。……东北前途之隐忧在经济。以工矿而言，东北本身之独立性不完备，及此次战争中之损失，重建过程中人力物力均感困难……今后工矿业如不能迅速接收开工，低廉之外国货涌入时，东北属于我国本身之工矿将被压的不易翻身。

经济之另一面，伪满时代钞票发行额据云有一百三十亿，仍照样流通；苏军出兵费用之军用票[①]亦有数十亿；加之工矿停工，各地交通未复，商品无法调剂，物价已呈飞涨。以煤而论，过去伪满公定价格为二十八元，今已涨近三千之数。近闻中央将购二亿法币之粮，东北各地存粮丰足，而棉衣缺，此一救急之策，亦赖东北之政府与中共双方首先经济协合而救东北人民。

吕德润的担忧不无道理，后来的事实证明，东北接收，现实很残酷。

1946年2月至4月间，国民党借助美国第七舰队的力量，先后从上海、广州、越南运送新六军、新一军、71军、60军和93军到达东北，连同此前的13军、52军，国民党在东北的总兵力达到七个军。在此期间，东北局势也在演变。2月下旬，雅尔塔秘密协议公布，重庆等地发生反苏示威运动[②]之后，东北问题迅速成为舆论关注焦点，

---

① 指苏军在东北发行流通的“红军票”，可用作苏方人员在东北的一切交易。详见后文专题。

② 1945年2月，苏联与美国、英国秘密签订《雅尔塔协定》，其中除第二、五项外都直接涉及中国的领土、主权，却根本未征得中国政府的同意。这个秘密协定中还写道：“苏联应恢复以前俄罗斯帝国之权利。”这样，连十月革命后苏联政府关于“废弃帝俄与中国缔结的一切不平等条约”的声明都作废了。1946年2月，《雅尔塔协定》被公开，引起国际舆论大哗，中国各界更给予强烈批评，各大城市学生为抗议苏联侵犯中国主权举行了一系列游行示威活动。

也迫使苏联加快了撤军步伐。

与苏军撤退同时发生的，一方面是中共方面乘机巩固根据地，并在黑、吉两省成立了省政府；另一方面是国民党方面加紧运输军队向北推进。国共双方不仅采取实际行动，而且发动宣传攻势，中共重庆新华日报指责“国军扩大内战，进攻民主联军”，国民党军委会发言人反驳：“国军根据中苏友好条约规定前往接收，自为应有之责任。依据停止冲突命令，国军开入东北不受任何限制，此亦为中共所同意”，并指“国军接收之际，共军纠集兵力，分于各地向国军猛施攻击，并先后攻占政府已接收之省县”云云。

1946 年 3 月末，吕德润从沈阳发回通讯《春天里的秋天》，他写道：

论季节，现在是春天了，可是东北从树木到野草虽露生机，尚无绿意；加上目前的现象和将来的远景，我的心境像秋天一样的荒凉。

从园子往外看，远处是林立的烟囱，但是看不到冒烟。过去街上迎风招展的苏联国旗看不到了，俄文标语也少了。敌伪门口贴的是五花八门的查封条子，有的条子怕连半天的命运都没有，便被另一个条子代替，有的并存下去，不知谁才是最后的主人。几次变动的沈阳，共产党来了又走了，现在国民党和青年团公开活动起来。日本人过去到处张贴“红军万岁”，现在又贴了“国军万岁”，也许“友好”二字可从多方解释，于是日本人也有了“中日友好会”。

沈阳市面的确热闹了，大饭馆里的牌子上经常写着某某机关订席的字样。物价更活泼的怕人，每样商品像赛跑似的上升。现在大米是十八元流通券一斤，猪肉是四十五元，可是我去年十月到东北时大米是六元，猪肉是十八。报上的每日行情几乎天天有变动，老百姓心上减少一个阴影，另一个阴影又来了。

看停战命令，对东北是国军接收不受限制，哪些地方应归入既不受限制又不会冲突的范围呢？这几天四平街等处出了事，听说执行小组就要来，看样子，仍有人想表演“争先恐后”“既成事实”。

东北工矿过去生产的数字虽炫耀过人，但今天大部分机器成了战利品，剩下的残余又被人公私两便或偷偷摸摸的拿走了。在沈阳，大家闹的眼红的是抢房子，留下的厂子找不到主，冷清的在郊外。接收的名义是统一了，可是沈阳接防了这多天，到东北来的准备了四个多月，到今天还没听到他们对工厂有什么决定的办法。今后的局面不知何日才能澄清。等来等去，外国货来了，那物美价廉的东西将压的我们开不了工！争国权求退兵的呼声才落，第一个接防的沈阳便是如此！我写这些现象的时候，手在发抖，心在痛！我现在才体会出“字字血泪”的心境。

我曾被停战命令与政治协商会议温暖过一个时期，但是这次回东北来，我却找不到它的影子。……在东北离不开苏联，执行部又离不开美国，[①]中国的事情像注定了中国人不会管的命运？我不知应祈祷谁来解决这个问题。

今夜沈阳又停了电，街上一片漆黑，桌上颤抖的烛光，外面戒严了，在黑暗里人们常常想起鬼来，于是我祈祷那些在内战死掉的冤魂，今夜应该分批出动，给那些有力量作践你们的政治家军事家托梦去，告诉他们，你们是人！你们死的委屈，你们现在还没闭上眼！求他们开恩饶恕了你们未死的父老兄弟姊妹们！

---

① 执行部及执行小组都是由国、共、美三方代表组成的机构。

军调小组来了

鉴于东北问题日趋严重，重庆方面，张治中、周恩来、马歇尔三人小组不得不把东北问题提上议程，3 月 27 日达成《调处东北停战协议》，决定派军调小组去执行停战令。但国民党同时声明："共党最近所提之停止冲突命令延展至东北及派执行小组一事，政府为体念东北同胞早日恢复地方秩序，在原则上虽已同意，但此自不能与 1 月 10 日共同颁布之停止冲突命令内'国军开往东北不受任何限制'之规定有所抵触；且共党军队更不能以此为借口，而阻挠国军接收苏军已撤退之地区，或竟攻击国军业已收复之地区。"

此时，东北战局已有一触即发之势：国民党军入开原抵四平，长春四周民主联军集结，并加紧实施封锁；沈阳被切断电源，200 余万市民苦盼停战。而国民党的上述声明，实际上等于不承诺一定停战。

3 月 29 日，北平军调部发表第 21 号公告，决定派遣 4 个执行小组到东北，分赴冲突各地执行调处。吕德润发回沈阳专电和通讯，述及诸多问题：

此间对苏军之撤退及执行小组行将来此之消息，均堪重视。中苏问题并不因苏军撤退而告终结，苏方为长铁及旅大之利益所持态度，以及引起之内政局势令人焦虑。执行小组来此，目前似偏重于视察，将不涉及苏方之事，但东北问题今后之开展又离不开苏联。苏联对执行小组之态度，将来或可因独有美方参加而不快，亦可能因执行小组将来可造成彼所希望之局面而安心。目前东北军事行动仍在继续进行，共军方面亦在积极活动。停战及整军均将是迫切之问题。

东北的确是试验执行小组命运的所在，要解决的还是国共问题。希望有好的结果。我只用“希望”两字，是因为有许多事情的发展值得注意。假如马上停战，双方停止进军，政府人员讲“我们除了沈阳还有什么？国军连中苏条约规定的接苏军的防都不能吗？”假如打吧，问题似乎又要拖下去的样子。……东北人说：“我们等了你们十四年，你们来了逼着我们打仗！”一位中年人说，十四年了，流浪在关内的孩子连他母亲的坟还没有看到。我们这些当父亲的又要流浪逃亡了。我们连祖坟也要丢了！这位还作了打油诗：“等了十四年，一场空喜欢，我们流血泪，别人争江山。”

3月30日、4月2日，三方代表先后飞抵沈阳。南京、北平、天津、上海等地报馆派往东北常驻的记者也蜂拥而至。沈阳成为东北的信息中心。

国民党东北当局组织了很强的接待班子，应对军调小组和众多记者的到来，成员中就包括后来在台湾名重一时的余纪忠（国民党中常委、中国时报报系创办人）、李焕（台湾地区“教育部长”“行政院长”）等人。接待委员会下设总务、警卫、宣传、招待四组，招待所设在沈阳中苏联谊社。

中苏联谊社的前身为日商奉天大厦，高七层，备有中西餐厅、电梯、影院、图书室、理发室、弹子房及配有地毯、沙发、电灯、电话、电风扇和卫生设备的大小客房四百多间，七楼大会议室可容纳数百人开会，是当时沈阳最大、最豪华的旅馆，日本投降后被东北行营接收，又增建了体育场等配套设施。因当时苏军尚未完全撤退，该社主要用来招待苏军，故改称中苏联谊社。

军调小组入住中苏联谊社，国方首席代表钮先铭（北平军调部副参谋长）、副代表蔡宗濂等住七楼；共方首席代表饶漱石，顾问李敏然（李立三化名），代表伍修权、张经武、王首道、耿飚等住五楼。外埠驻沈各报记者则被安排在六楼，似乎成了国共双方的“隔离层”。美方代表另住铁路宾馆。

随军调小组飞赴沈阳的大公报北平办事处主任徐盈在发回的专电中称：

沈阳这个“中国内战温室”的混乱正逐日增加，执行部的工作能力因此又得进一步之试验。国军在热河已切断共军对东北之联络线，辽宁境内国军以钳形之势南向营口，北趋长春，两翼为辅，如无调处，则此新收复土地上点线与面的对立又将形成。

执行小组记者招待会三日首次举行，由美新闻组长布瑞田主持，称中国报纸应多载事实，对中国和平有助，否则违背事实，只有多造成冲突空气，增加困难。记者询以沈阳报上所载共军活动情形，

中苏联谊社

答，应调查后始知真相。谈及东北与华北是否作同样调处，据称此甚困难。有不同之一点，即原定东北可允国军调动，惟冲突必须停止，此殊赖于两方指挥官之合作。

4月3日，大公报发表社评《执行小组到东北》，指出：

举目东北，烽烟弥漫，不是第二次世界大战未了，而是我们内部的冲突还在进行。执行小组能到东北调处，实在太需要了。军事调处由关内扩展至关外，也指明一种事实，就是停战必须是全面的。关内战事停了，而关外仍打个不休，这个矛盾的事实，很容易让全国人民怀疑关内各地停战的真实性，怀疑是否暂时休战？这样发展下去，地方受不了，国家也受不了！……必须东北的军事冲突也停下来，国内才算真正停战。……俾各方信守，早日完成东北接收，让十四年来受尽苦楚的东北民众得以苏息。

4月4日，东北行营以熊式辉、杜聿明的名义举行宴会，招待军调小组三方代表，熊、杜二人虽因故未能出席，但徐盈报道称，到会的国、共、美、苏四方面人士握手言欢，“说明了这是东北的一个空前局面。侍役、舞女、奏乐者都由日人充任。昔日的主人一变而为‘阶下囚’，更说明了时代的趋势，堪称是十四年来的空前突变。”他报道：

彭壁生警备副司令代表主人致词：“东北这十四年来水深火热，苏联撤兵后，国军要切实收回主权，此后接收工作繁多，百废待兴，希诸位有以指教。”

马歇尔元帅的随员、执行处长白鲁德致词，“执行部是蒋委员长与毛泽东氏签订的一个特殊组织，在历史上是史无前例的。双方本是老对头，如能获得协议，必有第三者出面。我不能不说明我们所处的地位是困难的，我们不能说谁对谁错，我们的工作仅是计划，使中国人来完成。东北是一个最困难的区域，我与政府方面的各位负责人、熊主任见面，我更与中共方面负责人饶漱石见面，做长时间的谈话。中国已经过一个长时间的战争，我们美国也经过长期内战，也有这经验。我们要的结果是在桌子上谈论，但这战争已不能由中国自行解决，中国内战不能自行终止。中国不能和平，世界将受影响。我们庆幸能与精选的各小组代表一起工作，自己不能够解决的，再送到高级的部门中求解决。现在为诸位康健干一杯。”

吴能定代表政府小组致词，谓此次与离别十四年的东北父老见面及美方代表、中共代表欢聚一堂，十分兴奋。首先我们感佩美方代表，其次感佩中共代表，他们都是爱好和平。我们要建设富强康乐的新中国。

中共代表饶漱石致词，“中国政府代表，美国代表及中共代表今天能与其他地方一样的处理停止冲突问题，这不能不感谢我们的伟大盟邦美国。东北同胞被日本帝国主义蹂躏了十四年，但人民是不屈的，如政府的李杜将军，还有人民的领袖杨靖宇、赵尚志，一方面是国民党的将军，一方面是共产党的将军，他们都从事于抗日。我们今天胜利了，有任何不同的主张，必须按政治方式解决。沈阳街上有标语，说我们要和平，我们反战争。今日我与白鲁德将军到林彪将军司令部去，我看到上万的群众说，我们要和平，要民主，要统一，要建设。其目的是一样的，我对于中国的前途，不能不与其他地方一样，表示非常的乐观，并有非常的信心。蒋主席与我们毛主席签订了停止冲突命令，政协会议有了决定，这些如能施行到东北来，必能解决问题。和平若不能实现，我们对不住中国人民，对不住死难同胞，请为中国人民干一杯！”

东北保安司令部政治部主任余纪忠谓：今日聚于一堂，是时代的趋势，是十四年来政府相忍为国的表示。今日中国对内求和平团结，对外求敦睦邻邦。东北表面复杂，其实很简单。中国自苏俄手中接东北，是主权的交接，而非党派的商谈。问一问东北人民，他们面上的笑容会告诉你许多事实的真相。对诸位有两点要求：帮助中国接收土地；主权接收以后，建设统一民主的中国。“为统一民主，保障东亚及世界和平而干杯！”

音乐声又起中，政治气息在跳舞声中慢慢冲淡下来。入夜的寒风吹打着窗户，间或飘下几点小雨点。七点钟起戒严了，口令声、流弹声到处在响。除了那个大舞池之外，沈阳虽然已是春天，但还没有春天的温暖。

徐盈对酒会上各方代表发言的摘要、详略，无不透露各方立场，颇堪玩味。

困难刚刚开始

初到沈阳，徐盈的印象就是“一个动乱、复杂而且充满了火药气的地方”。他在发回的长篇通讯《沈阳的春天》中写道：

沈阳接收以后，天天晚上在枪声中戒严，老百姓以满心希望寄托于新来的光复者，但地方的秩序一时很难恢复，有形的垃圾和无形的垃圾正在逐日增多。春日里没有春天，沈阳的一切都不是正常的，没有水，没有电，没有正常的商业，没有恢复光复以后的正常秩序。……门口有四强[①]旗帜及四大领袖画像的中苏联谊社，作为招待政府及中共人员使用。美方新闻科长布瑞田说：“这样可以给他们双方以认识的机会。”并做了一个会心的微笑。他知道困难正在开始。

徐盈在沈阳看到了什么呢？生意最兴隆的是旧货拍卖，伪满的旧钞票和苏军的新票子是所有交易的媒介；最炫目的广告是“美女召

① 指中、苏、美、英四国。

请”，目的不是妓馆就是“招待”；全城的公用时钟不是停摆就是不准；街上少见现代化城市都有的汽车，反倒是马车遍地，马粪满街，“涂得马路上都是历史倒退的印子”；日本人穿起了中式棉袄，商人们却穿上了军装，而大学教授在摆摊卖肉，昔日华贵的日本女人在街头与三轮车夫互送风情……

令人感到忧虑的是，日本统治十四年，沈阳已经很少有人不会日语。从“满洲国中学”毕业的青年，对中国历史却非常生疏，徐盈所住旅馆的服务经理问他：“你从北平来，北平是北京吗？离我们有多远？那里还有皇帝吗？”徐盈写道：

> 东北是复杂的。如果每个青年都是中毒者，这长期间没有停止的抗日运动便没有方法来解释了。老年人和中年人，多半还有很强的正义感。当伪军代替了国军飞来时，沈阳人曾经失望过；当摇身一变的伪官来代表接收时，有些机关人员便说：“你是从关里来的吗？你凭什么资格来接收？”

沈阳最热闹的大街一再改名，日据时期称“浪速通”，先是由苏军改为“斯大林路”，后又被国民党改为“中山路”。街上走着各种国籍的人，最神气的是美国人、苏联人，最颓丧的却不是日本人，而是沈阳的20万失业工人，“当卖一空之后，他们和不幸的农民一样地感到春荒”。

沈阳是个“火药城”。城东、城北的军工企业曾在东亚占到第二位，日本投降，苏军进占后，兵工厂被破坏，失去了原来的地位；沈阳的铁西区是另一个大工业区，当时户口在册的就有15万多工人。伪满时代，为了“大东亚战争”，日本人把相当于全国三分之一的电力都消耗在这个区域，可以说，沈阳4000多个大小工厂都曾经为支撑日本的侵略战争服务。苏军撤退后，大部分工厂停产或倒闭，大批工人失业，坐吃山空，谁也不知道何时才能复工。徐盈写道：

苏军撤离了沈阳，共军过了浑河，十几万军队在这片辽中平原上正驰骋时，沈阳更增加了重要性。大军正在战争中，北向长春进驻，南向安东前进。不管我们自己承认与否，美国记者是以“内乱的温床”称呼东北的。沈阳的气氛就是整个东北的气氛。……每一个区域都有所破坏，但恢复并非不可能。我们用什么方式来接收这一堆逐日正在加深的垃圾呢？看到满街“欢迎接收东北大员”的标语，来主持接收的人不能不增加了心理上的沉重感吧。

以东北的资源、人力，建起一个征服世界的兵工厂的黩武者之梦是幻灭了。制造兵器的机关如今怎样来转化为和平服务呢？在充满了爆炸性的烟火气中，军事调处的来临，开始使东北问题的争论不要用战争而是放在桌上来讨论，执行小组到东北来的任务，与其说是为了中国，不如说是为了世界和平。东北的战争，的确到了应调处的时候了。

这里一条横街两端都有松坊，一面挂的标语是“世界和平万岁”，一面是“中华民国万岁”。在警备森严的步哨盘查下，成群结队的人民到这两块标语之下翘望，希望能够在动乱中获得一些什么。站在沈阳街头，坐在美军吉普车上各处走，看一看在这次战争中翻身起来的苏联和没落的日本，想一想在夹缝中翻身的中国人，要怎样来求今后的自处？是战争呢，还是和平？每天徘徊在“世界和平万岁”“中华民国万岁”下的人们，不能永远在那里静观了，希望越大的人常常会得到更大的失望，东北人民的大希望不应该拖成大失望。

发出这篇通讯后，徐盈随军调小组从沈阳去长春，沿途调查国民党新一军进攻昌图、开原的战况，并写回途中见闻：

……（前方桥梁被破坏）美国记者问中共代表：“这桥被破坏，你们事先不知道吗？”回答是“不知道”。又问政府代表，回答也是一样的。他便很认真的记录下来，但满脸都充满了怀疑。为调处冲突，美代表柯里寻找一切可能之办法，欲展开工作，甚至希望无马匹供应时，骑牛亦甘心，但情况仍难有开展。

从西南到东北的新一军，做梦也不会想到在东北来流血。李鸿上校今天已作了师长，他曾三次在黑土地上陷入重围。新一军正在向前方增援，他们有全副武装，有苹果红的笑脸，有知识分子型的面庞，并享有全中国部队最大的供给。当他们看到我们中有不少美国人时，便都欣笑叫道：“美国人也来了。”他们正遇到在国外所没有的困难时期，恰好这时，那些曾经并肩作战的人来了，[①]他们深信美国人要有点办法。这些在国外参战过的英雄们，以五个团与对方八个团作车轮式的大战。今天没有飞机，没有很好的补给线，供应已经发生了相当问题，据一位收容伤兵的医官分析八百人的伤处结果：“伤都在上半部，可以说明他们是多么勇敢，弹药供应不上时，自然是会用刺刀的。”

一列兵车开到前一站去，一列兵车从前方开回来，载来过去是用飞机运送的，如今是用牛车拖来的伤兵。战争是惨酷的，长官部估计，我与对方的伤亡比例最少是一比七。在东北被压榨了十四年的老百姓，想不到胜利之后又在成群结队的当炮灰。“谁说东北人不是命苦呀！”

① 抗日战争后期，新一军曾在印缅战场与美军共同打击日军。

东北收复已然八个月，大小的牺牲也演成了不少。但是军事行动一开始，便立刻感到经济、政治都未能与军事配合。如果说这场战争是必需的，能用武力制止一切，而且不需要执行小组作调处，那么，军事、政治、经济就应当像军调部的符号一样，[①]因为军事是政治的延长，那三环要密密的联结在一起，而其结果却也不一定是战争。

开原与昌图间的马仲河桥中断了，五百辆大车走了五天赶到这里来抢修，一切都是自费，一头牲口一天的费用至少要用流通券五十元，十四年来习惯了服从命令的老百姓却不作一声，……抬伤兵的担架队在默默的工作，伤兵也是默默的被抬上火车。来自最远处的伤兵，从大车换汽车再上火车，要耗费四天才能到医院动手术。我们一行人通过了，民众与伤兵也是默默无言，一个悲剧正在扮演中，三方面的人自然各有其不同的感想。美国人、中国人、日本人和其他人共同成为演出者，一边是为共军工作的日本俘虏，一边是日技术员为国军修桥，一边是美军装备的国军，一边是服装参差的水、土八路，[②]一边是国际武器大屠杀，一边是协和的三人调查小组……一个胖子长叹道："这八个月来，我们所受的苦难比十四年来更多一些。"

战争与和平，各应在其一定的条件下存在。东北的战争与和平不是孤立的，它与华中、华北的整个调处有关，也与国际的情势有关。每个到东北来的人应有一个起码的认识，祖国不应成为日本统治方式的接管者。十四年奴隶生活的解放者，要来接种"民主"，不要来接种战争。

---

① 军调部徽章标有中英文，图案两端为麦穗，上方有三环相连，寓意国、共、美三方团结合作。

② "水八路"指从胶东半岛渡海而来的中共部队；"土八路"指从陆路出关的中共部队。

难以联结的『三环』

徐盈在东北采访近一个月，归纳了国共双方争执的几个焦点：一、国民党方面坚持，根据一月停战令，国军为接收东北主权进军不应受到阻碍；中共方面则说，根据军调部和字第一号命令，先停止冲突，再谈其他问题。二、国民党方面认为，目前东北只有外交问题没有内政问题；中共方面认为，执行小组到东北，就说明了内政问题的存在，并表示，内政问题未解决前，中共不会停止冲突而让国军平稳前进。

国民党所说“东北只有外交问题没有内政问题”，意在否认中共力量在东北的存在，而徐盈在报道中指出，中共有铁道，有城市，有生产组织，有30万民主联军，更有广大的农村，所以，中共方面说：“国民党只要自己接收，不要民众接收。”国民党方面则坚持：“停止冲突是可以的，只要执行小组协助推进国军接收。”记者会上，有人问美方代表；“沈阳的报纸上只有匪而无共，请问究竟是共还是匪？”美方回答：“这件事在没有调查以前不能奉告。”徐盈认为，“局部停止冲突是不可能的，而且也不会得到协议。代表执行部的三环没有力量能使他们联在一起”。

以下为 1946 年 4 月大公报刊载的部分东北专电、通讯节录：

04–03　长春苏军连日撤退，西郊昨夜有战事，保安团出动通宵对战至拂晓，来袭者被击退。苏军曾出动战车巡游，以资警戒。

04–08　沈阳空气颇为动荡，一般观察，双方正做原则争论。林彪之参谋长伍修权招待记者，谓不反对国军接防长春。共军虽有武器，并不良好，怎挡国军？

04–09　八日晨执行小组有两组出发。那是争论了十三小时的结果。出发虽是出发了，可是仅仅负着调查与报告的任务。小组虽然带了两个命令，但是真正调处执行却须等把报告转到北平、重庆后才能决定。

04–10　现在东北集中了数十位记者，已经烦闷了，不知何时才能报道一些时局开展的消息。记者对目前局势之见解：当局如能运送五十名记者（尤其外国记者）到此，则其所发挥之效力当不下于五十万大军。

04–12　苏军即将撤尽，长春空气紧张。山海关外惨剧，地雷炸毁北宁车，并遭机枪扫射，死伤数百人。山海关至绥中间铁路被破坏。

04–15　东北战争是一种最残酷的战争，完全用血肉来消耗子弹。直到今天，北上接收仍成蜗牛式的推进，必须使经过的地方能够确保。从铁岭至前方不过三百华里，战争已感到运输与补给诸项困难。春耕已停下来，清明后种麦之季节已过去，谷雨左右之种高粱、大豆时期如再不能利用，则今年之农产将有大恐慌。曾欢迎过苏军、共军的那些城市人物们，今天又以同样的代表身份来欢迎国军，并且偷偷探问：“你们是不是能保证永远不会离开这里？”他们为了身家性命，要求付出代价要有收获。东北人比别的地方的人更反对战争：“谁愿意打仗？当真是东北人灾星未退，受了敌人十四年的压迫，还要再打十四年的仗吗？”

04-17　长春争夺战刻在进行中。昨苏军撤退前两小时即开始攻击之共产军队从郊外侵入市区。过去十小时枪声不断，共军自北面西北面及南面三面猛攻。共军占领长春主要机场，切断国军之空中供应，是以国军嗣后只得运用其少数之仅存军火。共军以步枪、机关枪、平射炮及迫击炮甚至有以重炮作战。

04-17（长春上午专电）当日零时，行营背后遭共军攻击，满炭大楼附近死亡甚众。（沈阳下午一时专电）当日晨有运输机飞长春投粮弹。共军距电信局附近五六百米，炮声尖厉。（长春下午一时四十分专电）炮声又紧，运输机投粮弹时被共军高射机枪打中尾部，故以后飞机飞行甚高，有误投者。（长春下午二时专电）我方陷于苦战中，盼空军接济。（沈阳下午专电）记者在沈访问到投粮弹人员，据称俯视长春，街道冷清，家家闭户。共区有坦克车两辆，高射机枪甚多。两架运输机及驾驶员一人受伤。长春防区愈小，电信局电话不通。十七日晚是紧要关头。大同广场在长春市中心，现国军防守以该地为中心，皆钢管水泥之大建筑。长春十七日午后六时仍有电至沈，电信人员连日日夜工作。①

04-18　东北之接收，军事、外交、经济、政治历八个月之改进，仍少圆滑有力的配合，且各自陷于孤军作战状态。军事在黑土

---

① 这是一组比较典型的动态追踪新闻专电，长春、沈阳一日连发数条，并且标注发报时间。

上已呈凝滞，接收部队到处感觉四面被围。而政治尤赶不上军事，收复一城，往往找不到县长。军人当了县长，省府又不高兴。红军纸币已至必须设法清算之期。今日东北除流通券外，人民仍赖伪满钞票。国军血战二月，薪饷究按流通券如何折合尚未确定，分别准予贷支维持，亦不无失军心之处。无人不知此一片土地不能和平将影响世界，但此地近月来实已听不到“和平”二字，到处都代之以杀气腾腾。东北之调处不能展开，恐将影响华北及全面之调处工作。

04–20　长春情况昨已不明，飞机侦察所见市内沉寂，多处起火，死伤甚多。

04–22　记者自沈返平，欣见故都春花盛开，景象遐逸。华北至今虽到处烽火，但较关外似少炸药气息。据东北小组方面透出消息，月来报端之“匪军”字样仍有存在，但会议席上，国军方面对共军之印象已自“不堪一击”渐变为“旗鼓相当”，且估计其势力决不止于三十万人。为保持供应线计，甚盼华北援军之到来。记者昨以此询诸关系方面，据答，华北亦无日不在盼望援军中，盖各地小纠缠从未休止，目前不论何地何人，稍加远瞻，即为此混乱局面而深感焦虑。

04–25　哈尔滨形势转严重，马林诺夫斯基去向不明，飞机场已被共军控制。

04–25　执行小组日来无活动，惟在抚顺之小组已能清晰看出城市与乡村之对立，若干饥民赖杨树花果腹，并盼于绿柳成荫之日再摘为盛馔，红高粱米今已成珍馐。记者昨自抚顺返沈，此日人经营四十余年之世界驰名大矿，当前问题为电力缺乏，松花江水电在共军控制中，而火电电机必须修理后始能使用。露天矿之储量达九千万吨，但目前仅日采一千吨。矿工六万人生活困难，依矿生存之二十万人已陷入苦境，偷窃与怠工之事叠出。抚顺已成为一独立工业区，有最新与最完全之设备。吾人如何复兴此区域，实为重建东北工业之开端。

徐盈在报道中还特别提到，国民党东北保安副总司令梁华盛，以一月停战令第二节“国军开入东北接收主权及调动不受限制”的规定，作为他率部进攻的依据，他说：“我们的对方只有土匪，没有共军……如有暴力阻碍，决予扫荡。”梁华盛甚至明确对记者说：“你们可以公开引用我这句话。执行部派来的小组虽不影响我接收的军事进展，但对我个人却是一个极大的麻烦。”由此可见“东北除外”的恶果，亦可见国民党大打内战的决心。

长春、四平之战

1946年4月20日，民主联军进占长春，中共中央东北局和东北民主联军总司令部随即进驻。国民党亦不示弱，拥兵大举北进，打四平、攻长春，咄咄逼人。

争夺四平的战役早在4月17日已经开始。民主联军奉延安命令拼死坚守，国民党军则投入了九个师的兵力强攻，双方激战至5月中旬，东北苏军已经撤退完毕，国民党军越发没有了顾忌。15日，已经发表即将就任国防部长、人称“小诸葛”的白崇禧抵达沈阳，协同杜聿明、郑洞国指挥国民党军作战，[①]19日占领四平，23日进入长春，

① 白崇禧（1893–1966），广西人，军阀新桂系代表人物，与蒋介石及其他地方势力多次开战，抗日战争中指挥多场战役，屡有胜果，授陆军一级上将。1949年去台湾，1966年在台北病逝。

郑洞国(1903–1991)，湖南人，黄埔军校第一期毕业，抗日战争中率部参加了多次重大战役，包括率中国驻印军会同盟军收复缅北，战功卓著，授陆军中将。抗战胜利后任东北保安副总司令等职，1948年10月率部投诚，中华人民共和国成立后历任国防委员会委员、全国政协常委，1991年病逝于北京。

此距民主联军和中共中央东北局进驻满打满算不过 35 天。

同日，蒋介石亲临沈阳。虽然官方不准各报记者发稿，但人们都明白，蒋此行是为决定东北，乃至国民党的命运而来。而这一系列变化的幕后，还要从月初周恩来由重庆飞抵南京后发表声明说起。

1946 年 5 月，国民政府宣布还都南京，中共代表团随同迁移，周恩来、董必武、陆定一、邓颖超等于 5 月 2 日到南京，次日即接见中外记者，声明中共对东北问题的主张，前提是首先实现无条件停战，才可以谈其他问题。大公报南京专电报道了周恩来所谈几点意见：

政治方面，中共认为东北地方政权应为民主联合政府；外交方面，中共反对以东北为反苏或排美基地，应谋国际之合作，并须迅速恢复一切交通；经济事业应分别国营民营，不能包办；整军复员尤应迅速执行，以谋真正之安定。周氏承认长春为僵持之关键，若停战后进行协商，中共极表欢迎；武力接收则中共绝不让出。目前情形，政府图以武力夺回长春，恐谈判短期内难有进展。

这场谈话历时三个小时，中外记者于午夜时分始散。

此时的长春已经成为中共在东北的临时军政中心。国民党中央社记者在长春滞留 20 余天后回到沈阳，报道长春情况称：“中共中央东北局最近发布文告，着重宣传三事：一、动员人民全力支援并参加民主联军，不断充实其主力；二、动员人民参加地方武装，不断扩大地方武装，肃清残匪，巩固后方；三、在战区及临近战区特别是敌后，广泛发动游击战争及开展破路运动。此外共军并成立大学两所，一为东北大学，一为工人大学，前者考试科目甚简易，随到随考，颇能迎合一般青年心理；工人大学拟广泛招收工人学员，培养工人干部。共军入长后，鼓励市民告发伪满时代之警察特务，听任贫民及士兵处置其生命财产，富有者均惶惶不安。共军常向市民解释真八路纪律严明，胡作乱为皆为假八路，并押解两名冒牌八路游街示众，当众枪决。共军对于日侨较对一般中国人为客气，希以此种态度大量吸收日籍技术人员及医生等。”

5月15日，白崇禧到沈阳的当天，大公报南京加急专电：

首都和平谈商无何进展，而各地冲突恶劣消息时闻。马（歇尔）帅来京已逾两周，力促政府中共恢复东北谈商，然和平之门迄今尚未正式开启，仍停顿在长春为关键之僵局面前，未获进展。马帅虽曾与蒋主席周恩来分别数度晤谈，然每届谈至长春问题辄止，僵局不能打开。如此情形，颇使每日梭巡于马帅行馆与中共代表团门前之中外记者感到失望。记者连日梭巡各处，探听谈判进行情形，所获印象即时局系于东北停战谈判，而东北谈判因长春问题而陷僵局。战事若继续拖延下去，关内各地冲突余烬可能复燃。目前实施政协各项决议已成次要，和战问题已主宰了国运前途，此为各方面一致承认者。马帅调停亦集中力量于此点。记者三日来所晤各方要员不下十人，均有长夜漫漫何时旦之感。

四平战役打了32天，民主联军于5月18日主动撤退（据后来披露，此役民主联军骨干伤亡八千余人）。杜聿明则说，“四平是打下来的，不是共军让出来的”。但在大公报记者看来，内战双方无论谁胜谁负，带给人民的却只有苦难。抗战期间曾随新一军征战缅北的吕德润，在内战战场重见这支部队，感慨道：

四平街激战，双方动员兵力估计达十五万之多，其规模不但为内战史上一新纪录，亦为八年抗战中所少见。攻守战逾三十日，双方重叠包围达三重之多，近数日来曾有七进七出之肉搏战，说者强调战争之激烈为空前所未有。美方停止参加遣俘并决定运送国军有一定数额，显系不愿刺激国际感情。山海关以北铁路破坏日重，葫芦岛至锦州联络线亦随时有切断之虞。停战令中除外之东北九省，近与从未停止之热河战事连成一片。

记者以沉痛之心情，凭吊四平街。此由日本、苏军、中共及政府辗转四次之城市，已为"四不平街"矣。缅北战役以后一年余，记者复在此重嗅血腥，重见苦战两月之新一军。踱步街头，恍如置身缅北战场，然而这却是大规模的内战。……中共原集中相当巨大之主力，此次是否已溃散，或觅地决战，目前尚未判明。四平街虽被国军占领三日，然迄今仍地雷响声时作。市区房屋外表虽大半完整，然门窗玻璃均为炮火所震破。一老妪年逾七旬，曾目击日俄之战。彼泣望今后"可不要再打仗了！"口中不断喊"老天爷"，似欲求助上苍。然在地雷之爆炸中，呼天亦不应。……记者凭吊四平街战场后，深觉主权也罢，民权也罢，民主也罢，此种口号已渐在人心冷淡，死亡与饥饿却是人们心中的恐怖。下级士兵及一般人民均反对战争，彼等并询记者：自己的事究竟为什么不能平平和和的谈谈？

拿下四平后，国民党军乘胜北进长春。5月22日，吕德润从四平发回专电，报道白崇禧接见中外记者，回答东北国共谈判前途问题时说："希望中共不妨害国军接收主权。"记者问长春命运如何？白崇禧称："希望中共自动退出。"

23 日，国民党军占领长春。26 日，大公报发表社评称："长春既经收复，政府更要戒惧恐惧，勿以一时的军事进展而轻忽大意，更不必因此而轻视政治解决的必要。"大公报的这番言论，颇似"中立""超然"，却也反映了当时知识界的普遍心理。

蒋介石首次到东北

蒋介石携夫人宋美龄到沈阳，是5月23日，这天恰好国民党军占领长春。蒋在沈阳停留了一周，30日飞回南京。这是他第一次到东北，也是他后来多次到东北停留时间最长的一次。

由于官方明令除了中央社不准各报记者发稿，因此，各报用的动态新闻都是中央社电讯。吕德润的报道则是在蒋介石离开沈阳后发出的通讯。这里先请读者看一下中央社记者写的一篇“官样文章”，再读大公报记者的“民间”报道，从中可以看出二者区别。

中央社电讯：蒋主席莅临沈市后，对复兴东北产业极为关怀，今日上午召见东北行营经济委会东北生产管理局理事长王家桢，王氏报告管理局奉令建立经过及工作方针，蒋主席指示复兴东北产业不惟为复兴东北之基础，并为全国建设复兴之基本，须努力进行，倘遇有任何困难可即报告，当予设法解决。

蒋主席暨夫人廿七日下午四时在市府礼堂茶会，招待沈市士绅及各界人士，到会者三百余人，礼堂内布置整洁，被邀出席者均到场参加，引为无上光荣。三时三刻，主席偕夫人自行辕乘车赴市府，沿途市民密集，伫立街头。四时正，主席偕夫人暨白副总长崇禧掌声雷动中步入礼堂，含笑答礼，旋入座，并劝来宾进茶点。四时廿分，主席起立致词，词意恳挚，听众无不动容。词毕，全场报以热烈掌声。士绅代表张子文、陈中和等分致欢迎词。张氏于陈述敌伪时代惨状及今日主席与夫人莅临东北之恩意时声泪俱下，主席暨夫人均甚感动。陈氏恳求主席拯救东北小学教育，并乞主席准改沈阳为特别市，主席听取之余频频点首，最后主席含笑表示谓：各位所提出之问题，中央将予办理。会后有学生献花，并表演京剧《斩颜良》，主席暨夫人对该儿童之纯熟技艺甚为夸奖与赞扬。五时起市府门外人山人海，主席暨夫人乘车离市府时，市民欢声雷动。主席致词略谓：各位来宾，各位同胞，今天本席夫妇与各位在沈阳相见，实在是机会难得。回想民国二十年“九一八”沈阳沦陷，迄今十五年，当时中央因为准备不及，不能及时相救，以致我们东北同胞受敌伪的压迫，日处水深火热之中，过着长期痛苦的生活。于今聚首一堂，痛定思痛，本席还是觉得非常遗憾。现在东北已经光复，我们东北同胞已经重返祖国的怀抱了，本席今天和各位见面的时候，有一简单的希望，就是希望我们东北同胞记取过去异族欺凌压迫的痛苦，与我们求得自由独立之不易，从此上下一致，同心一德，努力埋头苦干，来筹设我们东北，以作为我们建设三民主义新中国的基础。这是东北同胞人人应尽的责任，也是全国同胞对于各位殷切的渴望。

吕德润通讯（节录）：蒋主席莅沈，事先极秘密，行踪与活动很少为外人所知道。二十三日晨，此间传出国军进驻长春，可是比起主席莅沈便减了色，中午还说下午到，可是不许人去欢迎。一批记者闻讯便赴机场等候，不久熊式辉、杜聿明、徐箴诸氏到了，他们看到记者们在，又匆匆的出来，记者们跟出来时，他们又回去了。一个“调虎离山计”，把一些记者留在门口。三时过，天空中出现了一架美国飞机，不久几辆汽车鱼贯而出。

沈阳市并没有特别警戒，一般市民们仍熙熙攘攘，几辆黑色汽车在人群中穿过，我等在路旁，隔着玻璃只看清了蒋主席及夫人。蒋主席多年来还首次莅东北，东北现在也正是中国问题的尖峰。蒋夫人这次来是第二次了，第一次是代表主席向苏军授勋。这次主席及夫人惠沈，像是表示了不同的时代与不同的意义。

主席莅临的消息，我们接到东北行营长官部政治部的通知“绝对禁止”发布。电报局的检查人手中小心翼翼的看守着我们的电报。假如读者怪我们不报道这好消息，这可不能怪我们。

跟着主席来的是白崇禧、张嘉璈诸先生。白氏这位即将就任的国防部长，十七日到的沈阳，二十日去的四平街，二十二日飞到南京，二十三日又飞回来，二十四小时内坐了十二小时的飞机。他在前方特别注意的是组训民众。这位在广西以组织民兵著名的新部长，在这里也带着这种精神。二十四日下午，白氏单独接见记者，谈到国防部时他说：“我深深感到这责任的重大。”我问他这次回来，东北问题是否有点谈判的头绪。他说：“我不知道南京怎样谈的，我希望能谈判成功，早日获得和平。”当时我听到占领了长春的国军又向哈尔滨进发，至于进展至哪里，白将军并未给我答复。

记者和张嘉璈氏见面的第一句话，他说：“我们恍如隔世人。”东北真是一个变化莫测的局面，半年中我们真像过了几个世纪。他问我东北的近情，我觉得我像惊弓之鸟，对东北的事不敢冒然下判语。

“我也是个惊弓之鸟，这次是不能不回来。”这位近六十岁的经济学家说。

主席二十四日的行踪是视察省政府，巡视沈阳的市容，看了沈阳的故宫，街上没有悬灯结彩，也没断绝交通，市民们事先也不晓得。历史上的大事件在沈阳默默的进行，中国的命运也在这几天默默的转动。

沈阳这一周间是一个空前的场面，紧张、喜悦、希望搅在一起。对一个新闻记者言，军事的进展，政治局面的开展，大人物的来往都够受了。蒋主席暨夫人来，我们希望能得到些关于东北问题的启示，可是没有找到明确的答案，东北的事推到南京，又由南京推到东北，大局在电报上传来传去，最后的决定是须主席返京后才能决定。

二十七日主席及夫人联名下了通知，说举行茶会。那天到会的是各机关首长及士绅，记者们没有得到一个发问的机会。那是主席到沈后第一次公开出现。下午四时一过，客人们入了座，主席暨夫人莅场，一阵掌声后坐了下来。这两位不凡的主人在一刻钟之内没有讲什么话，吃着茶点，看看各式各样的人。主席说“茶点不丰富”，事实上也真不算丰富，不过却剩了不少，人们像没有心情吃茶点似的。主席的致词很简短，对东北同胞勉励一番。市民代表致答词的是张子文，讲的几乎是声泪俱下。张氏一讲完，马上有人站起来，自称“落伍军人”，他自己大概也没有准备，加上过度的紧张，说话显得不大流利，不过他的意见虽条理不清，却说得扼要，希望早日恢复工厂建设，确定收回红军票的办法。第三个发言的重点在教育与卫生，并一再引证外国的例子，希望大学私立，中小学的教育特别加强。他说：我们有宣传部、社会部，为什么不添一个卫生部？最后他又加上两点意见：一是希望对在东北作过伪官的宽大，一是主张沈阳改为特别市。这两位自告奋勇者的发言，对地方上一些首长们是一个波动，大家都暗中向正座上看。主席却仍不时微笑点头，银白色的眼镜不时戴上又不时取下。意见说完了，主席又站起来绕场走了一次。跟着表演的节目是四维剧团的《斩颜良》，演剧前小孩子唱了歌，献了旗，大家把身子转过来看戏。小孩子打来打去，滚滚翻翻，这戏台上的战争在小孩子表演下有点可笑，在微笑中闭了幕。散会时宣布来宾可去向主席及夫人握手，有的人去了，有的人没敢上前。

蒋主席第二次公开讲演是在五月二十九日的市民大会上。那天民众到的真多，市府前的大广场完全挤满了人。那天播音机的声音不大，后面的人怕是不但没看清也没听清。主席说他到东北的第一件事是安慰东北的同胞，他希望东北同胞发扬过去十四年艰苦的精神，为国家为民族为三民主义奋斗牺牲。军乐声中献了旗，临别时又挥挥手。这个平凡而又不平凡的场面便告终结。

沈阳的另一角，各机关真正够得上空前的紧张。“也许主席要来”，在这个口号下，街上少了行人，饭馆子少了顾客，舞场里少了舞客……沈阳在人心中多了的是设立了告密箱。有一点比过去各地不同的是，物价又在上涨，食粮还算平稳，猪肉由六十多跳到了七十多块流通券。

对东北人民这的确是一件空前的大事，开市民大会时，一个人为了进不去和卫兵讲理：“真龙天子”来了，还不让我进去看看？当然，“民主”二字对他还生疏。有人说，东北在中国历史上元首驾到是稀有的，连在东北起家的清朝入关后，也只有嘉庆皇帝来过。另有人说着野史，他们说主席这是第二次到东北，第一次是民国三年，那是袁世凯得势的时候，他曾到东北作过秘密活动。

东北大局将来到底如何？在这个多变的场面，没有人敢预测，不过人们觉得既然主席亲自来了，决定的时间可能早一些。讲起来，已该到谈建设的时期了。东北不是一个武力解决的场所，武力也不可恃。十四年惨痛的民心对一切都很敏感，这是一个用武器争取不到的战争，也是一个决定性的战争。

三易其主看长春

蒋介石离开沈阳时，没有直接回南京，而是到长春转了一圈，只停留了一个多小时就飞北平了。吕德润随同蒋介石一行到长春，留下来采访并发回报道。

这是吕德润第三次到长春了。第一次是1945年10月初，随东北行营第一批接收人员到长春与苏军接洽，第二次是行营撤退后重返长春，这次则是民主联军撤退，国民党军重占长春后。短短八个月，长春三易其主。从外交变内政，场面错综复杂，吕德润说："像过了几个世纪，又像读历史书，翻了几页便到了另一个朝代，另一个制度。我的思想波浪似的前后推挤，一时分不清是什么感觉。"

吕德润做的第一件事，是四处"看房子"。

先是五个月前宋美龄到长春时的寓所、一个月前的国民党长春市长赵君迈官邸、现在的国民党军前进指挥所。"蒋夫人来到时，赵君迈对这房子大加布置，谁晓得三个月还不到，他自己在这里当了俘虏。"有趣的是，宋美龄在这房子里接见过哈尔滨妇女代表。这次吕德润找到几份中共办的东北日报，发现了那次一位代表的名字，她在哈尔滨仍是妇女代表，不过却是欢迎中共进驻哈尔滨了。

第二站是曾经的东北行营驻地满炭大楼，也是吕德润在长春住过时间最长的地方。这里曾是国民党接收人员、苏联红军、中国宪兵、地方警察各色人等的往来之地，一个月前成为中共中央东北局所在，现在又换作国民党新六军军部。吕德润曾经住过的房间改作军医处，他离开时拜托新华社记者刘白羽、周而复帮他注意保管自己搜集的资料，已经荡然无存了。

不过，吕德润在东北日报上看到了刘白羽写的林彪访问记，并且把其中的段落抄录在自己的报道中："林彪将军喜欢到火线上去，不久前兴隆岭作战，部队冲下去的时候，他也越过山坡上的死尸和伤兵，跟了下去……半年内，林彪将军走过锦州、沈阳、新民、彰武、法库、抚顺和四平街……在东北若干次战争中，由于他的总结经验，在战术上有了新的发现，如一班分三组的'三三制'和'一点两面'战术……"他还提到，代表国民党中宣部接收"满洲映画"（今长春电影制片厂前身）的电影艺术家金山，"抱怨"此前代表中共接收过一次的老朋友袁牧之"把好东西都弄走了"。

吕德润一路看过去。三个月前长春市政府接收盛极一时，如今烧得断壁残垣；中央银行是两军最后决战的地方，墙壁上还留有弹痕；熊式辉、张嘉璈、蒋经国住过的公馆住进了军队；过去的关东军司令部，后来的苏军司令部、民主联军总司令部，如今又变成了国民党的军营。

在那里，吕德润听到了一个故事，说的是中央社的一个厨子，有一张国民党党证，中共进驻后说他是国民党特务。他振振有词地回答："日本人在这里，我做饭；苏军在这里，我做饭；中央社在这里，我做饭；现在我又给你们做饭。我不识字，你们也可给我一个证啊。”于是，这位“四朝元老”依旧留下来做他的饭。

吕德润笔下的长春，在等待自己的命运：

今日长春，像代表了两个时代：苏军占领期，是一切问题的焦点，现在轮到内政身上了。这几天中央的人员开始向长春移动了，各部会的接收大员也要陆续的来。才喘过一口气的长春，目前接收工作除了抢着办报吵闹外，封条还没上市，但愿它今后不满房子飞。

长春虽然靠近前线，但情形反不如沈阳紧张，不像沈阳老早便不准上街。过去那些拿轮盘枪的苏联红军看不到了，连侨民也很少在街头出现。日本人还是默默的工作，我常在街上看到日本小学生排着队去上学，早晨作柔软体操。中共遗留在长春的地方流通券，是东北银行发行的。今天谁拿着它谁算倒霉，这票子又作废了。中共占领期，各区民选出参议会，定于五月二十三日召开，那天中央军进了城，参议会当然流产了。经过了许多变动的长春，令人觉得中国人与中国人之间实在不必把仇恨算得太现实了。

八年血战，我们总算争取到“强国”之名了。可是日本一投降，我们的内战也在这里表演了，国军乘胜北追，一路到了永吉，一路进抵松花江。从山东来的中共部队加入作战，战争一变成了现在的样子。论将才，双方长官都是厉害角色，论战斗力，在中共也承认新一新六是两军劲旅，可惜这是内战，不应该有的内战。……现在双方都在招兵买马做准备。

问题的另一面，是东北双方的宣传战“惨不忍读”。这宣传战对于渴望了十四年祖国的东北同胞真是一个最大的烦恼。彼此用尽心思用尽文字，破坏对方的声誉，这声誉在目前无疑都是一个纸老虎。

吕德润写这篇报道时，周恩来、陆定一正在南京与国民党中宣部长彭学沛讨论“宣传休战”问题，提议双方报纸停止对骂，以和缓态度说理。但吕德润在5月28日的专电中则说：“宣传休战在光复之东北尚未实现。政府军占领区及中共军占领区报纸均以极丑恶之文字形容对方，从报纸上很难闻到和平气味。过分宣传令东北人民恐慌不安。”

30日，在国共宣传战中饱受“夹板气”的大公报，借题发表社评，大倒“苦水”，其在内战中的尴尬角色，于此可见一斑：

由于党派之争，宣传战到了白热化，凶恶得充满了火药气，令人惊心动魄；下流得骂街造谣，令人闻之作呕。被目为宣传对象的人民读者，真会被他们宣传得头昏脑胀，啼笑皆非。……宣传战的背后是枪炮战，血眼相视，血口相喷，自然不可避免。在声势汹汹宣传战短兵相接之际，我们努力维持可怜的人民立场，努力保持头脑清明，心境平和。说来可怜，大公报一非“国特”，二不“尾巴”，在这天下滔滔，不归于杨则归于墨的情势之下，大公报实在落于一条极狭的夹缝当中。我们诅咒内战，愤恨内战，要安定，要进步。同一立场，两面受攻。一面飞来红帽子，使我们苦笑；另一面又骂你是‘帮闲’，是‘法西斯帮凶’，更使我们莫名其妙。……今天中国的民间舆论微弱极了，而独立的报纸也陷入左右夹攻的苦境。说来可怜，中国假使能够民主化，则这可怜的民间舆论独立报纸必为主要的力量。美国杰弗逊总统曾说：“宁可没有政府，不可没有报纸”。我们报人又岂可气馁！

大公报这种“两面不讨好”的处境，是它作为民营报纸、同人办报性质决定了的。抗战时期，由于共同抵御外敌的需要，国共两党竞相对其友好，看重的是它的舆论影响。内战开打，两党需要的依然是舆论支持，而大公报这种“中间偏左”的所谓“民间立场”，显然不合两党期望，大公报和它的记者们“落于夹缝中”也就并不奇怪了。

第二章　剪不断理还乱

东北战局白热化，加之内政、外交、社会、经济问题交织，错综复杂，已经成为全国关注的焦点。1946 年 6 月，大公报增调张高峰以特派员身份赴东北，与吕德润共同负责东北报道。

张高峰与吕德润同庚，当时都是 27 岁，分别于 1942、1944 年加入大公报，张高峰派驻河南中原前线做战地记者，吕德润随中国远征军到印缅战场采访。张高峰的前线报道中，最具影响的不是战况，而是那篇披露河南大灾，抨击当局的《豫灾实录》，[①] 招致国民党处罚大公报停刊三天，他也在河南被捕。1944 年中原大战，张高峰冒着炮火追踪报道，直至河南大部沦陷才回到重庆。吕德润在遥远的异国战场，与战士们一起亲历大小战斗，发回数十篇战地报道，代表作品《随 B-25 轰炸机轰炸记》《会师记》《随车队到昆明》等，有力地鼓舞了艰苦抗战的国人，被后人誉为“篇篇具有重要史料价值的经典报道”。

不仅如此，吕德润、张高峰与进驻东北的国民党军一些高级将领、中层干部，在抗战时期就有交往，如国民党东北保安司令杜聿明、副司令郑洞国，曾分别任中国远征军第五军、新一军军长，与当时的随军记者吕德润过从甚密；最早打出山海关的国民党 13 军军长石觉，1938 年台儿庄战役任旅长时，就与当时做战地宣传的张高峰熟识；东北保安司令部副官处处长郑平，1943 年在河南时曾经负责看管因报道豫灾被捕的张高峰，并且成为朋友；东北行营负责接待外埠记者的施应霆，兼任中苏联谊社（军调小组驻地）总经理，是张高峰的武汉大学学长，通过施应霆，张高峰又结识了施的“顶头上司”、国民党中宣部东北特派员、东北行营及保安司令部政治部主任余纪忠……

一年后，吕德润先调上海，再驻台湾，张高峰全盘接手东北的采访、报道，至 1948 年春撤回北平。

---

① 《豫灾实录》后来被作家刘震云写入小说《1942》，并由导演冯小刚拍成同名电影。

东北停战无果而终

张高峰到沈阳时，国共双方在东北的态势为：一方面，中共坚持“让开大路，占领两厢”的战略，放弃点和线，控制了中心城市以外的广大地区；另一方面，国民党军连克四平、长春、永吉、小丰满等据点，民主联军主力退守北满，杜聿明、白崇禧等认为可以乘胜追击，渡过松花江，直指中共东北中枢哈尔滨。

北满失利，南满反攻。为牵制国民党军继续北上，民主联军集中南满部队发起鞍山海城战役，迫使杜聿明调兵回援，而国民党海城守军第60军184师遭到重创后，师长潘朔端率部起义，此举对国民党打击甚大，正在东北的蒋介石不能不考虑新的策略。大公报南京专电：

05-25　长春收复后，大局之转变已逐渐表面化。首都商谈渐呈活动之象，似图打开僵局。周恩来氏二十五日应马歇尔元帅之邀至宁海路五号商谈，交换对东北局势前途之意见。自马帅发出阻遏东北战事向关内蔓延之呼吁后，关内各地冲突之声已渐沉寂，事实上已入暂时休战状态。长春收复之速，马帅表示颇出意外，实是实现东北停战进行和平协商之最好时机。据可靠消息：马帅拟俟蒋主席自东北返京后，即建议立刻重开东北和战商谈。（下午八时专电）

国共间久已中断之政治商谈，二十五日午后五时在邵力子寓正式重开，出席国民党代表邵力子、王世杰、张厉生、雷震，中共代表周恩来、董必武、陆定一，双方对各项问题之意见均极接近，惟未获致任何结论。会谈进行两小时。大局在转变中予人以捉摸不定之希望。（下午十一时加急专电）

05-26　大局临重要关头，蒋主席由沈函马帅，提出东北和战商谈之意见，以中共承认政府接收东北主权并恢复交通为前提条件，希望尽速得马帅复函。专函于二十五日晚专机送抵京，交宋院长子文面致。马帅接获主席函后，立即邀周恩来于午后四时商谈，此举打破马帅周末休息之惯例，其亟谋重开商谈之心情可见。马帅与周就蒋主席函所提意见交换意见达两小时半之久，以函中皆为原则性者，一时难获具体结论，周于六时半辞出。

06-03　国内和战已临决定关头，马歇尔与周恩来昨长谈六小时，商谈内容双方均不发表。据悉，马帅新方案要求政府暂勿以武力接收哈尔滨，俾使战火早熄。中共方面已一再表示，国军如进军哈尔滨，共军必予坚决抵抗，故马帅深虑战火有再扩大之可能。三日此间获情报，辽东营口、海城、大石桥三地又为共军所占。和战关头机微。蒋主席返京将为中国历史决定性的日子。

6月5日，从东北回到南京的蒋介石与马歇尔、周恩来达成东北停战协议，6日下达东北停战令，宣布自7日午时起，双方停止追击、进攻，15天内商谈解决各项问题。

东北和平曙光乍现，但8日的大公报社评对此却表示谨慎乐观：

蒋主席宣布东北停战十五天，并谓“此举在使中共再获得一机会，使其能确实履行其以前所签订之协定”。我们是反对内战的，今获见东北停战，当然感到喜慰，但还不到兴奋的程度。因为经验业已告诉我们，尚不必作过早的兴奋。

今年一月十日，国共双方宣布了停战令，……战未尝一日停，而且大打特打起来。现在又下令停战了，停的是东北，时限是十五天。有地限，有时限，其范围已经告诉我们，这不是真正的停战。故虽喜慰，而尚不必兴奋。……政府所提出的前提条件，要在这十五天内获得完满解决。假使这十五天内竟并不能获得完满解决呢？自然是再打内战。因此，我们衷诚祈祷这十五天内务要获得完满解决，而且衷诚祈祷在东北停战时其他各地也不要打。停战要真停战，解决要真解决；不是间隙的，也不是说了不算。

现在是暂时停战了，紧接着自然是商谈。商谈是必要的。用口辩论总比用手打好。但是商谈可靠吗？也实在让人不能无虑。我们也得到过苦经验。政治协商会议的五项协议，谁不说好？谁不兴奋？但是协议过后，紧跟着吵闹起来，这边骂那边“无诚意”，那边骂这边“顽固”，结果闹得沸反盈天，一条也不实行。今天又要谈了，谈极好，确实应该谈。但是，必要认真解决问题，更要说话算数。

今天的国事，万分急要的是停战。不停止内战，简直是亡国可待。亡了国，大家遭殃，……我们小百姓就在衷诚祈祷，政府与中共都有此大彻大悟！

停战了，商谈了，党派团结，共谋国是，这还只是一个救国的起点。做到了这起点，还有极严重的问题在后面。请看今天国家的政治现况，低能寡效，贪污一片，绝大多数的公务员挣扎在饥饿线上。请问这样的政治还不要解体吗？通货膨胀，物价高涨，工潮汹涌，洋货涌至，少数人发得脑满肠肥，绝大多数的人受压榨，忍饥寒。请问这样的经济还不要崩溃吗？这样的政治现况及经济前途，实在是一个亡国之祸。……今天国家局面真是危险极了！真停战，真团结，才是救国的起点。今天正临此重大关头，中国人应该是有智慧的。

此后，事态发展果然曲折起伏，不容乐观。请看东北停战期间吕德润、张高峰分别发自长春、沈阳的专电：

7日　今日为停止冲突半月之第一日。以纯军事观点而论，双方似皆为强弩之末，国军在东北除直属部队外有七个军人马，一时似不足应付正式作战。中共方面，四平街之败，长春之撤退，以及沿途之情形，似足证明中共在东北尚未得到一般民众之好感。东北停战十五天后如再有战争，其混乱之程度将更不堪设想。交通若不能恢复，恐将有千万人死于饥寒中矣。

9日　东北的时局像夏季一样，忽阴忽晴，人民过这样的日子已经习惯。东北停战令下后，谁都期待着善为运用这十五天。国军遵令原地停战，杜聿明说如不受攻击绝不越界。军调部在长春设前进指挥部，留沈之中心小组及预备小组尚未奉到任何命令。廖耀湘将军[①]九日晚语记者：截至下午六时止，中共部队仍向拉法站攻击。昨日此间

① 廖耀湘（1906—1968），湖南人，黄埔军校第六期毕业后留学法国，抗日战争中参加了南京保卫战、中国远征军赴缅甸作战。国民党军“五大王牌”之一的新六军军长。1948年辽沈战役中被俘，1961年特赦。1968年病逝于北京。

1946 年，张高峰在沈阳。

军事当局发表，有四路受中共攻击。停止冲突半月之消息今日在此间报纸上披露，人民咸表兴奋，并愿今后永远不再有冲突。

12日　停战声中，东北各地无大冲突，惟拉法情势紧张，政府守军两营今晨被击溃，共军是否入城尚无确息。长官部已向在长春之白鲁德提请注意。

13日　东北停战五天。举国瞩目的停战令应该像一场大雨，扑灭东北的遍地狼烟，然后雨过天晴，东北才能重见天日。留在沈阳的执行小组正为这件工作努力，拉法问题为讨论中心，有无争执，内容如何，三方面都不发表，记者仅知三方反复讨论，情绪颇紧张。

14日　东北各地自十二日午后始真正入停战状态。赵参谋长家骧称："拉法虽被共军所占，吾人为守信用，决不反攻。"人民盼祷今后是一连串的和平消息。所遗憾者朝阳至北票间之两孔桥又遭破坏，朝阳锦州间电话已不通。停战十五日已过一半，一般认为，即或十五日期满而谈判仍未协议，亦有延长之可能。

15日　十二日晨杜长官聿明及随员专机飞长，此前中共代表饶漱石曾与杜氏作停战令后之首次晤谈，双方均表示愿为和平努力，杜称，林彪来沈时大家还是要干杯。在沈之中心小组召集停战后之第五次会议，又为三方面出席人员最整齐之一次，咸信象征融洽与和平。

16日　东北调处协议签字，长春分部从速派遣小组；恢复交通待商妥。

17日　沈阳长春昨日正式通车。东北仍有战讯。

19日　白鲁德十八日偕中共代表李敏然、王首道飞长春，展开军调部长春分部工作。中共代表饶漱石昨拜访熊式辉主任辞行，并畅谈江西乡情，甚欢洽。

20日　白鲁德、饶漱石拟飞哈尔滨访晤林彪。停战已至最后时期，北平军调部某负责人称日后情形实难预测。三方面均将派新人来沈，增强东北调处工作。

21日　停战今届最后一天，各方力谋打开僵局。

22日　沉重大局稍获转机，东北停战延长八天。

23日　东北调处尚待加紧，长春指挥所中共代表开始办公，主任饶漱石，参谋长伍修权，顾问李敏然，新闻组长李汇川。

24日　赵家骧昨由平返沈，据悉与各方接谈经过良好。二十九小组已到海龙。三十小组赴海城又无消息，美方代表诺尔曼颇表不满，极力促成早日出发。

25日　林彪谈和战，中共希望和平，如未谈妥而先用武力，中共将抵抗，且系全面的。

26日　蒋经国留沈一日晤杜聿明，传达蒋主席对东北命令。

27日　东北前线平静，尚无任何乐观象征。张嘉璈觉前途困难重重，梁华盛连日视察长春、永吉等吉省收复之县城，感到人力与物力尚需中央协助。

28日　长春执行分部连日为派遣执行小组问题开会，国共双方对分部可派遣小组之命令又有解释不同之争。

29日　饶漱石今日下午飞平转京晤周恩来，报告东北近情。停战期满在即，此间无任何可乐观之象征报导。

30日　停战今日期满。中共代表饶漱石途经北平去延安，除向毛泽东、朱德诸氏有所报告外，并将晋京一行，以便对东北问题协商有所帮助。

至此，东北停战无果而终。如果说这次停战尚有积极意义，恐怕应该算是给了民主联军一个调整、充实，以备反攻的机会。事后局势逆转，曾令许多国民党将领认为停战令贻误了战机。

来自哈尔滨的消息

上节东北停战期间专电报道中，提到了“林彪谈和战”的摘要，那是吕德润6月21日至22日一次24小时的“飞行采访”所得，回到沈阳后，他有详细报道。

6月21日，东北15天停战的最后一天，8天延长期的开始。军调部长春前进指挥所参谋长、美方代表戴梯乐上校及随员，在共方代表伍修权和秘书李汇川的陪同下，于当天中午飞抵哈尔滨会晤林彪。吕德润与中央社、美国合众社、英国伦敦每日快报的三位记者随行采访。这是吕德润继去年年底采访国民政府接收哈尔滨之后，第二次到访这座城市。

到机场迎接的规格很高，饶漱石、李立三和民主联军副总司令吕正操、哈尔滨卫戍司令李天佑都到场了，但哈尔滨市长已经换了中共人士。一行人被接到民主联军总司令部交际处，那是过去满铁总裁的住宅，后来成为苏军总司令马林诺夫斯基的官邸，是哈尔滨最好的房子。

戴梯乐被请去与林彪单独会晤，随行记者便与赶来采访的中共新华社、苏联塔斯社的记者聊天。吕德润注意到，美国记者与苏联记者各自称赞杜鲁门与斯大林，新华社记者与中央社记者则分别歌颂毛泽东与蒋介石。吕德润调侃说，中国人“在人数上总算没有落后”。

吕德润的报道重点在于与林彪的问答，及民主联军和停战前景。他写道：

我有点不大相信面前这位清瘦身材的人便是人人皆知的林彪。我想象中总觉得他有一把胡子，可是他面上光光的，态度文文雅雅，他才四十二岁，是黄埔四期的学生，他的对手杜聿明长官，郑洞国副长官，都是黄埔一期的老大哥。林氏穿日本将校呢军服，未戴阶级领章，[①] 也没有勋章，戴着青天白日徽的军帽。讲起话来，低沉而有力。林氏没有作演说，他把所有记者的书面问题一一答复：

问：现在的停战对中共有利还是有害？

答：从政治上论，中共愿东北成为和平民主的东北。为使战争不蔓延，十五天停战已完成初步作用，从这点讲是有利的。从军事上讲，我对停战感到很意外，这停战使我们不利，我们的军事布置无从实现。从四平战役后，我们已使国民党军分散，而给以各个歼灭。这形势已成，我们也动手这样做。停战了，所以不利。

问：中共是否希望停战期延长？

答：不仅希望延长，并希望根本不再打。

问：四平之战中共是否受到严重打击？

答：四平之战可分三个时期：野战、阵地战、放弃。野战时我们使对方正面部队伤亡很大，对方的美械及俘虏已成为我们的补给与兵

① 这里的“阶级”不是政治概念，是指级别，如军衔。后同。

源。至于我们自己，无一人被俘，未损失一条枪，所以我们在四平不但物质上没损失，并且我们对阵地战的信心提高了。我们在四平坚守，希望能以此换得和平，后来在政治上这似乎不可能，同时我们为保护北满，乃自动撤退，并且自动撤退长春与永吉，准备今后在运动战上取胜，求得和平。

问：十五日停战后何以前线有冲突？是否因交通联络关系？

答：与交通联络无关，是对方进攻我们。如法库八日国民党军队进驻，拉法七日晨有战事。后国军方面之飞机时常轰炸，如前几天在蛟河有两架飞机扫射，我与美方朋友同躲地洞。今天五常有两次被袭，第一批五架，第二批两架。

问：北满一带的土地问题？

答：有变动，把过去日本人、伪满国有及汉奸之土地分给了贫民，但因各地多少不同，分配的数目也不一样。

问：关于哈尔滨的情形？

答：市面是经省府组织起来，省长民选。哈尔滨无大工业可言，市政府建设因时间短，老实讲也没做什么，维持过去普通水平。

问：哈尔滨是否撤退？

答：现正谈判中，如未谈好前（国民党军）进攻则决应战，并且是全面的。

吕德润在报道中还特别强调说，“我相信我的记录是可靠的，在这里我不加任何注解的介绍给读者”。

接下来的宴会上，林彪虽然不能喝酒，但还是“为了美国朋友及中国记者奔走和平”干了一杯。戴梯乐也代表在场的美国人为“中国和平统一”干了一杯。

吕德润的报道在分别介绍了彭真谈农村“清算斗争”、与吕正操共忆冀中抗日之后，专题介绍了东北民主联军：

“联军”二字过去对人多少有些生疏，但是提起“义勇军”三个字来，便亲切而明了多了。义勇军在东北的抗日史的确是一部不朽的史诗，“九一八”时的局面及以后抗日的故事，在后方该不是生疏的。我在东北过了一个冬天，知道了冷是极残酷的，然而他们就这样干了十四年。（最初）义勇军活动的范围很广泛，“七七”以后，尤其是珍珠港事件以后，日本便想狠命的割去这条盲肠，义勇军也的确吃了些亏，但是他们渡过了这个考验，在北部一带深山里吃野草吞雪花的活了下来。……有人拿给我一本“康德”三年出版的“剿共秘本”，厚厚的一大册，把东北共军活动的情形写得很详细，“这便是个证据，”那位说，“打了十四年，连我们的存在都不承认还成吗？”

吕德润这样介绍义勇军（抗联）的历史，是有悖国民党旨意的，因为国民党不承认东北有共产党的武装，并以此为由拒绝共产党接收东北。而民主联军正是在义勇军的基础上，加入从河北、山东、热河出关的新四军、八路军组建而成的。吕德润在另一篇报道中写道：“就事实讲，现在东北是有了共产党了。在北平，我问过叶剑英将军，他说：‘总得承认我们的存在。’”吕德润这样的报道，客观上为中共在东北的历史存在做了宣传。

谈到停战问题，吕德润写道：

停战十五天，松松紧紧，紧紧松松，现在又延长了八天，八天以后如何呢？这须看南京的谈判了。东北双方打了这么久，谁都不服输，并且谁都相信有能力打败对方。林彪将军的谈话是个例子，他认为今后可以把分散的国军零星消灭。赵家骧参谋长表示，假如非打，我们有够足的交通工具，专找他们的主力，上天可追到灵霄殿，入地可追到水晶宫。在军事上表现的是谁也不服气谁，这是一个不太好的场面。

可是在和平上呢？谁都表示不愿打。廖耀湘和饶漱石讲，现在我们打胜了，你们也不如过去光彩。不打中都想和平，都说本身有诚意，而对方的拖拖拖无诚意。拖下去，都说对自己不利，对对方有利。可是拖却像是拖定了，虽对自己不利，可是否因为不利就不打了呢？

整军方案，中共希望另加上民主联军中地方武力的数目。中央认为东北增加，华北减少。驻军地点的问题，有人提议兴安省。中共表示那地方没有大豆、高粱，所谓山林煤矿也是只有山林而已，叫我们冻饥而死？中央规定的地点又成了海拉尔、齐齐哈尔、延吉三个地方。可是又听到中共希望是哈尔滨与安东，这仅是驻兵地点呢，还是连省的行政权力也算在内呢？①

十五天一晃便过去了。在东北的人恨不能把时间捉住，八天又要过去了，到底怎么一回事呢？（军调）小组在东北像部抛了锚的车子，自己走不动，又没有人推。美方代表在八日乘飞机来了一次，地面上有人放枪，飞机中了几弹，伤了两人，原班人马又回去了，

① 蒋介石最初所提方案为，划定兴安岭以北为东北共军驻区，但中共须退出热河、察哈尔两省及山东之重要海口。此方案被周恩来拒绝后，又修改为：允许共军在东北驻三个师，但在华北须减少两个师。东北共军驻地为齐齐哈尔、海拉尔、延吉三地，在华北则应退出热河、察哈尔；山东共军撤出烟台、威海卫。国军增兵青岛等地，将来美海军陆战队撤出山东后，由国军接防。这个方案中共也不能接受。

不知到底在什么地方挨的打，也就算了。

一谈到大题目便令人想起政治协商会议，那协商到今天是否作了废？给不给东北人一个民选地方官吏的机会？至于“民主”二字，迄今我仍听到双方人都高声呼喊，可是谁也没有争取具体的实施办法。

真打，会打出一个水落石出吗？一个国军将领说：“我们的兵是伟大的，真是无条件的打仗。”说着他又焦虑起来，说现在带兵真难，连一般士兵也想到为什么打。打完了，接收的人肥肥胖胖，他们可是吃不饱。胜利了对他们有什么好处？在哈尔滨，一位民主联军的人对我也说了许多在前线国军反战的故事。我问他，你们的士兵是否愿意打？“不乐意。”一位由江苏到哈尔滨的新四军也说，快和平了吧！他好回家看母亲去！

吕德润的通讯是6月23日从沈阳发出的。三天后，1946年6月26日，国民党集中20万优势兵力，向鄂豫交界宣化店地区的中共6万名中原解放军发起进攻，李先念率部突围，国共第二次内战全面爆发。

崩落中的沈阳

停战令无果而终，以后的仗怎么打？老百姓不知道，也管不了，但生活总要继续。然而，内战不息，何以安宁？看看国民党在东北的政治军事中心沈阳，即可一窥东北人民当时的生活状况。以下为东北专电汇集的“沈阳小事”录：

★沈阳已成一大垃圾堆，工业化程度最高之日本租界区之污秽程度亦与日俱增。因水电俱无，二十七万日侨赖救火用之井水度日。晚上戒严，灯火甚少，除执行小组所住之饭店系借用启东烟厂之电力外，到处看不到光明。

★在这沦陷十四年的城市中，日本人以征服者的自尊心，过去都不懂中国话，近来临时抱佛脚者已可说简单语句。中苏联谊社之日本下女且开始说“Yes，No”，前月之“赫拉少”（俄语）已不复闻。

★行营及保安长官部两大机关移沈后，房屋及家具需用物均以千计，敌伪产业乃有再度处理之举，地方负责人至感困难。一日人自其原住地被逐出觅得一新栖处后，指游浪无家者曰：“我们是小小的苦，他们是大大的苦！”

★沈阳较小街道仍用日人所用旧名称，钞票亦以伪满币为主，车站购票亦可出示旧“良民证”为身份证明。其尤刺目者为堂堂布告声称，奉经济委员会主委核示，一切捐税概依伪满旧制征集，且追缴旧欠。即改改名词之劳，似亦不屑为。

★北陵飞机场热闹非凡，每一次贵客到达，即由警察布岗，临时净街，禁止车马通行历数小时之久。某次某要人之到且有鸣笛示敬之意，以无电而作罢。有谓此地警察又是数月未发饷，如此爱国家爱要人，殊为难得，而有些对人民的需索乃亦可以原谅云云。

★敌伪时代之特务人员不仅未减少，且有被重用者，惟在光复后之地区内不便公开活动，故多采取轮转制度，即甲地老班子移至乙地，而乙地之班子则移丙地。闲来无事，且彼此作丑表功之举，因之亦时有口角。

★沈阳垃圾多至四万立方尺，自省市当局亲自扫街示范后，日侨亦结队出动清除时时增加之马粪，国人则围观之。若干日人佩有徽章，上书“欢迎国军纪念章”。家家户户门上置有不间风雨、日夜永在之国旗及“热烈欢迎国军”之标语。

★沈阳公共汽车时常抛锚，乘客被迫跑路，故马车仍为主要交通工具。长春近亦有铁架马车出现，颇似沈阳。所不同者即长春马车上除车夫外，另有日本女招待一名，沿途兜揽生意。

1946年7月，张高峰以《崩落中的沈阳》为题，比较详尽地报道了沈阳实况。通讯开篇写道：

沈阳沦陷了十四年。这十四年中，沈阳除了没有自由以外，是一个有秩序又极工业化的城市。不幸在苏军撤退前，国军进入后，沈阳完全变了，变得凌乱贫困。以目前来说，马粪满街，垃圾可以堆成山。比垃圾还多的是服装极不整齐的官兵或假官兵。女人烫着发也穿上军衣，她们并不是女兵。商人也买一套军装，好能应付穿军装的顾客。马路上有电车道没有电车，有自来水管没有水用，老百姓望着满街的电线点油灯。因为电源不足，只政府机关与官舍有电灯。电话十回有六回不灵。铁西区有数不尽的灯杆，却找不到几盏能亮的。沈阳受了胜利的传染，一切均待重新整顿。

当时的沈阳市面有“三多”之说，但说法不一，有说“三轮、苍蝇、破马车”，有说“垃圾、下女、破马车”，还有说“封条、标语、破马车”，总之，沈阳的破马车不少，街头的马粪、垃圾更多，专职清道夫根本无力清理，以致到处堆积如山。张高峰这样描述沈阳街景：

沈阳初夏，百度（华氏）左右的温度也热不透冰凉的人心。苍蝇繁殖最凶，到处嗡嗡作响，再加上天空的飞机，真烦闷死人。冷食店的客人与日本侍女成正比增加，而这些客人又很少本地人。大局将明或将暗，谁也说不出来。东北人民再也没有去秋的兴奋。长官部再三发布督促人民检举战犯办法，可是人们无动于衷。已捕获的七十余名战犯，人们检举者不及十分之一。中国事常有“打虎不成反伤人”，或说了白说。老百姓的态度也是多一事不如少一事。

沈阳周末夜舞会甚流行，上周杜长官招待，本周徐主席招待，并邀请中外人士参加，闻下周由另一首长招待。楼窗口不时送出华尔兹乐声，三五成群的难民踏着蹒跚的步子走过街头。

垃圾、苍蝇、下女、标语、封条，都是日本投降后的现象。好像沈阳自光复以后，垃圾就没有人管了，中国穷人在日本人的垃圾堆里找些铁片木屑。与垃圾连带而来的是苍蝇。老百姓说："今年苍蝇之多为十几年所罕见。"在饭馆吃酒不加小心，也可能落进苍蝇。

自从国民党进驻，沈阳最发达的生意就是金店。在沈阳闹市小西门，有数不清的大小金店，以及收买金银首饰的招牌。沈阳人说，因为关内外隔绝14年造成的差价，倒卖黄金有利可图，以致许多杂货店、百货店也把门面改成临时金店了。为了牟取暴利，关内的金子大量往关外跑，连坐飞机来的"人物"也会带几条金子，为的是换取大批东北流通券，回到关内利用差价兑换法币，大发其财。关外的金子多了，又使得物价飞涨，倒霉的只有穷人。当局为控制物价，下达了金银业统制令，但金银业主说："宁舍爹和娘，不舍金银行。"统制令的效用，不过是将原来的明市变成了私下交易的黑市。

沈阳南满站的春日町，过去几十年是日本侨民的商业区，日本投降后仍是日本侨民最多的地方。准备回国的日本人就在这里摆摊出售他们的东西，每天从朝至夕，人群扰攘，车马难行，相当于当时北平的破烂小市，天津的法国菜市。

过去日本人定名的"大和区"改称和平区了，那里有两个大建筑物，留下了足以令人回味的历史痕迹。

一个是日本人修建的"忠魂碑"，碑顶有一颗子弹模型，沈阳人称之为"炮子坟"，原为纪念日俄战争中阵亡的日军将士。"九一八"

1946 年沈阳街头，一群贫困的日本小贩正在出售酒精饮料。

1946 年沈阳街头，一个日本妇女正在街头变卖她的物品。

以后，关东军总司令本庄繁下令在旁边又立了一个碑，用以纪念“为世界和平而牺牲”的日本军人。沈阳光复后，那个碑、那颗“炮子”还矗立在马路旁，除了碑底座附近生了些许野草之外，没有什么损毁。本庄繁的字迹还在，只是被中国孩子们画了几个王八。

另一个是旧南满车站前的“红军纪念塔”，是苏军退出沈阳之前修的。塔高十丈，塔顶是一辆苏式坦克车模型，比日本那颗“炮子”又高大许多，让凡是坐火车到沈阳的人一下车就能先看到“苏联的力量”。

与日俄纪念碑形成对照的，是国民党政府用于宣传的“精神堡垒”——街头标语，写着“建设第一”“胜利第一”及“礼、义、廉、耻”之类，张高峰写道，这些标语“较之坦克车与炮弹，我们固然显得文明许多，却也令人感觉缺乏实力”。

沈阳是一个工业区，到沈阳的人不必走进工厂，只要登楼一望，看看全城密如森林的烟囱，就可以想到沈阳工业发达程度。这些工厂过去容纳过三十二万工人。光复以后，工厂大部分被人拆毁了，这不仅是想毁灭我们工业的前途，而且等于拆毁了三十二万工人的家，他们立刻失业了。接收机关来到，从头作复员的基础工作，一些厂矿复工了，但目前还有十五万工人在失业。失业久了势必饿死，多数改了行，摆摊卖花生，烤红薯，有些人连小摊的本钱都没有，只好铤而走险，这里抢，那里夺，以赌命来糊口。难怪某接收负责人说：“东北的‘劫收’不亚于关内，或有过之无不及。因为除了政府机关外，老百姓也在‘劫收’。光复半年来，沈阳虽有数以十万计的失业工人而没有发生大的骚乱，这是原因之一。”沈阳工会负责人说：“这些人是可惜的，他们都有高明的技术，不要看不起摆花生摊

苏联修建的“红军纪念塔”。

的，他也许懂得航空工程；那蹬三轮的也许就是制造内燃机的好手。”

沈阳的技术工人很多，可惜被迫失业或改行了。大公报沈阳分销处雇用的 20 个报差，有 18 个当过工人。他们或懂得建筑，或会造机车，随便拿出一张图纸，就有人可以说得头头是道。一次，张高峰抱怨火炉盖不好用，报差老李听了，说：“这好办，赶明儿我给你去重新翻一个。”原来他曾当过 5 年翻砂工人。张高峰感叹地写道：“这些人已经不能再出卖他们的技术了，而改为出卖劳力。这是极可惜的一件事，实在是国家工业上的一笔大损失。希望国家早日安定，这个损失不再继续下去。”

当时的沈阳，文化教育也是一幅衰落景象。街头没有几家书店，开张的也没有几本书。张高峰几乎走遍了沈阳的书店，看到里面陈列的无非是《流行名歌集》《影星生活内幕》《台儿庄血战》《蒋主席及其将领》等，全是几十页的小册子。要买工具书或参考书，读书人和学生们只能到日本人的旧书摊去找。

到东北临大参观，发现学校竟没有一本比较详尽的中国通史。抗战胜利近一年了，学生们还只知道“满洲国”、多尔衮。你问中华民国有多少省？没有一个学生能够答对。到邮局拍电报，你写“桂林”，收报员都要查地图或看底册；寄往西安市的信，如果不写明“陕西”，会被邮局误投到辽宁的西安县去。[①] 隔绝十四年，东北人民对内地太生疏了。东北文化低落如此，政府何不设法挽救？（运输枪支弹药的）空军飞机应该留出一点位置来，往东北多运些有价值的书籍。帮助东北文化复员，也是刻不容缓的事！

---

① 辽宁的西安县，即今吉林省辽源市。

苏军『劫收』东北

1946年初的大公报东北专电中，常常有关于苏军的信息，虽然只言片语，却表明苏军是东北问题无可回避的一部分。事实上，当年大公报记者笔下，还有更多的关于苏军在东北活动的记录。

从1945年8月对日宣战，到1946年4月撤退完毕（不含旅顺、大连），苏军在中国东北8个月，客观上加速了中国抗日战争的最后胜利，苏军也为此牺牲了许多将士，这些，中国人民不会忘记；但同时，苏军在中国土地上的某些劣行，特别是对东北工业、经济的破坏，同样是不容回避和抹杀的历史事实。

1946年5月，张高峰到东北，最初采访、报道的是鲍莱调查团的活动。鲍莱是时任美国总统杜鲁门的日本赔偿事务顾问，他到中国的任务，是调查日本在东北的财产，为战后赔偿作准备。

从1931年“九一八事变”到1945年8月投降，日本人在东北经营14年，投下逾百亿美元用于经济建设，形成了一个完整的工业体系。日本投降时，东北的发电能力达180万千瓦、年产钢铁200万吨、煤炭2500万吨，其他如水泥、纺织、石油、化工、铁路车辆、飞机，以至军火工业，都有当时世界上最先进的技术设备和足够的生产能力。东北工业体系的建成，从资源到人力都出自中国。抗日战争期间，作为日本全面侵华的基地，东北经济有建设而无破坏。战争结束时，日军在东北也没有做实质性抵抗。因此，战后东北整个轻重工业体系都比较完整，其总量超过当时全国的半壁江山。无怪国共双方都全力夺取东北。

然而，鲍莱调查团到东北后发现，苏军对日本人留下的大批工厂、设备进行了有组织、有计划的拆卸，然后统统装运回国；对不能搬走的设备则加以破坏，使其瘫痪。被苏军洗劫后的东北工业，已是满目疮痍，一片荒凉，日本的战后赔偿从何谈起？

06-16　鲍莱招待记者谓，此来除研究赔偿问题外，尤注意日本在华资产调查。此项资产应属于中国……调查团赴各地先后调查五十三个工厂，对各厂机器之被人搬走，除表示惋惜，希望我国早日设法复工外，并极注意其搬运机器、破坏工厂之经济与政治作用，认为此种拆卸工程决非普通人所能做到。至于搬运证据，则有待发表。东北工矿之困难，首为政治之混乱，次为动力。曾一度遭难之北票煤矿昨又有电到沈告急，谓如再遭破坏，莫想恢复。经济部特派员办公处辽分处长邵逸周谓，如此下去，破坏修复再破坏，双方工作均无意义。

06-20　美国新闻处华盛顿消息，美国赔偿问题专员鲍莱已向国务院提出报告书。某记者自东北发出之新闻通讯引述鲍莱之言称，发现苏方已移走东北之工业设备，并认此种举动殊非苏联对中国或其他盟国之善意表示。

日本人开办的橡胶厂，苏联搬走了所有的机器和设备后将它焚烧，图中为一些搬不走的大型机器设备。

06-22　鲍莱在各地视察时，对工矿被破坏与机器被运走颇为感叹。鲍氏离沈前公开演说谓：一国经济即使有盟国同情与工业之援助，亦不能在内战中复兴。又谓，各国在考虑中国整个赔偿要求时不是完全没有自私的念头。东北有丰富的资源，可做出口贸易。美国人民渴望一个繁荣的亚洲。此语极值吾人玩味。

与此同时，大公报转载美国芝加哥日报、合众社记者从沈阳发回的报道，也证实了鲍莱调查团所言不虚：

沈阳经日人十余年之经营，已成一工业城，有工厂五千所，工作人员达三十万人。现各工厂内部之机器及贮藏之物资几全被搬走，地板楼顶亦均不见，只余空架。余等在沈时，有百分之十之工厂由苏军守卫，禁止参观。由中国军队守卫及无人守卫者始得探视。某街曾见有死尸十具，正被狗啃食，究为日人抑或华人则无从辨别。此外，被破坏之建筑亦甚多。据中国人谈称，工厂机器物资被移去后，仍纵火焚烧。鞍山被禁前往，但据任俄语译员之日人称：自去年九月二十五日至十月六日，该地之工厂有百分之七十至八十已被迁一空，系在苏联专家及工程师七八十人监督下，由日俘三四千人工作。百分之六十之钢铁运往旅顺及大连，有轮船三十艘在该两港候运。百分之四十则运往韩国各港口，均转运至海参威云。在沈阳则有日俘十五万人供苏军驱使。日人商店全部停闭，故失业者极众，而苏方并不供给食粮。沈阳市内电力微弱，传闻该地用电系由鸭绿江水电厂接来。该厂有发电机七具，已有三具被移走，现只有两具发电。水之供应亦甚少，本年夏季用水将为一严重问题。据悉，沈阳已有四万人因患伤寒症而致死。

苏联旗飘摇于沈阳曾为日人占有之数十家工厂及数百最佳住宅之上，此乃对中国人之警告，即此项财产已为苏联所有。苏军于上周撤退，然苏人经白俄之助，已于此二百余万人口之工业大城市中获有极大经济控制权。着黑色制服之中国警察，立于四十一家大工厂前负守卫之责，俾防止任何足以引起国际纠纷之意外事件。董文琦市长与苏领事馆官员对此事有所商谈。中国方面之意见，苏以“占领币”[①]自行购取此项财物，系违反中苏默契。最近取得苏公民籍之白俄，俱为工厂建筑物及房屋之经理或名义上业主，彼辈乃最近自哈尔滨及大连抵此者。

1946年4月初，徐盈随军调小组到沈阳，他的观感是：

苏联人接收去不少的战利品，沈阳从此失掉拥有东亚第二兵工厂的资格。……凭吊那拆得空洞洞的北大营之后，在那水泥钢骨的大建筑物看一看，四周已少有人迹。最北端烟囱林立，那就是十四年来新建立的九一八兵工厂。在这个大兵工厂内绕一周，所看到的的确已经破烂不堪，整个火药库变为了垃圾堆。没有一个汽车有轮子，没有一个动力机不被拆毁，特别是从旧兵工厂及美德等国订购的良好机器，已全部失踪，有一小部分已然用木板装好箱，正安置在一架起重机下等候起运。巨大的厂房有的整个炸毁，有的鼓风机倒在一边，大烟囱停止冒烟了。就算是想要恢复，也并不是一个短时间的事。

7月，张高峰在通讯《崩落中的沈阳》中报道了所见所闻：

---

① 即红军票。

苏联军队一度进驻沈阳，给中国人和日本人留下了不可磨灭的印象。自飞机场到城里，凡是公共建筑或是工厂，满目疮痍，破坏到不能再破坏的程度。沈阳街头随处可以看到被拆毁的汽车。我坐在三轮上慢慢地凭吊铁西区无数的工厂，窗户与门都没有了。骑三轮的山东老乡比我还愤慨，指着工厂骂："奶奶的，日本人在的时候，这些象树林子的烟囱全冒烟，连家雀都得熏黑了，现在破坏得一个也不冒烟了！"鲍莱调查团到东北来过，他们也是慨叹而归，沈阳原有的工业非三年两载所能恢复的。

如果说，徐盈和张高峰到东北时苏军已经撤退，缺乏更多的第一手资料，那么，最早到东北的吕德润曾与苏军有过直接交往，对东北工业做过较深入的采访，他的报道更有说服力。1946年10月，吕德润在一篇题为《断了线的项链》的通讯中，把东北工矿比喻为一串彼此配合又连在一起的珍珠项链，他写道：

粒粒珍珠是用战争的线连起来的。……日本投降后，这个珍珠项链从日本军阀的身上拿下来了，战争的线也断了。但是珍珠仍是珍珠，正是我们拿到自己身上，用和平的线再连在一起的时候。然而苏军进来，内战起来，一折一毁，珍珠满地而被踏碎。但是，究竟东北是有基础的，我们要是和平了，稍加收拾，仍不失为一条项链，价值虽小，但对我们这穷国家也够可观了。我们要和平建设，我们要用和平的线配上珍珠，戴在人民的身上。

到东北来看看工厂，便会马上看到一个惨相，尤其在沈阳及其附近，机器搬的光光的……东北工厂的残破，大部是苏军拆卸而致，可是苏军究竟拆走了多少东西？到现在没有一个正确的计算。不过，在政府区的几个工业区看看，几乎是很少完整的。

苏军的拆卸是有计划的，军火工业几乎都拆完了。沈阳的兵工厂、军火厂、造坦克的机器厂、飞机厂、抚顺的轻金属厂（飞机用铝）、鞍山的钢铁厂，拆的都很彻底，而拆卸的时间是去年九月，才一出兵便动了手。……苏军拆卸走的，可算得出的主要的是电力。据报告，胜利前东北的电力是一百七十多万千瓦，现在较精密的计算，苏军拆走了一多半。

工业本身是连贯的，有些厂破了几部机器其他的便不能动，甚至少了一个零件，一切都要抛锚。一个运成品的起重机没有了，我们便抓了瞎，一条皮带断了，我们又瞪了眼。现在我们的建设第一课是要整理残余材料，凑凑拼拼。

苏军凭什么拆卸中国的机器设备？早在1945年10月，熊式辉、张嘉璈和蒋经国到长春，首次与苏军司令马林诺夫斯基见面，就提出了接收东北工业问题，但苏方却以那是他们出兵打败日本的“战利品”为由拒绝了。1946年春，蒋经国去莫斯科，再谈东北工业接收问题，苏联最高当局依然坚持“战利品”之说，而就在这扯皮的期间，苏方拆走了他们所需要的中国东北的大批工业设备。

机器设备拆得差不多了，苏方又提出了“经济合作”问题。谈判中，双方有两点分歧：第一，立场不同。苏方坚持“战利品”说，而中方认为，东北工业虽有日本人的投资、建设，但资源、劳力都是中国的，权属当然在中国；第二，合作方式。苏联是社会主义国家，以政府出面合作，而中国政府以往都是与外国某厂某公司合作，合作方式需要探讨研究。于是谈判无法继续。实际上，苏联的企图就是从东北攫取更大更多的利益。吕德润写道："合作是可以的，不过先拆机器，又要把破破烂烂的合作，实在讲不过去。"

苏军拆卸中国的工业设备，还给出了一个托词：记在同盟国要求轴心国赔偿的账上。就是说，苏联拆走的，中国可以从日本赔偿中多得一点。报道指出：

可是同盟国现在又让我们在日本方面拿了什么呢？我们没有见到从外国来的机器，在东北现在看到的只是香烟、巧克力糖、皮鞋油、玻璃胶带。日本已在我们的领海捕鱼了，我们在日本要拆的机器还得等着分配。……东北的军事工业一时不用谈利用，连恢复也是难的了。军事工业一丢，国际上几乎对东北的工业没了兴趣，剩下给我们的只是零散的珍珠，待我们自己串连贯了。

东北工矿像断了线的珍珠项链，零散满地，既往返争夺，又阻人拾起。战争会把珍珠击破，所谓东北是中国的生命线，到那时是既无线亦无生命了。

1946年底，鲍莱调查报告出炉，内称："拥有东北工业80%以上的南满，实际上未经任何抵抗且无任何损失而为苏俄所占领。……苏俄人员于到达东北工业区时，即开始对粮食及其他储存品做有系统的掠夺，并对工业机械做选择性的拆迁。苏俄人员还将大部分动力机器、发电与转电设备、电机、实验厂、试验室与医院搬走，对于机械工具，他们只择取最新式和最好的，而将旧式工具留下……"据中央社的消息，苏联运走的资产，占东北电力设备的65%和钢铁工业设备的80%，抚顺、本溪、阜新、北票煤矿则都被劫掠。总之，苏联依靠军事占领，在中国东北攫取了谈判桌上没有得到的利益。

1946年冬，东北工业协会等民间组织组成调查团，对东北经济情况进行了更详细地调查，其报告书指出："自俄军摧毁后之工厂残迹观之，不难证实彼等之行为系出自预谋。彼取其所欲引为己用者而毁其余，以防为他人所用。拆迁工作均在苏俄技术军官监督之下，命令日本技师执行之。拆去之物分海陆运往苏俄。"该调查统计，东北确切的直接损失总共为12.36亿美元，加上未能调查及难以证实的部分，苏联给中国造成的损失当在20亿美元以上。这与此后苏联声称"从满洲运走的设备价值不到一亿美元"相比较，差距实在太大了。即使按鲍莱调查团的报告估计，这个数字也达8.58亿美元，而恢复和重建东北工业的费用则需要20亿美元。

除了拆卸设备，毁坏工业，苏军中某些人在东北的抢掠、奸淫等恶行，也为百姓所痛恨。张高峰初到沈阳时，发现一些日侨妇女的头发刚刚长到耳边，觉得很奇怪。后来才知道，她们都剃过光头，为的就是躲避苏军的骚扰、侵害。在东北，无论日本人、中国人，一提到苏军都有讲不完的故事，不是光天化日之下抢东西，就是明目张胆地追女人。"老毛子太骚性了！"是东北人挂在嘴边的评价。

某些苏军的劣行，迫使苏军高层也不得不用重典来整饬了。吕德润的报道可见问题严重之一斑：

苏军部分人的军风纪的问题，在东北是一个悲哀的因子。我愿意用"部分"二字，因为我在长春、沈阳、哈尔滨都看到苏军高级军官竭力整饬的情形。在长春，苏军司令卡尔洛夫亲自出去调查，更时时把那些越轨的人抓起来。在沈阳，高夫堂将军也是如此。据哈尔滨当地人民讲，当地的军事最高机关天天有把越轨的人执行死刑的。

苏军当年在中国东北的所作所为已经成为历史。这里引述美国著名记者斯诺战时苏联游记中的一段话作为结语："苏联政府与人民都认为，他们没有责任为了我们（指同盟国）的利益而帮助我们打日本。假若苏联参战，那一定为了自己的目的。……有一件事可以论定：苏联不能容忍在满洲出现一个反苏政府。"

日本『将来的可怕』

抗战胜利之初，与东北苏军并存的，还有日侨日俘问题。

日本投降后，据估算有 160 多万日侨日俘滞留东北，等候遣返。他们的生存状态、思想倾向，自然也成为新闻记者关注的对象。经历过多年艰苦抗战岁月，深知日寇残暴的几位大公报记者，在看到日本人可耻下场的同时，几乎不约而同地对战败的日本企图东山再起有所警觉。

吕德润最早到东北，看到了投降后日本人的狼狈不堪、畏畏缩缩。但他在 1946 年 1 月的报道中透露了这样一个信息：一个喝醉了酒的日本人说，他曾接到华北日本特务组织的命令，要求在华的日本人分别加入国共两军，他们说："中国不内战，日本永远翻不了身。"日本人的这个阴险策略和他们对中国内战寄予的"希望"，清晰地表明了内战对于国家前途和民族命运的危害。吕德润不禁感叹："日本人败了，还留下一手；我们胜了，却少了合作的两手。"

1946 年 4 月，徐盈的报道中有这样的描述：

沈阳从日本手中留下了一大片大和式的租界，与二十七万驯顺如羔羊的日人。……日本小孩子穿着大兵皮鞋，女人穿着木屐，声音很重地敲打着正在破坏中的马路，像在记录仇恨似的，令人心头发悸。……沈阳的日人奉天居留民会仍为一有组织之庞大有力机构，每月经费四五百万元皆由侨民负担。日本侨民组织严密，仍在有秩序中生活着。其小组负责人亦不讳言有军火埋藏于地下，待机而动。有日本人不甘心地说："过二十年我们还会回来的。"他们是第三次世界大战的最大希望者，他们还想翻身。

徐盈到东北的报道任务是军调工作，他能够注意到日本人的举止言谈，甚至说日本女人、孩子"像在记录仇恨"，可见那必定给他留下了深刻印象。

张高峰派驻东北后，也多次报道过日侨日俘的状况，并且特别申明了他对日本军国主义可能复活的忧虑。

初到沈阳，张高峰看到过这样一个场景：一个乞讨的中国孩子到一家日本酒馆要钱。日本老板说，他们已经投降了，实在穷得要命，没有钱给他。那孩子不容分说上去就是两拳，而那日本人不仅没有还手，还连连鞠躬说好话。张高峰把这件事写进了他的报道，感慨道："过去凶极一时的日本人，不仅没有了往日的威风，甚至在一个不讲理的中国小孩子面前也投降受辱了。"

但是，认真观察日本人的生活，特别是与他们交谈之后，张高峰又从多个角度看到了日本人"屈服"背后的真实心理状态。他写道：

讲到日本人，我个人常感到将来的可怕。日本人是个坚苦卓绝的民族，过去以这股劲立国，今天仍以这股劲投降。我在南京、上海、天津、北平以及东北所看到的日本军民，全体一丝不紊一声不响地低下头去，你说是因为已经投降不得不如此吗？我说这正是可以注意的地方。过去每个日本人都凶得像只老虎，今天驯服得不如一只绵羊。能伸能屈的程度如此，你说是因为已经投降了不得不如此吗？我说这是日本将来要起来的力量。

他注意到，在沈阳的旧货摊上，“日本人拍卖的虽然全是旧货，但每件东西都很精巧，说明日本生产技术的先进。即使是旧书摊，闲情逸致、无关痛痒的书也很少，大多是有关工农业生产的书籍，尤以工具书为多，如字典、辞典、手册，这也说明着日本如何注重工农业并驾齐驱”。

他观察到，沈阳有许多以陪侍客人为生的日本下女，“她们大多是投降后生活无着的女孩子，或者单身的年轻母亲，这些人并不是人们所想象的那样卑贱，除了少数放纵的以外，多数都是有自尊的。她们的文化程度甚至超过中国客人——每个下女都可以给你从明治维新讲起日本的历史，都能够与客人笔谈”。

从沈阳的日本旧货摊和日本下女，张高峰看到了中国的差距。

在沈阳，政府机关、各级官员常常举办舞会、酒会，常有日本男女来做侍役或登台表演。他（她）们总是赔着笑脸，或给来宾倒茶、点烟，或卖尽力气地表演。中苏联谊社是记者们的聚会场所。一位姓村井的日本下女，丈夫被苏军拉到西伯利亚去做苦力了，她一个人抚养着三个儿子。有记者直言不讳地谈起她私生活的不检点，她不否认，但她说：“在中国人看来，我是一个无耻的女人。等我把三个孩子带回日本以后，我就是伟大的母亲。”她甚至半开玩笑说：“第三次世界大战的时候，我的儿子又是日本的好壮丁。”张高峰说：“你还希望有战争吗？我已经怕了。”她竟笑着回答：“我希望有！”这个日本女人的话当然不是玩笑，那是日本人渗透到骨子里的军国主义熏陶的流露。

日本人并不从内心真的承认自己的失败。张高峰说，在沈阳和日本人聊天，一提到战胜，他们开口先说美国的强大，却无视中国的牺牲。虽然张高峰也极力与他们争执，但想到当局的无能、官员的贪腐和内战的无休，心里总免不了惭愧。他写道：“本来，胜利以后中国人改变了被奴役的地位，可以与日本人普遍地接触了，这应该是我们认识日本，也是教育日本人认识中国的好机会。可惜，因为我们自身的问题，我们仍未能改变日本人对中国的旧观。这也正是我所说的‘将来的可怕’。”

后来更多的事实，一再证明了大公报记者对日本企图东山再起的忧虑。

1946年8月，内战越打越大，东北日侨的生活、心态也发生了变化，最明显的就是他们走出了投降之初的忧郁，变得乐观起来。大公报东北专电报道：

内战烽火漫天，多少同胞当了炮灰，日本人却在东北欢天喜地。沈阳日侨厚生会举行慰劳留用日本人大会，到两千余人，盛极一时，内以“何日君再来”一曲最博掌声。在此之日人，去岁尚多悲哀，今日彼等皆一片乐观。

最初日本技术人员自动表示愿予留用，刻均希望早日返国，彼等时常吐露“再建日本”等语。依目前之现象与彼等之心情观察，东

1946 年沈阳，为苏联红军军官表演的日本女舞者和搭档在表演空隙休息。

北利用日人生产之可能性已趋消灭（失）。

各地日侨开始遣送，去年一些不愿回国的现在都吵着要回去了。他们不再泄气，乐观起来。看今日国际，听国内炮火，日本人比我们明白的更快。去年日本人说，日本复兴要二十年，现在他们说，只要五年就够了。

抚顺日人去矣。与其说他们是战败被遣送，毋宁说是衣锦荣归。他们穿着簇新的衣服，带着不能更多的衣物，彼此彬彬有礼的招呼着，竭力压抑住内心的苦痛悲伤，故意装得那么自然随便，日本人的倔强性格便是如此。

日本人天性服从，虽然人很多，但井井有条。在预定的时间汇集后，便在车皮上写下某中队某小队的字样。他们先把车皮打扫好，放妥当行李，便先叫孩子妇女上车，然后男子们才给自己安排地方。

当局派警察护送。那些老中国通不惟毕恭毕敬地唯唯受命，并且早预备好了成箱的啤酒、罐头、点心，备警察途中痛饮大嚼。汽笛响了，车开动了，车上的人都用力地挥动着他们的手、帽子、手帕，以无限感慨的声调，频频地嚷着他们最后的“撒哟那拉”！

近来每天都由葫芦岛、营口送出一万人左右，除了美国的输送船，也有“XX 丸”字样的日本轮船。登船的日本人微笑着说“快快的回来的有。”三三两两的美军开着吉普车在海滨兜风，每辆车里都有一个带着军帽的日籍女郎陪在身边，不时的从中国军官身边经过，一阵轻蔑的笑语从妖冶的红唇中发出。有时和她们说话，她们连睬也不睬，昂然自得。日本人恢复了帝国主义的骄矜。

日本人如此张狂，许多中国人却由于内战炮火的困扰而变得近乎麻木了。1946年9月3日，抗战胜利一周年纪念日，大公报发表沈阳读者来信：

去年今日听到日本天皇广播投降消息，刚刚只有两天，东北各大城市维持治安的权利还在敌伪军警的手里，而全城家家户户就自动地插遍了青天白日满地红的国旗。欢欣和热烈的情绪不用说，妙在这许多面国旗十四年来藏在什么地方，一日之间居然挂得这样齐全。今天一周年了，懒洋洋地挂上这面国旗，怕还先要警察局家喻户晓呢。一个日本侨俘悄悄地说："你们今年的祝日比去年寂寞得多了。"这是一个讥讽吧！却不能不认它是事实。一方面烽火漫天，一方面却闹哄哄的忙着过节，国家与民众成了对立，自然便不相关了。

1946年"九一八"15周年纪念日，大公报沈阳专电：

"九一八"十五周年，此间举行纪念日，舞场停舞，屠宰禁屠。过去十三个"九一八"，日本放假一日以示庆祝，伪满官员则奉行勤劳为皇军服务去抬煤、扫马路。去年"九一八"人民半喜半忧，从日本铁蹄下翻了一个身，又落在内战陷阱里。今年"九一八"是东北同胞雪尽耻辱的日子，街头上没有人家挂国旗，也没有标语，只是比往年少了日本兵。行人多着棉衣，穷人苦力则萎缩巷角避寒，这日子被人们忘记了。松花江名曲至今仍是一片流浪逃亡同胞的写照，广大地区在萧杀秋风里荒芜遍地，今冬不比过去的十四年好受。

"九一八"前夕，大公报记者访问留在沈阳的一位日本人，他说："贵国待我们是真够宽大，不过我觉得亚洲得有一个像样的国家。"记者问及盟国对日本工业的处理办法，他讷讷之后仍说："亚洲总得有个像样的国家。"对今日中国现状，他不住摇头，欲言又止。显然，他心目中的"亚洲像样国家"只能是日本。

由于美国政府出于战后遏制苏联的需要，转而扶持日本，原定拆卸日本工业设备用于战争赔偿的计划被搁置，战后日本工业并没有受到致命的打击，而且依然强于我国。抗战胜利一周年时，大公报东北专电比对中日两国工业数据，指出"我们以战胜国看战败国日本的工业，实难对胜败二字不表示怀疑"。

按照战后盟国拆卸日本机械赔偿办法规定，日本可保留水力电500万千瓦，火力电210万千瓦，钢铁年产350万吨，酸350万吨，苛性苏打8.52万吨，纯碱63万吨，工具机器2.7万台，钢珠轴承2200万日元，轻金属1.5万吨，商船15万吨。而1946年的中国，全国电力不足百万千瓦，钢铁年计划产20万吨，前提还是立即实现和平；酸约4万吨，苛性苏打不足万吨，纯碱不足4万吨，工具机器只约200台，钢珠轴承根本谈不到，轻金属亦无，造船尚在计划中。这组数据对比，足堪国人警醒。专电还写道：

拆卸日本剩余机械，盟国分配尚未决定，前闻日本竟要求盟国把中国全部纺织厂搬入日本，以为日本生产，赔偿盟国战费，幸而未准。然此种口气在今日闻之，仍如置身十五年前之火药库。与日本血战八年的中国人民有权利过问同盟国管制日本之政策。今冬东北同胞用煤不足，我们要挨冻了。在建设声中，我们可以受冷，但是我们要机器，我们不能白送礼。积百年之经验，深知一旦日本起来，不管我们是怎样的政府，我们仍首先倒霉。

日本的机器还没有拆来，“皇军”先来了。怪不得在东北尚未遣走的日本人神气起来，留用的日本人又打中国人的耳光了。其实，即使将日本机器拆了运至中国，此批运费及装置费，以目前的物价计，一吨即须百万元，在“军事第一”之今天，怕这事也没人着急了。

1947年7月，大公报以《中日贸易即将恢复，北方无货堪资输出，眼看只有日货涌进》为题，刊发沈阳专电指出，1944年，东北华北出口日本货物560余万吨，其中东北钢铁89.5万吨，其他238万吨；华北煤168.6万吨、钢铁35.5万吨、盐30.5万吨、棉花6万吨。而今东北华北各地均闹煤荒，最大的鞍钢年计划才22万吨，受战争和煤荒影响还几告停工。东北产盐的辽东半岛陷于炮火中，华北之棉田多在中共手中，因此，目前可对日本出口的，除了华北之盐外恐无他物，而盐又可助长日本兵工化学工业……如此说来，中国只能看着日本货进口了，“日本人在抗战前所倡的中日经济合作，怕在美军占领下逐步实现”。

对于日本人的不忏悔、不反省，当年东北行营日侨俘管理处处长李修业对即将遣返的日籍人员训话，在今天读来也仍是掷地有声的。他说：

当你们临去之时，应该明白，日本发动侵略战争，非但只是日本军阀掀起的，也是大多数日本人民盲动拥护军阀政策所造成的结果。我们深信，每一个日本人在此十四年中，没有没欺侮过、打过、骂过中国人的。今天，如果中国人民对你们施以报复，你们一个也回不去！但是，我们仍然让你们安全的回国去，这乃是我们中国的宽大政策，把过去的仇恨摒弃。使我们非常难过的是，你们日本人至今还未能觉悟，甚至还怀念过去那种侵略的暴行。十四年来，你们的享受，你们的衣食，都是取之于中国人民的血汗，东北人民在你们的压迫下吃一粒大米、一个鸡蛋就是“经济犯”，愤懑你们的兽性便是“国事犯”，试想这十四年来，东北人民是怎样活过来的？！希望日本人此后要彻底认识中华民族是伟大的，中国人民是善良的，洗清军阀的侵略思想，改变盲目的行动，在你们自己的领土上建设你们的国家，如再憧憬侵略，只有把日本民族引进毁灭。

1947年11月，东北遣返工作基本结束，据当局报告，总计遣返包括中共解放区在内的百万余日侨日俘。但是，东北究竟有多少日本人，谁也说不清。而大公报记者对中日差距的认识和对日本可能东山再起的警觉，当年是白纸黑字印在报纸上的，可惜，彼时内战如火如荼，很少有人关注日本军国主义复活的问题了。

两位中共『大人物』

东北停战无果而终，军调陷于尴尬境地，虽未停顿，但也毫无进展。

一般认为，国共双方势不两立，军事谈判也必剑拔弩张，其实不然。军调小组初到东北时，工作气氛还是比较融洽的，至少在公开场合，大家都颇有君子之风。双方还常常轮流做东举办酒会，邀请各报记者、美方代表、地方人士参加，各自发表谈话或对谈判的意见。

由于国共双方和外埠记者食宿都在中苏联谊社，因此酒会也由联谊社操办，发请柬、备酒水、配菜肴、安排舞会和伴奏乐队。联谊社虽然隶属国民党东北行营，但为公平起见，对国共各自酒会安排规格平等，中共代表都很满意。东北小组的首次酒会就是中共举办的。中共方面还预先在会场四周的墙壁上布置了许多照片，向来宾介绍解放区的情况。双方往往每周各办一次这种酒会。

全面内战爆发后，小组内的气氛就不再那么彬彬有礼了，还不时发生龃龉。如长春分部中共代表团所用电台被查封，双方发生纠纷，北平军调部中共方面欲派人前往调查、交涉，又遭国方拒绝。

1946年7月，东北军调的重要新闻围绕着两位中共“大人物”：一位是林彪，长春分部美方代表戴伯尔门多次往返沈阳、长春、哈尔滨，极力斡旋促成杜聿明与林彪的会晤；另一位是李立三，在饶漱石离开东北后他作为中共首席代表，与国民党方面进行了一系列艰苦但有效的谈判。请看大公报东北专电：

07-01　戴伯尔门昨与杜聿明晤谈，提议于最近邀林彪与杜氏在长春晤面，杜氏表示同意。戴氏不久或飞哈埠，再与林彪会商。杜林两氏果能握手，则东北人深感庆幸。

07-05　记者随戴伯尔门、伍修权等飞抵哈尔滨，林彪接见中外记者，回答问题一小时许。

问：同意与杜聿明晤面否？答：同意。但最近不能成行。

问：中央对东北整军比例意见如何？答：中共提出五比五，华北不议。

问：中共目前武装人员若干？答：约三十万。

问：你个人对东北意见如何？答：先停冲突，然后再谈。

问：对和战看法如何？答：中国内部实无战争之条件，如无外力及当局误解，可以和平。目前此两种可能均存在。

问：停战期满后之情形如何？答：政府表示共方不进攻，他们不进攻。和平谈判继续，吾等亦愿和平。

问：魏德迈返华中共如何看法？答：中共对魏印象颇佳，返华颇欢迎。

问：对于美军训练整编后之中国军队，意见如何？答：在联合政府及民主基础前提下，中国军队需要外国配备。

记者问林氏，对黄埔军校印象及以纯军事眼光对杜聿明氏战略之意见如何？提及黄埔，彼面露微笑称，由老百姓变为军人是黄埔所给之大转变，军事上是入门。对杜氏在军事上无可批评。彼认为政府军作战未将政治及经济因素加入。彼亦准备与杜见面时干一杯。记者问，如全面和平整军成功后，拟从军抑或从政？林氏谓，带兵二十余年，如有带兵机会，仍愿带兵，不过从政也可以，视届时之需要而定。以彼个性，还觉带兵好。

07-06　日来时有不准发表之要人来往，以此观测大局令人焦虑。如大局未定，东北小组可能如华北各地仆仆逃命而已。十四年久候关内人之东北同胞，已对关内人渐失望。忆记者去秋抵长时，人民遇到关内人多抱头痛哭，而今虽仍有隐隐哭声，但情调大异。

07-11　记者随新任陆军总司令顾祝同及郑洞国等抵永吉，前线无接触。停战二十三天，民众虽略有组织，但共方亦然。如再打，很难分优劣势。今日专车来往，沿途麦已吐穗，大豆高粱点缀绿色原野，想起青纱帐。如今后东北无和平，除了国共打仗以外，势将盗匪四起，人民更痛苦不堪。

07-13　杜聿明等专机离沈飞长，准备次日与林彪会晤。在南京商谈僵局情形下，此间人士对杜林两氏握手干杯已无多大兴趣。

07-15　林彪兹有电致长春执行部，共方代表来长之期暂缓。杜长官聿明与林彪会晤将另邀定日期。

07-17　杜林晤面已告流产，此间人士并未感到悲观，盖早已料及，且南京久阴不晴之局面使人民已倾尽悲观情绪。沉寂一时之战报又开始上市。

林彪与杜聿明的会晤，从可能到延缓，直至流产，预示着双方已无法和谈，正在走向破裂。张高峰从沈阳报道：

东北的局面是谈谈打打，打打谈谈，弄得老百姓头昏眼花，他们认不清是谁先打谁，只以为今天的内战是争地盘。政权是什么，他们不懂。“我们夹在中间了！”

从去年国军入关就在打，断断续续打到今天。究竟打死了多少人，无从统计。我只知道政府在东北招募新兵六万人，命令限七月一日招齐。从法库等地逃出的难民说：共产党也在征兵，但数目不详。

敌人压榨了十四年的东北人，该多需要安定，不幸今天又要去当内战的炮灰。他们对祖国多悲哀，对胜利多失望！“怎么还打内战呢？”老头、老太婆、年轻人都在发这样的疑问。这有谁能解答呢？

双方兵力在东北成正比的增加，军粮也成了大问题。辽宁不许老百姓吃大米，饭馆旅馆不许卖米饭。日本人在东北的时候，老百姓只许吃杂粮，政府光复了东北，老百姓还是替别人种大米。因为东北军粮不能自足，已经下令禁止再往关内运粮。报载平津两地也在闹粮荒，荒是荒在老百姓头上！

7月中旬，东北军调小组中共首席代表饶漱石突然调离，宣布接任者为李立三。对于常驻沈阳的记者们来说，此人并不陌生，他就是中共代表团中那个身材高大、戴着眼镜、一副知识分子模样，在各种场合都很少说话的顾问李敏然，只是很少有人知道，他就是大名鼎鼎的李立三。他的身份公开后，有人笑道：“李先生，您不是早就来了嘛！”

李立三是中共早期主要领导人，他的继任引起各方关注，记者们更追着采访。他当时47岁，此前已经在苏联住了15年。日本投降后回到哈尔滨。两个多月前，以顾问身份化名到沈阳，又先后飞赴延安、南京，为国共和谈奔走。

张高峰回忆说，李立三比我们这些年轻记者成熟、老练。他烟瘾很大，谈话时几乎一支接一支，很少间断。有记者发现，他抽美国产的骆驼牌香烟，便问他觉得如何？李立三说："还不错。延安没有这东西。"其实，骆驼牌香烟是当时美国在华大量倾销的商品，价钱并不贵。有记者知道他出国15年刚刚归来，问及感受，李立三谦虚道："我对国内现在的情形尚不熟悉，将抱学习态度。"有人提出共产党"共产共妻"问题，李立三幽默答称："那不是共产党。你可以去非洲看看，那里有原始部落是实行共妻的。"对于记者提出的问题，他大多应付自如，唯问及"立三路线"时，显得有些被动，还是一旁的王首道为他解了围："这是我们党内的问题，早已经解决。"

李立三到任后，在沈阳、长春多次与国民党高层分别商谈，做了不少工作，为中共争取了一些有利条件。1946年7月下旬，大公报记者做过密集报道：

07-19　李立三以林彪代表资格，今日访长春军政当局。

07-24　郑洞国、廖耀湘、尚传道欢宴李立三，美方人员及记者等均出席。此为记者在东北所仅见之三方同时出席有一团和气之宴会。郑洞国致词，申述和平之重要及欢迎李氏和平使者之情，并对美方表示感谢。李立三致词谓：由于在长之受招待，知政府之和平诚意，并坚决表示中共之希望和平，更转达林彪和平诚意及向杜聿明、郑洞国等致意。李氏提及美方时，出席者均凝神静听，李氏以感谢美方为和平而努力为结尾。美方蒋森上校亦致感谢及盼和平之词。三人致词均短，毫无火药味，而有一片和平声。一般推测：李氏明日沈阳之行与杜聿明之会谈，可能使东北局面暂时继续稳定，如隔离问题获协议，零星之小冲突或可避免。东北之前线平静，自有助于南京之谈判。李氏在长备受招待，连日访问郑洞国、廖耀湘等，郑等均回访，大谈乡情及童年旧事，倾谈时间均甚长。李氏笑语记者：彼来已造成一和平空气，但愿和平不止空气而已。

07-25 李立三今日下午自长飞沈，同行者有蔡宗濂。李氏此行访问杜长官聿明，主要问题为商谈停止冲突及隔离。

07-26 李立三上午九时访问杜长官聿明，商谈达三小时。对于东北问题广泛交换意见，闻无具体结果。

07-28 李立三上午九时再访杜长官，会谈三小时。中午与董文琦市长共餐，亦有商谈。下午李又访张嘉璈主委，谈二小时。三时半，杜长官宴李氏，小组三方面人员均出席，会后又有商谈。

07-29 李立三与董文琦联名发表关于使东北再见光明之小丰满电源处理五点决定：一、八月一日起，政府派修理队两队，到梅河口与中共取得联络，从事修复电线工作。二、修理队之安全由中共保护，食宿亦由中共供给，修线队且应守中共区内之一切法令。三、小丰满水电厂至哈尔滨一线同时动工。四、两输电线同时动工后，何线先修复立即供电。五、修好之后，双方不得再破坏。

07-30 李立三昨访美苏两领事，作外交拜访。张嘉璈备晚宴欢迎。又，李二十八日晚与杜长官谈及松花江大桥问题，意见最后归纳为两点：一、修复后不运兵。二、派一小组在该处监视。李已将此意见转至林彪。

东北和谈艰难，李立三数日奔走能有这些成果，实属不易。如与杜聿明长谈七小时，实现国民党军撤至松花江以南，修复松花江大桥不运兵，为保证江北解放区安全和部队休整争取了必要的时间。又如，当时国共各自控制东北部分电源或线路，小丰满不输电，哈尔滨电力不足；输电线被切断，沈阳陷入黑暗。李立三与国民党沈阳市长董文琦谈判，达成了小丰满输电送哈尔滨、中共保证沈阳用电的协议。李立三说："一切事情都是可以通过谈判解决的，只要双方有诚意。"

那以后不久，李立三就调回哈尔滨去了。

军事调处的末路

1946年8月，关内战火频仍，南京传来的消息是，马歇尔为了调停国共争端，两个月内八次登庐山，与蒋介石会晤；回到南京再与周恩来商谈，但都没有结果，和平前景黯淡。

与此同时，东北虽无大打，但新的战事也在酝酿中，征兵、征粮、破坏交通、摩擦不断。特别是国民党利用东北停战令不包括热河[①]的“空隙”，在热河境内采取大规模军事行动，意在抢占更多地盘，解除民主联军对辽西北宁路的威胁。此举使军调工作越发名存实亡了。

东北停战后，关外国共双方处于备战状态，虽有小摩擦，但无大冲突。打破平衡的转折点出现在热河。8月中旬，军调部在平泉召

---

① “热河”得名源自承德避暑山庄内的温泉。1928年设省，辖境为今内蒙古自治区赤峰市全境，通辽市大部，辽宁省义县、锦州以北、彰武以西区域，以及今河北省承德市大部，辖15县20旗，省会设在承德。1931年“九一八事变”后，为割断东北与关内的联系，日军于1933年初攻陷热河全境，划入伪满洲国。抗战胜利后，国民党划东北为九省，不含热河，但人们的概念中热河仍属“关外”。

开调处会议，国共代表都指责对方挑衅。调处不成，国民党13军反由辽宁阜新沿铁路向西进攻，相继占领了北票、朝阳、叶柏寿、平泉，月底攻占承德，并有威胁张家口之势。热河成为当时国共交战最激烈的地区之一，并且直接影响东北战局。

8月19日，张家口中共晋察冀边区领导机关通过广播动员解放区全体人民准备自卫战争。消息传出，引起国统区乃至世界各国惊愕，认为这是中共对国民党政府的正式宣战。在南京的中共代表团发言人声明：是自卫不是破裂。而大公报南京专电则称："一般人们面对此种情况十分痛苦，感到和平原是泡影，战争不可避免，实际对于大局前途已不愿寄予任何希望。"

8月28日，大公报发表社评《勿增加东北人民的苦难》：

今天的东北还是一个相持对峙的局面，调处的工作没有丝毫效果，断续的冲突随时随地可以发生。在这种局面下的东北老百姓，其失望与痛苦是不难想象的。

东北的老百姓太苦难了，他们需要和平安定的生活，这种最低要求，必须予以满足。在这一点上，政府有不可躲避的责任，……近来常听到一些论调，认为政治经济社会各方面的混乱状态，完全由于内战不停，遭受扰害而无法改善。这固然是事实，但负有责任的人却不能借此推诿塞责。……如果在政令推及的地方，办理接收都办不好的话，难道也能说是内战关系？无论有什么理由，贪污、腐化、无能，永远不为老百姓所原谅。东北这块地方重要，人心可贵，政府尤不可不特别慎重行事，再不可叫老百姓痛苦失望，再不要失去东北的人心。

9月初，杜聿明到承德一带视察后回到沈阳，张高峰趋访，杜聿明谈视察印象称："共军早在半月前即准备撤退工作，故城内外公共建筑均遭破坏，所有物资被搬运一空，地方经济甚感恐慌，幸今年秋收尚佳，人民过冬可不受大威胁。"对于东北战局双方态势，杜聿明说，有小冲突，无大企图。

为印证杜聿明的观察，也为实地调查，张高峰对热河做了一次纵贯采访。他从锦州出发，坐火车先到朝阳，发回的专电写道："朝阳北风刺骨，人民已先向秋风投降。战地难民昨日方还乡，今日又逃出，炮火下无法停足，人民对于'谁在此处'（主政）已成疑问。"

在朝阳，张高峰与宁城县长成某同住一家小店，成某说，驻守宁城的国民党军一周前被中共部队击溃，他设法逃了出来。又说，过去伪蒙疆政府的"蒙古军总司令"李守信，现在又成了"热河人民自卫军总司令"。许多人奇怪，这个汉奸怎么又成了"国军"？可能连他自己也没有想到，日本人投降了，他还有招兵买马的机会，还能"名正言顺"地搜刮民财。

热河省政府各机关随着军事的进展暂驻朝阳，在征用的各处民宅门口挂上一个小木牌，就算开始办公了。如此寒酸景象，说明政局的不稳。在朝阳，张高峰遇到了郑洞国，郑要赶去赤峰设立前进指挥所，显然是为扩大战场。当时，军调第26小组就驻在朝阳，但驻承德、赤峰的两个小组撤回北平后，朝阳小组已无所事事，等候撤退命令，张高峰专电称，"如此则热境调处工作全部寿终正寝"。

从朝阳到承德，张高峰搭乘了救济总署运送物资的汽车，沿途所见如下：

叶柏寿到平泉间的公路桥梁全部遭到了破坏，都是用枕木垫起来勉强通车的。每距桥梁数百米，就竖立着一个小木牌写着“一停再开”。看着那些破烂的桥梁、锯断的电杆，我想，这燎原般的内战之火将要烧毁的是整个国家啊。

平泉是通往喜峰口的交通要道，在军事上颇有价值，因此驻扎的国军很多，以防范冀东共军。因为承锦铁路只通到这里，所以平泉又是国军弹药粮秣的集散地，有数不清的仓库、兵站、人力及兽力大队。联勤司令部规定了征用人力、兽力的价目，布告贴于街头，一天只一二百元的工钱，吃不饱人，也喂不活牲口。被征用的人只能饿着肚子，赶着比人还瘦的牲口，拉着快要散架的车辆，任劳任怨地为内战“服务”。

从平泉到承德90公里，由于铁路损毁，只能继续搭乘汽车。与张高峰同车的美国华盛顿大学教授卫斯顿博士是联合国救济总署经济审查专员，到热河来考察农村经济状况。他拿着照相机和笔记本，一路不停地观察、记录，把沿途农村的残破景象都收进了他的镜头。张高峰专电称：

年来时局不定，烽火漫天，农民贫苦，终日不得一饱，十二三岁的孩子们多裸体，女孩们不过一条破裤子，大人们的衣服也烂得不能再补。联总经济专员卫斯顿博士说：“中国内战真是不应该。”言下慨然，记者无言以对。现实的中国远不是人民的世纪，人民反对内战又有何用？！

承德现有人口八万，破坏的房舍正在修缮，自来水已部分修复，发电机在北平资委会借了一部，准备运来。承德交通不便，电信困难，人民不知天下事。军政当局合资办了一家《公正报》，为热省之独家报纸。民众像做梦一样又换了“领导者”。承德本来就穷，现在更穷了。一次变乱人民受害不小。中秋已过，大街小巷仍有穿不上衣裤的孩子们。他们将如何过冬，恐怕只有边打边救济了。

战时热河省政混乱，财政拮据。张高峰到省政府采访，竟找不到一张精确的地图可供参考，据说连南京的行政院也说不清楚热河究竟有多少县份，人口若干。至于办公经费，据省政府秘书长高清岳说：“中央明令今年以田赋维持，而当年核定热省田赋所得仅够政府两个月的开支，明年经费还没有着落。”张高峰问：“以如此瘠贫之地，能征来多少？纵然征来，人民又何以为生？”高清岳除了叹息，无法回答。

关于民政工作，高说：“目前以清乡与建立各村镇‘政治堡垒’为首要工作，同时加强县与县之间的联系，以安定社会。”但张高峰了解到的情况是，国民党收复的14个县，没有一个能够完全控制，广大农村更是中共的地盘，各县如无国民党军驻守，自卫都成问题，何谈社会安定？就在他住承德期间，国民党军攻占了围场，又在赤峰与中共部队发生激战。张高峰写道：

我们不愿批评破坏的是非，因为各人立场不同，看法也不同。我们但愿双方放下武器，用政治方式作政治的斗争，这样是光明磊落的斗争。把成绩拿给人民看，人民可以大胆的鼓掌喊好，谁给他们造幸福他们必跟着谁走。如果再以内战的方式继续斗争下去，今天你丢了这里，明天我占领那里，谁也不能在人民之间建立下政治的信仰，恐怕谁也不易得到更多的群众，最后是国家垮台，大家遭殃。

东北军事调处名存实亡，9月底10月初，吕德润就长春所见发回专电：

藕断丝连之执行小组今仍时时在外出调查一枪一炮之小冲突，惟仅能从事调查，并不能执行调处，查者自查，打者自打。美国代表戴文波是宪兵出身，对今天一枪一弹的事，还以宪兵查案的精神追问到底，可是到了底又能怎样呢？

政府代表蔡宗濂说，现在小冲突比过去少了。比较别的地方，东北各小组至少现在比较安全，还没有受飞机炸，也没有挨枪打，还未表演过逃命。中共代表仍按日到办公室。美方代表的房子里仍是打字机“嗒嗒”乱响，参谋长戴梯乐上校要回国了，他说他们是为中国人民服务。他个人希望今后还能再来中国玩。

长春连日阴雨，天气骤寒。执行部正为派出小组准备冬装，政府小组人员多美式，中共人员皆着自造军服。沈阳军事会议后共方人士皆守口如瓶，一般推测如最近无事，东北军事可能因天气而转入冬眠。中共代表伍修权称：“我们不准备打人，但也准备着不挨打。”执行部门前冷落，新闻记者已少出入，门口“前进指挥所”之牌子，在目前情况下颇耐人寻味。

『支付一切』的『红军票』

东北停战对于国共来说，都是一个获得喘息的时机。除了军事准备与争夺，双方还需要以相当多的精力来经营自己占领的地区，以此作为自己立足和发展的基础。

经营自然离不开经济，而经济状况首先反映在财政金融方面。

1946年六七月间，张高峰在沈阳先后走访国民政府财政部特派员陈公亮、东北行营经济委员会主任张嘉璈，就东北财政金融状况发回专电称：

目前东北虽无战事，但仍为变态之局面，故财政金融未能入常轨，九省之税收微乎其微，直等于无收入，一切支应均赖流通券之发行。且东北之货币已达四五种之多，计流通券、伪满钞、红军票、共军票及正在收回之旧印法币。财政部特派员陈公亮谓：恢复经济计划虽有，但在政治未安定以前，一切难如期收效。欲使东北财政稳定，宜先求政治安定，次求产业繁荣云。

张嘉璈称，东北接收非如关内接收为和平的送上门来，而是用武力打开的，故紊乱亦所不免。东北有其特殊之环境。惟在未通盘接收之前，不易作具体计划。对于东北金融，张氏说，伪满票在东北发行额为一百三十亿，红军票据苏方自行公布为九十七亿，共军之边币仅在其区域内行使。对于红军票，现正设法收回中。记者询以东北现况表面为军事支配政治，而政治又支配经济，实则为本末倒置。张主委笑称：我一向主张合作，单独是不行的，相信慢慢做下去可以改好。抗战时候，我们天天说经济要崩溃，不是拖到今天经济也没有崩溃吗?

陈公亮和张嘉璈所说的“红军票”，是当时东北国统区市场上流通的主要货币之一，比大量的伪满票更严重地影响着东北市场物价的波动。

所谓“红军票”，是指苏联红军在我国东北地区发行、具有货币性质的战时流通票据。起因于1945年8月苏联红军出兵东北，根据两国政府协定，苏军所需军费，由苏联红军司令部在东北地区发行“红军票”解决，战后由中国政府负责收回，送回苏联销毁。

“红军票”有1元、5元、10元和100元四种面值。钞票正面中央部分为面值，上方用繁体中文印有“苏联红军司令部”字样，下方印有“为一切支付必使用”字样；背面印有“赝造支票以战时法处罚”的警告语。据苏方后来通报，1945年10月至1946年3月间，苏军共发行“红军票”97.25亿元。

抗战胜利后，伪满币还充斥着东北市场，国民党政府又发行了流通券，已经造成混乱。而“红军票”在没有任何物质基础作保障的条件下强行挤入流通，苏军走到哪里消费、购物，就在哪里凭此票“一切支付必使用”。东北市场上多种货币同时流通，不可避免地导致钞票贬值，物价飞涨。“红军票”实际上是以中国人民的劳动价值和东北的丰富资源作为准备金，无代价地为150万苏军提供了给养，承担了军费，并且借此掠夺了大量中国物资。

国民党接收东北初期，“红军票”依然被允许与东北流通券按一比一的比值使用，有法定支付地位。按照约定，苏军撤出东北后由中国政府收回，损失向日本索赔。1946年3月起，苏军开始撤离东北，事后仅告知“红军票”发行总额，却没有移交印钞版，亦未告知所印钞票号段和各种面额的发行数量。中国政府既无法确认已经在市场上流通的“红军票”究竟有多少，也不敢保证没有新的“红军票”继续印制上市。况且，中国连日本的战争赔款都没有得到，又拿什么弥补“红军票”大量发行造成的损失？在这种情况下，国民党怕苏军利用钞版肆意增发或移交给中共，进一步冲击东北金融市场，遂决定停止使用并陆续收回“红军票”。

1946年7月31日，张嘉璈代表东北行营经委会宣布：一、收回10元以上之“红军票”，10元以下者照常流通。二、百元“红军票”在银行登记，可兑换总额10%的东北流通券，其余算作存款，但不计利息，俟与苏联政府洽得票样号码后另定兑换日期。三、百元“红军票”自8月1日起停止使用。长春、沈阳、永吉10日内登记，其余各县至20日止。四、储存银行之“红军票”存单，可持至国家银行作抵押借款。大公报记者报道这一消息时加缀一句：“最近数日，为红军票问题，市面紊乱，稻米由46元涨至50元一斤，高粱米自11元涨到15元，猪肉自60元涨到65元。”

国民党政府的这一决定，令东北人民措手不及。8月1日实施当天，沈阳市商会负责人即约见张嘉璈，陈述各同业公会对收兑、登记“红军票”办法提出的要求，其中包括：对破损“红军票”，如号码仍能辨清数字或破损程度在三分之一以内者，应准予收兑登记；对持有“红军票”存单者，最低限度应按存单票面额准由银行贷与50%的流通券，以应对流转资金需要；如10日内不能办理完竣，应考虑延期；政府所课之税收，最少限度应在税款额50%以上收纳“红军票”；如“红军票”实际发行超过苏方通报的数额，请政府考虑允许收兑，勿使人民蒙受损失，等等。迫于民间压力，这些要求大多被行营经委会采纳。

尽管如此，办法实施后，沈阳的许多小商店还是宣布停业了，更多的市民则因市场混乱、物价上涨而叫苦连天。长春市政府布告，要求所有物价须恢复“红军票”收兑、登记前的价格，结果却是没有一样物价不涨，实施不到一个月，物价平均上涨一倍。东北籍参议员王寒生慨叹：“政府施策令东北人伤心，收兑‘红军票’等于让人民捧着金碗讨饭吃，等于制其死命。”

国民党政府停用“红军票”，中共方面亦紧急应对。考虑到“红军票”数量甚大，国民党停用后，如涌入解放区挤购，必然引起解放区物价猛涨，危害民生，因此，在国民党施令第二天，中共东北行政委员会即紧急命令东北解放区各地“暂时停用红军票，听候处理”。此举同样令当地百姓心惊肉跳。

几乎与此同时，国民党中央社报道：“共军创设东北银行，印制钞票，强行规定与伪满币之比率为一比一，并尽量以东北银行券大量收兑伪满币，而后潜携至国军收复区内，或以之换易东北流通券，或套取大量物资。”

中央社的消息是否造谣，大公报记者无从考证，但东北中共解放区缺乏棉花、棉布、皮货，直接影响严冬御寒的事实却是存在的，所以，常有商人出入国统区收购此类物资。为此，1946 年 11 月，南京政府国防部特别电令东北行营，“规定封锁棉花、纱布、皮货流入共区办法。如有私运者决严惩，并奖励商人进入共区收购皮棉物资”。同样的，中共方面为获得所需棉布、棉线、棉花，不仅对来自国统区的棉品车辆武装保护，而且对商人实行奖励，除照价收购外，另有不菲的佣金。商人自然愿意积极收购，以致吉林、长春市场棉纱狂涨两倍至三倍，有时甚至有行无市。不过，国民党封锁解放区害人也害己，如造纸需要的原料、硫黄等被列入禁止售运物资，同样影响到国统区的企业生产，锦州、营口、辽阳三个造纸厂只能局部开工，甚至停产，致使东北各报馆及印刷业用纸大感恐慌。

1946 年 8 月 20 日，大公报以“东北虽无枪声，经济战达高潮；停用百元红军票中央失措，最吃亏仍是东北老百姓”为题报道：

东北之经济战刻已进入高潮，双方之武器为红军票。自宣布政府区域内百元红军票停止使用后，沈阳、长春等各大都市金融市场一度紊乱，后又增订若干补充办法，市场始渐趋安定。然中共区则受打击颇大，因红军票发行至少有百分之六十以上在中共区内流通。此一办法已使中共成“仓促应战”之状。目前中共亦宣布红军百元票停止使用，将施行物物交换，并表示将向政府提出抗议。然而最吃亏的仍是东北老百姓，民间所受之损失不减于历次之武器战争。现东北之钞票，政府区流通者为伪满票及中央银行流通券，中共区流通者为伪满票及东北银行流通券，四千多万不分党派的老百姓，只有靠伪满票联系了。

国共双方展开“金融战”“封锁战”，加之苏军曾经的劫掠，造成东北生产不足，供应奇缺，通货膨胀，物价飞涨，经济越发恶化。由于许多小贩拒收，小额“红军票”也已失信。1947 年 5 月，国民党中央银行宣布收兑 10 元、5 元“红军票”。这样，除苏军继续占领的大连、旅顺外，“红军票”基本退出了东北市场流通。

一国军队在他国领土上，以本军名义发行没有任何依托做准备金的货币，而且数额巨大，流通经年，这在世界金融史上也是绝无仅有的。苏军发行“红军票”，不仅作为其筹措战争经费的手段，而且成为其掠夺中国资源与财富的工具，更在中国内战和东北局势演变中起到了一言难尽的特殊作用。

直到 1949 年 12 月，东北人民政府用东北银行发行的东北币，以 30 比 1 的比例收兑了所有的“红军票”，才终结了其历史。

东北交通进出两难

政府财政收入、市场金融流通都需要实体经济的发展支撑。国民党进占东北后，当然希望尽快恢复交通运输和工业生产。然而，接收几个月过去了，连基本的交通问题都左支右绌，捉襟见肘，遑论工业生产。

日本投降时，东北铁路总里程达 1.4 万公里，境内四通八达，密如蛛网，无论长度、密度，在全国都首屈一指。中长路是东北铁路主干，由中东路与南满路两条干线组合而成，呈丁字形，如一条脊梁贯通东三省。日本占领东北后，以中长路途经的长春、沈阳为枢纽建设支线，在凡有工矿、口岸的地方都修通了铁路，如长春经永吉（今吉林）到图们、图们经牡丹江到佳木斯；沈阳经本溪到安东（今丹东）、经梅河口到集安，等等。这些铁路大多是为了便利工矿企业生产，掠夺东北资源，经朝鲜输往日本。至于沈阳经锦州、秦皇岛到平津的北宁（北平至辽宁）铁路，更是山海关内外连通的重要动脉。

这么好的交通运输条件，对东北的经济发展有着举足轻重的作用。但在内战的炮火下，军事行动频仍，交通时断时续，根本无法发挥其经济动脉作用。以中长路为例，国民党占领长春以后，长春以北曾勉强接通德惠，还时常被截断，国民党能够控制的仅有 600 公里左右，而且运输安全没有保障，沿线桥梁都是几经破坏又重新修复的，因此沿途碉堡林立，布兵严防，列车通过时犹如蜗行。从沈阳到长春 300 公里，客运列车走行需要 14 个小时，旅客不堪其苦。北宁铁路也常常发生袭击、破路事件。此外，由于苏军的劫掠和战乱的损毁，东北铁路轨道、车辆等都需要修复、更新，但设备、材料、资金不足，当局无可奈何。

1946 年 7 月，张高峰在沈阳采访了交通部东北特派员陈延炯，他说，东北铁路现在能通车的不到 2000 公里；客车原有 3000 辆，现在只剩 100 辆；修车厂机器被拆走 72 部，原来每月可修机车 25 部，现在只能修理三分之一。“苏军劫走东北铁路机车的 75% 和货车的 93%。修复被破坏铁路最重要者为材料与工具，今均缺乏，盖人手不能与炸弹抵抗。”

谈及东北与关内铁路直达通车问题，陈延炯称，通车的前提是确保安全。现在无论关内关外路段，都不敢保证夜间行车无事。而直达通车却必须有一半路程在夜间，难免遇到袭击。派兵用铁甲车开道固然可行，但与列车需要有 20 分钟的间隔，这段时间内的安全也没有保障。有人建议白天行驶，过山海关或锦州时停一夜，但秋冬季节白昼渐短，当日能否于阳光下赶到并无把握。若由铁路局为千余旅客另设招待所也是一笔开支。

公路运输如何？东北的马拉大车是主要运输工具，运力是铁路的近两倍，因此有人主张成立公路管理机构，设道班房。陈延炯对此持否定态度。他说："东北一年有六个月结冰期，日本人都不修高级路面。我们没有汽车，何必多此一个机构浪费，还抢了赶车人与牲口大车生意，连带大家都吃不饱。"

交通问题不仅限于东北境内，更重要的是关内关外的交流。自从 1931 年"九一八事变"，继而伪满"建国"，东北与关内基本形成经济隔绝状态。1937 年"七七事变"后，伪华北政府与伪满间关系松动，才有了经济往来，华北能够输出到日本的工业原料也开始进入东北，而东北仅以杂粮、药材、皮毛及山货输入关内，数量有限，东北的大部分物资都输往日本了。吕德润报道说：

日本人在东北办了十四年的工业，以我们的家财及同胞的血泪汗奠定了他们的兵工厂，拿着我们的东西打了我们十多年，偷袭珍珠港的炸弹中，本溪的名产低磷铁便有份，日皇为此还下了奖状。想起来多可怕，多可怕的十四年建设。

抗战胜利了，东北回归祖国怀抱，理应摒弃殖民地经济模式，与关内融合一体，为共建民族产业而努力了，偏偏交通不通，徒唤奈何。张高峰就此分别采访了时任平津区敌伪产业处理局长孙越崎和东北行营经委会主任张嘉璈：

孙越崎称，关外与关内不能沟通，两边都受不了。华北生产已受限制。过去华北物资不能济运长江各地时，东北物资可以递补，目前却是少有办法。

张嘉璈称，通车简单，前提则在全面和平之实现。北宁路恢复商运问题，当前因车辆少，军运忙，故未即实现。拟研究者即何种物资可输出，何种可输入。如杂粮可入关，棉布可出关。商物种类，拟于决定后加以公布。

说来说去，关内关外通与不通，安全成了必要前提。由于铁路屡遭破坏，沿途设岗布哨也难免疏漏，为了解除铁路侧翼的威胁，当局又出“新政”：规定铁路两侧十里以内禁种高粱，代以其他作物。因为高粱长成后形成“青纱帐”，密密葱葱一望无垠，是伏击的最好屏障。不过，十平方里的农田面积约有三万亩，山海关至长春约 1500 里，因此被禁种高粱的面积达 450 万亩，少收多少粮食？况且，假如伏击者隐匿在十里以外，奔袭铁道线也不过一小时的行程。显然，这种靠保“线”以畅“通”的办法难以维持久远。

“魔高一尺，道高一丈”，国民党要防中共部队利用“青纱帐”，中共就搞“秋纱帐”，并且阻断国民党军在农村的兵源。大公报东北读者来信说：

靠近中共区域的乡村曾接到共军命令，今秋的高粱和苞米收获时不准全割，只许割穗，这样一来，田野里的秸秆也成了作战的屏障。共军还严厉限制壮丁，不准给国军当兵服务。在双方的煎熬之中，真将老百姓难死了。眼巴巴的盼来了胜利，换来的仍是贫穷困迫。他们咒骂战争比什么都厉害，期待和平比过去盼望胜利还迫切，他们操心，如果继续这样打下去，东北不定还要出什么大乱子。

1946 年秋，东北工矿已接收 80%，尽管破破烂烂，但只要电力恢复，大部分民用工业即可复工，由此，市场销路又成为不能不考虑的问题。

东北经济前途与关内密不可分，关内外经济交流将恢复的消息，曾令各方愁颜为之一展。工商界设想，关外剩余的粮、煤及工业原料可以入关，华北纺织业也将重新获得关外市场。有人甚至预言，14年来在日本“纤维统制”配给下生活的东北人民，今年可以自由购买衣着了。

然而，局势的发展破碎了工商业者和东北人民的期待。尽管关内外铁路实现了断断续续的通车，也由于战争的需要以军运为主，客运、货运寥寥，列车还不时遭遇袭击，因此基本无助于关内外的经济交流。东北物价上涨，除了游资作祟与生产不足，也因为战争状态下交通受阻导致的供求失调。以粮食为例，东北产粮区存量丰富，价格往往只及城市的三成左右，但由于无法输出调剂余缺，关内粮价降不下来，关外也无法运进东北所需要的商品。

陆路不通，海运如何？由于大连港被苏军占领，不准中国使用，东北只有葫芦岛与营口两港可用，但前者为军运独占，后者不仅太小且冬季封港，运输能力杯水车薪。一个令人啼笑皆非的事例，足证当时东北经济管理的混乱。

东北以盛产煤炭著称，但由于战争破坏，生产萎缩，各矿产煤除了自用，可供市场销售的寥寥无几，不要说工厂生产，连沈阳、长春等城市生活用煤都不能保证。这种情况下，却还被要求调运煤炭到煤荒更严重的南方。

1946年5月，蒋介石到沈阳时就要求东北煤炭南运，以解上海、南京等地的燃“煤”之急。此后，行政院长宋子文又三番五次来电催促，限每月至少运送5万吨以上。阜新煤矿奉命往葫芦岛发煤，准备装船时却遇到两难境地。一方面，军方说葫芦岛是军港，任何船只不得随意泊岸装卸，另一方面，东北行营经委会表示，东北煤炭存量、产量均不足本年冬季自用，因此禁止煤炭出境。军用与商运矛盾，中央与地方打架，在葫芦岛负责装船的人只能望煤兴叹。

为救济东北工商业，东北行营经委会呼吁开放葫芦岛港口："为未雨绸缪计，商请国防部准商船进葫芦岛港口，俾军商兼顾，勿使东北积货（如大豆食粮）冻结。为国计民生计，甚盼政府开此商港，使货物大量交流，人民受惠"云。

1946 年末，南京国防部批准了葫芦岛港口开放商用，但东北当局却由于供应趋紧，"为防阻敌伪物资私用及调节东北物资起见"，开始限制物资随意流动。经委会将允许东北输出品分为三类：一是经许可始能输出者，如钢铁、纸张、毛皮、棉花、胶皮原料、机械等；二是经特别许可始得输出者，如米、面、水银、硫黄、木料等；三是不属以上两项者为普通输出类。结果又闹出尴尬事。

平津铁路局长到东北求援，希望解决关内铁路车辆修理及所需部分木材问题。前者顺利解决，后者却碰了一鼻子灰——历来不缺木材的东北竟"亦感缺乏"，爱莫能助。事实上，当时北满地区木材堆积如山，哈尔滨、佳木斯甚至把木材当柴烧。烧木材是因为没有煤，煤产得少是因为缺乏木材，木材运不出去又是因为铁路不通……说到底，这一连串的怪事都是因为战争的阻隔。

东北交通，关内关外，通与不通，真是两难。

残破散乱的『珍珠』

交通运输磕磕绊绊，使本来就残破不堪的东北工矿运转越发困难。

吕德润的报道中，曾把东北门类齐全的工矿企业比喻为“珍珠”，日本人来了，用战争的线把它们串起来，为其建设“大东亚共荣圈”的迷梦服务；苏联人来了，把它们视作自己的“战利品”，拆走了大部分；国共内战，已经残破的“珍珠”再遭损毁，散落一地，重新收拾谈何容易。

苏军在东北拆卸、破坏了多少工矿企业？当时没有确切的统计数据，总体估算平均约在70%左右，且重工业损失比轻工业为重，军需工业较民用工业为重。

内战给东北工矿企业带来多少损失更无从计算。吕德润报道说：

现在我们国家看起真富得像不在乎钱似的：枪炮尽管放；我们国家看起来又最穷：用在建设方面斤斤计较。现在是全国大打了，每天双方动员至少有一百万人吧，连吃穿住、放的枪炮在内，每天花多少钱？而且，那些受内战影响损失的（工矿企业）和一个枪子便完了一生的人民有多少？政治家、军事家们说，我们打完了再建设，将来更好。不过，在寒冷的日子，人民挨冻是会诅咒战争的。

一条宝贵的珍珠项链断了，只余了珍珠散地。也许政治家们都想穿成串。可是现在是彼此争夺践踏的表演。这样打去，即便有一个倒下来，珍珠也怕踩碎了，他们打碎了自己的美想，也打碎了人民的财产。

1946年9月，国民政府资源委员会[①]正副主任钱昌照、孙越崎及30多名专家到东北考察工矿企业，谋划复工问题。钱昌照一行先后到锦西、沈阳、抚顺、辽阳、鞍山、营口、本溪各地厂矿视察。大公报记者随行采访，“见技术人员埋头之叮当修机器声，与连天炮火交织着最悲惨的音乐”，专电报道：

漫天烽火中，建设人材之出关，可算是空谷足音。钱昌照一行抵锦西，即参观水泥厂及燃料厂。水泥厂前日已开工，若干技术人员辛忙数月的成绩，今日以烟囱冒烟欢迎专家。

东北工矿数经破坏，损失惨重，然残余工业尚有可为。日人在此，一切皆配合军事。我们复工，应该配合和平。其中煤电钢铁机

① 资源委员会的前身为成立于1932年的国防设计委员会，1935年改组为资源委员会，早期职能是资源的调查研究、开发动员。抗战时期主要职能为创办、开发和经营管理基本工业、重要矿业及电力事业。1946年5月后直隶国民政府行政院，下辖有电力、煤炭、石油、金属矿、钢铁、机械工业、电器工业、化学工业、制糖业和造纸业10个部门111个单位。历任委员长为钱昌照、翁文灏和孙越崎。

械仍在全国工业中居首要地位，目前因内战实难动手建设。补充之机械虽与外商接洽，然战争复吓住外资协助，东北工矿建设亦因政局走入拖的场面。

钱昌照谓，中国重工业困难虽多，但远景光明。在外国货尚未大量涌入之前，决全力树立重工业之基础。“我们抱着宗教家的精神做这工作。我不准资委会的人私人经营工厂，我们不是官僚资本。以现在中国的资力，全力经营工业运动尚不够，还争什么民营国营？资委会愿和任何民营企业互相扶持长大。”钱氏对东北工矿之数经破坏颇多感慨，不过他说：“也好，这是考验中国人的时机，我们要自己动手重建东北工矿。”对利用外资之事，钱氏说：“在美国都接洽过了，他们原则上没有问题，不过要看中国的局面演化才能决定。”

以山林煤矿著名的东北今冬将闹煤荒。目前各煤矿因电力不足，炸药、木材缺乏及机械之损失，生产减落。以月产量计，各矿除本身所需外尚余十六万吨，其中铁路每月需十万吨，留给民间者仅六万吨，而沈阳、长春、锦州、吉林、四平街等都市每月即需二十万吨。按今后之增产计划，即使全部完成，至十二月底民用尚差二十五万吨。

一片煤荒中，忽闻政府拟以中国好煤换日本坏煤。所谓“好煤”系指可炼焦者而言。闻麦帅（麦克阿瑟）已准日本每年有三百五十万吨之钢铁生产。以此观之，战败国之日本，工业已较我们强胜多多。鞍山钢厂数遭破坏，迄未开工。今后即立得和平，交通畅通，亦须经二年以上之修理，始可年产四十万吨，与关内合计全国年仅五十万吨。欲达日本之数遥遥无期。

东北工矿一体相连，如锦州有纸厂，安东市有木粕厂，阜新、北票之电先后在苏军占领时及国共军冲突时大受损害，北宁路不通又影响着出口，这一切都说明，东北是有东西的，大家分占均不能建设，战争的结果可能使建设全落空。

考察结束后，钱昌照等在沈阳开会，商定接办东北工矿名单，其中包括煤矿、钢铁、电力、水泥、炼油、硫酸、造纸、机车车辆、金属矿业、电工器材等关系国计民生的重要企业。离开沈阳前，钱昌照对大公报记者发表谈话："东北重工业建设虽非易事，但决全力以赴。在今日内战夹缝中，建设工作谈何容易。惟专家表示，我们自己总得在东北流些心血，不让祖先的遗地荒芜，中国人要用自己的力量建立一个为和平而生产的工业区。"

吕德润在长篇通讯《东北工矿巡礼》中写道：

我常常想，既然打仗还谈什么建设？人民连性命都靠不住，对一时不能兑现的建设事业的报道还有什么心情看？这一次随着资委会的专家们用了三周的时间在东北各工矿区巡礼后，我想，假如把买打自己人的枪炮钱用在建设方面，不用说几十年后，几年后我们便是像个样的国家了。内战双方似乎都想实现自己的政治主张而造福人民，归根结底，造福人民还是靠建设事业的发展。

我到各工厂去看，在漫天炮火中竟还有大批技术人员们像不问外事似的，默默地修理那些残破机器。我总觉得炮火声比修机器的声音大，可是在他们却是相反，这真是一个动人的场面，我喜悦我也悲哀。我同专家们在工厂的时候精神很舒服，因为那批人整日谈论的是如何把破破烂烂的凑起来。可是每到沈阳、长春，我的心情便低沉起来，听到的看到的都与战争有关。……资委会现在决定接办的多是重工业，拼拼凑凑先办这几个。（复工计划）数字比起过去实在小得可怜。但即便这点数字还须有一个前提，那就是不要战争，要马上和平。和平中这计划才是有效的。战争要是继续打下去，一切又完了。

资委会接办之后的工矿情形如何？以抚顺、阜新煤矿为例。

抚顺煤矿开发于20世纪初，最早是俄国人经营，日俄战争后转手日本人。矿区面积大、煤层厚、煤质优，是工业用优质煤炭。日本人为了扩大生产，增加效益，投入了很大本钱，陆续建起发电、机械、制钢、锻造、制油、电石、安全灯、耐火砖、电车、焦炭等配套工厂，煤矿生产、生活所需几乎都能够自给自足。建矿40多年，日俄用中国人挖中国煤，作为他们侵略中国的资源。日本投降以后，中国工程师才接管了煤矿，有了建设自己国家的可能。

据统计，1945年中国煤产量约5000万吨，其中东北占了半数；东北区中，抚顺煤矿年产约1000万吨，相当于全国的20%，可见，中国产煤的重心在东北，东北产煤的重心在抚顺，所以抚顺有中国“煤都”之称。但是，1946年，东北国统区的抚顺、阜新等七个煤矿，年产总量不过248万吨，而抚顺只有76万吨。

日本投降前，抚顺煤矿日产煤一般可保持在1.2万吨左右，最高2.6万吨。抗战胜利后，机器设备被苏军拆毁70%，28万千瓦的发电机组被拆走21万千瓦，员工由10万减至4万，这些都成为抚顺煤矿减产的致命因素。况且，东北战乱不息，抚顺煤矿还不得不出人、出料参与战争，所以，战时的抚顺煤矿，通常日产只能维持在三四千吨之间。张高峰报道称：

现在的抚顺煤矿百孔千疮，处处都在等待医治。因为电铲不够，电力不足，为了尽量出煤，顾不得剥离绿页岩与油页岩，只能竭泽而渔地挖下去。矿局谢树英局长说：“我们在忍痛出煤。剥离工作停顿实出于不得已，这是煤矿一大危机。年代一久，上层土岩愈来愈重，下层煤洞愈挖愈空，终有一天会崩垮下来，煤也挖不成了。还有的矿存水近百万吨，电力不足无法排出，生产受到致命阻碍。矿内需要坑木百万方，却苦于无钱购买。矿区几百公里的铁路，枕木已经三年未修换。厂内运输用的电机车头，每天需要二十一部，现在仅有十三部，平均每天还要修理两部。工具的缺乏，工程的破坏，使抚顺煤矿开了倒车。”

抚顺的规模与埋藏量，称得上煤都。但是抚顺本身却正像一个病人。这病人躺下不得，四万员工正依靠它为生。据总工程师谢子贞估计，以目前的生产情形论，只需要一万六千员工，但如果裁去两万四千人，连同眷属六七万人，那是一个极严重的社会问题。产量少，用人多，物价涨，煤价低，如此日积月累，抚顺煤矿的沉疴难望有起色……

阜新煤矿同样遭到浩劫：矿场备受肢解，地面设备完全破坏，机器拆毁达 50%，材料、零件等被运走 80%（据留用的日本人说，那足够两年之用），露天掘井被淹没，每天都在排水，水最多的地方据说要用一年以上才能抽完。接收人员最初的工作就是排水和修理残破的机器设备，但最大的问题是资料不足，日本人烧毁了卷宗档案，想找点参考资料都困难。即便如此，一位工程师还对采访的张高峰说："抗战期间在后方，一两吨的小矿都要顾及，结果白费力气，不出成绩。现在可以专心来开大矿了。只要有钱，安定，恢复到胜利前的产量，我保险一年内就可实现。"这位工程师的精神难能可贵，但他还是过于乐观了。

请看钱昌照一行走后，大公报刊发的东北专电：

东北重工业经资源委员会接办后，所余工厂由生产局处理。据闻该局已接收残破工厂七百余，尚待接收之小厂数目近二千，此种残破工厂恢复尤感困难，一面须赖重工业之推助，一面又与人民发生直接关系，故其复工步骤将视事实之需要慎重从事。今后计划将工厂分民营与官民合营，归生产局直辖者不过十分之一。

目前之战争使工矿大受影响，锦州年产一万五千吨之大纸厂缺乏木粕，报纸生产已告停顿。各煤矿均迫切急需炸药与木材，两个月后如无着落，生产将大量减产，若干矿井甚至停工。炸药一项当局已和美国签订合同，到达期尚不一定。木材一项日本甚多，在今日管制日本之政策下，犹如悬在空中之肉，看看而已。然以山林著名之东北，仅吉林东部一角铁路沿线，据确切调查，去年制好存材即有十三万多立方米，足以应对目前。战争结果，已使近在眼前之本国物品弃之于地，而叩头作揖求诸远隔万里之外国。尝谓中国地大物博，在今日已为讽刺之言。

东北水电资源甚多，一般仅知有小丰满与镜泊湖，实则沦陷期内，日人为节省火力，积极开发，确已查获四十五处，实行筑砌堤坝，蓄水发电后，全部发电量预期可达三百二十七万四千千瓦。内战断续以来，一切停顿，殊属可惜。

国货生产不足，洋货乘虚而入，东北工业前景越发黯淡。1946年11月，大公报沈阳专电：

美货充斥津沪，现已源源出关，国产成品无法抗衡。仅以皮革论，本地产品少，成本高，货色低，致使国产无人问津，商人争相订购外货，沈阳皮革业一筹莫展，日形不振。中美商约实行后，其他民族工业必遭同样命运。

看到渡重洋漂大海从美国来的五颜六色的东西，便想起墨迹未干而音讯断绝的中苏条约，那上面闪烁着许多问题。苏联拿了我们的机器我们反对，美国来的成品又威胁着我们残破工厂的开工，（拆卸）日本机器我们不知何时才能分到……工业凋敝，商业不振，连美国橘子带皮瓤也到了东北。

恶性循环的工业链条

东北经济举步维艰，影响所及远不止东北。

抗战胜利后，各地复员任务重，运力却不足，全国铁路都在闹车荒。浙赣线是连通沪宁地区与华中的交通动脉，只有 10 辆机车可用；平绥路打通后，平津地区的机车、车辆被调用，结果使唐山开滦的煤堆积如山，运不出去。南京政府命令开滦每月运 15 万吨煤到京沪解救煤荒，也因机车、车辆不足而搁浅；天津新港工程急需的石料，不过是从唐山与南口运到塘沽，短短百余公里，依然困难重重。至于一般商民托运的货物更不知积压了多少。1946 年 6 月全面内战爆发后，铁路承担了更加繁重的军运任务，车荒问题越发严重，却又始终无法解决。

交通是国家经济命脉，要解决运输问题，必须增加铁路的机车与车辆。于是，人们把目光投向了东北。东北制造铁路机车、车辆具有得天独厚的条件，有蕴藏丰富的煤矿，有大型钢铁公司，更有铁路机车车辆工厂。

抗战爆发以前，河北唐山古冶、辽宁沈阳皇姑屯和山东青岛四方，都有铁路机车厂，且有相当规模，但又都只能修理而不能制造。“七七事变”后，日本人在沈阳皇姑屯设立了“满洲车辆株式会社”，专门制造火车机车、车辆，附带修理。日本投降时，苏军占领该厂，曾加以保护利用，维持修车业务。待其撤退时，却搬走了75部重要设备，所余大部尚完整。1946年2月，国民政府经济部派人接收，10月，资源委员会接办，改名沈阳机车车辆公司，张高峰报道称之为“惨胜后我们在废墟中得到的一点工业基础”。

1945年冬，资源委员会在北平召集钢铁生产会议，讨论鞍钢生产计划时，认为成败系在运输，其中车辆不足又是运输中的最大困难，而增产车辆需要钢铁，钢铁生产又离不开煤炭，因此，车辆制造与钢铁、煤炭生产有着密切关联。这样一个工业链条，在东北体现得尤为明显和重要。

当年东北煤矿的情形如上节所述，钢铁生产又如何呢？张高峰采访了鞍钢。

鞍钢是当时我国最大的钢铁生产企业。1905年日俄战争后，战胜的日本人就成立了南满铁道株式会社，利用铁路掠夺我国东北资源，因为，仅鞍山附近地下埋藏的铁矿就足够他们开采百年之用。1916年，日本人又创设鞍山制钢所，隶属于满铁，成为其本土八幡以外的钢铁工业中心。第一次世界大战时，日本军工的大部分原料就是鞍钢提供的。“九一八事变”后，日本更在东北展开钢铁生产并进计划，1933年又在鞍山建立昭和制钢所，将原有的鞍山制钢所包括在内，分制铁与制钢两大部门，年产生铁195万吨，钢材133万吨。极盛时代有员工逾10万人，其中日本人几达半数。鞍山铁西区清一色日本建筑，有学校、运动场、游泳池，但从来不许中国人出入其间。厂内铁轨即达438公里，无异于一座钢铁的城市。鞍钢成了日本的兵工厂。张高峰报道称：

日本人在这座钢铁城里制造侵略他人的兵工原料。抗战八年，落在中国人头上的炸弹正是鞍山的钢铁。日本投降后，鞍钢被接收，但机械被苏军拆走了百分之八十。国共在鞍山激战，工厂再遭破坏，加之暴民趁火打劫，鞍钢已经是庐舍废墟，满目凄凉。资源委员会接收时，仅修理办公大楼就需要流通券五百万元，整个工厂的修复费则无从计算了。由于战乱，过去昭和制钢所每天有二十八列车来往运送抚顺煤炭，如今一天运一列都不可能。一九四六年鞍钢需煤约五十一万吨，但复工以来，每月运到鞍山的煤不到一万吨，如何生产大成问题，生产以后如何运出成品也是问题。大局不安定，在废墟上谈生产计划也可能变成废墟。

即使在这样困难的条件下，鞍钢还是复工了，钢铁产量逐步上升，到1946年底，月产已经超过6000吨，为铁路交通的恢复和运能的提高提供了不可缺少的原材料。

嗣后，张高峰又到沈阳机车车辆公司采访。这家公司当时有机车、车辆、锻铸、修配四大工厂，员工2000多人，其中日籍留用人员近百名。总经理刘史瓒，上海交通大学毕业，在美国密歇根与麻省两所大学研究院专修汽车制造，回国后曾随军服务，指导修配汽车与装甲车。总工程师孙竹生，系孙越崎之子，在美国普渡大学专攻机车制造，并在美国著名的奥尔达温机车厂当过工程师。制造机车最难的工作是设计，刘史瓒就请了这位青年才俊担任了总工程师。

内战开打，一方面，国民党政府的钱大多用于军事，答应拨付经济复员的资金成了空头支票，如画饼充饥；另一方面，小丰满输电线路被破坏，沈阳机车车辆公司的动力只能依赖抚顺供给，按计划每天需要2000千瓦，实际隔日才能供给600千瓦，生产常常因缺电而停滞。该公司生产的货车按设计应安装木边，因为北满的木料运不来，在吉林买好的木料又被征用去修筑工事，等待木料完工的货车只好重新拆卸改装钢边，如此事倍功半，成本还须增加。内战催涨了物价，也摧残了工业。

尽管如此，1946年9月，沈阳机车车辆公司仍传出了令人欣喜的消息：他们生产出了我国自造的第一部火车头。到年底生产了3辆，超出原计划的50%，亦可见当时的计划之低。但在工业落后的中国，过去铁路上所有的机车都是从外国购买的，如今实现自造，无异于破天荒的成就。否则，中国就要用煤、铁、食盐去向战败的日本换购机车，实在令我们这个战胜国有失体面。

沈阳机车车辆公司成为当时国内仅有的可以生产铁路机车、车辆的制造厂家，也只有这个公司能够解救国内的车荒。但是，令人匪夷所思的是，他们生产的机车、货车，主管运输的交通部却无意购买，只能停放在工厂里。这样一来，产品滞销，资金沉淀，公司周转不灵，无力实现再生产。同时，为该公司配制零件的30多家民营工厂也将面临停工，不仅机车、车辆不能再造，反而制造了一批失业工人。张高峰在题为《一条活路不走》的通讯中写道：

自己制造的机车车辆政府不买，却总说政府再三向联总请求拨给若干辆机车与货车，并且向美国订购，这真叫人糊涂。开滦煤矿对这件事看不过去，因为它的煤要运出来，所以开滦正准备向该公司订购机车三辆，货车百辆，全部价款约三百亿，这笔钱还得向政府去借，买妥以后再租给平津区铁路局使用。事情是这样的绕手，何如交通部买过来，再拨给平津区使用。

问题还不止此。该公司的机车现价每辆流通券五点二亿元，如果到美国去买，每辆要七亿至八亿元，两相对照，为什么不买自己的便宜货？

更重要的一点是，该公司的生产与东北的煤铁互有连带关系，成正比例增减。一辆机车的钢铁净重二百吨，铁架货车净重二十吨，以该公司现在的生产情形，每月需要鞍山钢铁公司的钢铁原料两千六百吨。现在鞍钢每月生产七千吨，机车车辆公司占去三分之一；鞍山钢铁又必须供销全国，因此要增加生产，增产又需要大量的煤，那么抚顺的煤也就不愁无出路，而且可以尽量生产。这样慢慢的做下去，东北的煤铁工业就可以复活了。

煤铁工业的发达是一切工业发达的先声。如果我们不买自己的机车与车辆，机车车辆由减产而停工，鞍山的钢铁减少三分之一的销路，抚顺的煤也只好存在矿上……我们有什么理由毁灭自己的工业？！东北给我们铺好一条自力更生的活路，我们为什么不走？！

对于东北工业链条的断裂与恶性循环，大公报记者走访东北行营经委会主任张嘉璈，答复却是闪烁其词：

东北经济不振，其原因可归纳为三点：对外关系尚欠完善；中共占领广大面积；五六十万国军吃穿由地方负担，因之中外资本均视东北为畏途，以至工商业呈疲惫状态。经委会工作之进行程序，先求恢复经济秩序，进而恢复经济机能，不能再使经济有波动。

东北经济建设不受军事政治影响，一切照旧推行。经委会今后工作方针为扶植一切生产事业使之恢复，使民间能陆续前来投资。据称：虽不能流血，亦必流血，此种先锋，定要遇到不少困难，但必须有人去做。

战争状态下，当局忙的是筹措军需、募补兵员、建造碉堡、构筑工事……哪里顾得上经济建设、企业生产？战争威胁一日不解除，社会局面一日不安定，经济建设无从着手，“恢复秩序、恢复机能”都是空话，“虽不能流血，亦必流血”才是真的。

这个冬天很难过

东北沦陷14年，回归祖国怀抱后，人民无不渴望安定生活。然而，内战接踵而来，老百姓的日子反而越发艰辛了。大公报东北专电中，时时披露相关信息。

先说征兵。抗战胜利之初，蒋介石曾经宣布当年停止征兵，但东北战事越打越大，征兵已不可避免，而且不止一次。开始征兵还有年龄限制，应征者为18岁至35岁的男子，后因征集不齐乃改征为抓，抓不齐又改抓为雇，而且不计年龄，甚至连伪满退伍兵也在征召之列。为了征兵，沈阳各车站对适龄壮丁不卖车票，行营还特别制定了联保十家连坐法，迫使各家相互担保，防止壮丁逃役。

1946年6月，大公报沈阳专电：

内战进行中，双方兵力均在东北增加，人民对于军粮与兵员之负担不堪其苦。据悉，四五六三个月东北军粮之配额约十九万大包，关外需负担六万大包。兵员补充第一期定额为六万人，沈阳限七月底

1946 年沈阳，旅客们拥挤在火车顶棚。

征募五千名，此数尚未征齐，又奉令增募一千五百名。因出具证明请求缓役者日多，目前尚未完成全额之半数。共方之军粮与兵员如何征募，数量若干，不得而知，但相信既在东北作战则可能出自东北。敌人压榨了十四年之东北人民，再经不起战争的负担，和平应该快到东北。

此间报纸披露，被抓去的壮丁还没学会搬枪械，便要他们打冲锋，一下子便被生擒活捉起来，问明是无色彩的庄稼汉，便又命令他们补上空额打回去，运气好的真可以七擒七纵，结果当然是一死了之。那些死魂灵假如知道他们是为“和平与民主”而死的，他们的一声长叹会把刚刚制成的“民主宪法”连根吹掉。

再说田赋征实。国民党政府的田赋征实，与日本统治东北时期实行的“出荷”制度如出一辙，直白地说就是向农民要粮食，对农村经济实施压榨。接收之初，政府曾宣布田赋豁免一年，东北农民原以为可以休养生息一下了。但好梦不长，很快又传来1946年征实命令，仅辽宁接收的38个残破不全的县，就要征实3000万石。然而，战时征兵、动乱，许多农民宁肯跑到城市去做难民，也不愿守在家里种地了。农村劳力不足，许多土地荒芜，哪里去收那么多粮食？一些农民更因为缴不上规定的田赋而被迫出卖土地，投机者大发其财。

东北被誉为中国的“粮仓”，正常年景粮食可供大量输出。但内战把东北割裂为国共分占的两部分，1946年，国统区主要农作物的产量按上年总量估算，大豆、水稻、谷子只及1945年的三成，玉米不到三成，高粱六成，小麦不及一成。而战争需要大批粮食，扩军征兵的同时，军粮供应有增无减，东北“粮仓”竟然发生粮食匮乏现象，当局不仅宣布禁运粮食入关，而且还须从关内调运粮食以补军需不足。为了适应南方士兵的饮食习惯，国民党辽宁省政府以“疮痍未复，匪患待平，节用即以赡军，赡军实为自救”为由，宣布禁止老百姓吃大米，各饭店、旅馆亦不得供应大米饭粥，所有粮商不得买卖大米，大米只供军需。

事实上，不用法令限制，即使是高粱米，贫苦百姓也无力购买了。由于战乱及交通问题无法输出，一方面不能调剂余缺，另一方面抬升了粮价，粮价上涨又带来稀缺的日用品涨价。在一片涨价声中，农产品的价格却一再被压低。1938 年时，东北农民用一斗大豆可换八尺棉布，到了 1946 年已不能换一尺了。如此恶性循环下去，东北老百姓只有死路一条。

老百姓吃饭已成问题，还要交付各种摊派。1946 年 7 月，沈阳开展“赈灾劳军运动”。大公报刊载一案例：某甲 16 户人家，摊派 1000 元赈灾戏票、400 元劳军戏票，每户分摊 88 元。沈阳全市共有 1197 甲，要收多少钱？ 10 月，报道东北某县某屯捐税一览，计：地方摊派每户每亩地每月 80 元；县预借金每户每亩地一次 50 元；供应交通警察两人每屯 6000 元；防空哨三人每屯 7200 元；屯村联络员两名薪饷每屯 4000 元；修建铁路、桥梁、碉堡每屯每次 7000 元；事务费每屯 1500 元；送壮丁费每屯平均 500 元。除此之外，还有无限制的征工和任意抓车等无法量化的负担，名目繁多，随用随摊，老百姓叫苦不迭。

抗战胜利才一年，与征兵、田赋、摊派等负担和吃饭问题比较起来，东北人民面临的最现实困难却是冬季取暖御寒的煤。如果说，粮食是价格高低的问题，那么，燃料则是东西有无的问题。由于煤矿惨遭破坏，生产严重萎缩，加之“军事第一”，1945 年冬，东北煤炭供应就开始紧张了。1946年刚进秋季，各地煤荒已经显现。有限的一点煤要“优先保供”，即使煤矿增产了，也因交通受阻而无法外运。读者投书大公报：

堂皇富丽的军党政机关办公场所，都有暖气设备，这笔用煤数量已够可观。学校、医院、公私工厂冬季供应吨数还要精密统计，机关用煤也有紧要与次要的分别。去冬民间赖有未被掠去的存煤自给，但才交春便发生了煤荒。木材、残破的器具、无法输出的豆饼都拿来代替燃料。而今冬不见得还有这些废物可利用。

运输工具缺乏，但沾“近水楼台”好处的特殊人们有车皮在手，煤也容易弄到。当局统制了，分配了，先不说统制办法和分配计划是否完善，监守自盗和押运走私已成风气。最可怜的是民间用煤，以高价从他们的手缝分到余润。据调查，鞍山的煤价每吨约三千元流通券，当局调节煤价每吨五千多，沈市黑价每吨则在七千元以上。

沈阳官民商厂用煤一向都仰仗抚顺煤矿供给。光复以来，交通不畅，铁路车辆极度缺乏，现在收复区域内能用车皮仅及伪满时代的十分之一，并且军事用车有绝对的优先权。因此，沈抚两地虽仅相离三百里，煤竟不能源源而来。因为要节省用煤，市府开放暖气也有一定时间。政府机关用煤如此困难，老百姓如何不问便知。十四年沦陷，罪孽竟未受完，善良的老百姓只有受折磨的份儿。煤荒如此严重，我们不相信没有解决办法，关键只在没有人想解决。

东北冬季严寒，尽人皆知，没有燃料根本无法生活。10月以后，大公报东北专电频频出现醒目标题和相关报道：

10-03　东北细雨连绵，煤荒严重，秋行冬令。永吉市府各机关之暖气设备悉遭破坏，有火炉设备者亦寥寥无几。小学校舍皆破坏不堪，或门窗俱无，或室徒四壁，一旦风雨侵入，皆有停学之虞。

10-11　东北同胞血泪语，作奴隶，当俘虏，充炮灰，十四年豆饼真吃够了。

10-20　行总东北分署长语记者，目前救济东北食粮尚无问题，最严重者为今冬之棉花与棉布短缺。盖敌人统制该项物资有年，东北人民每冬必冻馁交迫，今冬将尤甚。农民生活陷绝境。许多小孩穿不上裤子。

11-13　行总东北视察员赴长春四平抚顺所见，有房必破，无厂不空；战乱频仍，各地粮价逐涨；工厂设备破坏殆尽，到处工人失业，影响社会民生。

11-13　沈阳冬景：煤米之贵人民无法为生，可怜警察们还穿着夹衣，保长说十天有抢案七起。

11-28　东北今冬气候如秋末，救了多少烧不起煤的穷人。穷孩子摆摊擦鞋的一天比一天多，小手冻得通红。

11-29　沈阳飞雪，今日已达零下七度。街头人稀车少，到处结冰，东北人民受双重苦难的日子到了。

12-15　运输困难，长春无煤烧，现在零下二十五度，已有人冻死。冬煤如此困难，各报社每夜均棉衣重重，寒抖工作，呼吁运煤救济，否则有停工可能。

12-17　东北各地闹煤荒，实际是车皮荒，各矿存煤甚多，无法运出，且有自行燃烧之危险，甚至不敢再生产。

12-21　长春参议会代表招待记者谓，六十万市民有冻饿之虞，人民濒绝境；各校无煤将长期放假。抚顺煤矿负责人称，每夜抢煤者成群结队，警卫无法防止，矿方损失甚大。各地黑市煤充斥，行辕严查没收黑市出售物资调节委会分配之煤。沈阳市长董文琦等赴抚顺亲自押运。

12–25　安东收复后交通阻塞，数十万人口面临饥馑。闻全城食粮不够一周之用，市民饮卤水或悬梁自杀者已有数起。市长包景华常在街头被市民包围，持空袋向其购粮，包欲哭无泪，无以回答。众盼沈安路通车后，源源运粮救济，勿自扫门前雪，统制食粮出境。哀哉安东，将何以为生！

12–31　东北煤荒无法过冬，沈阳每日以牛车千辆向抚顺拉煤。长春住户不得不以燃烧大豆代替煤焦，其价廉于煤。

1946年末，张高峰走访行营物资调节委员会后，发专电给国统区冬季用煤算了一笔账：自9月至12月，东北各方需煤约115万吨，各矿只能供给55万吨，经物调委给予各矿资金与材料，可增产至95万吨。再要求各方节约，使总需要量减至98万吨，总体可望解决煤荒。不过，除去生产用煤，东北已经收复了的14个城市，9月至12月只能供给44万吨煤，平均每个城市4个月只能得到3万吨，以人口320万计算，平均每人4个月能得到275市斤，每月约合68市斤，只够一般民众做饭用煤，冬季取暖则成问题。而这14个城市的机关、工厂、学校用煤还未计算在内。所以物资调节委员会说：“我们只希望他们不至于断炊。”

再看吕德润笔下的长春景象：

农历“大雪”季节，长春立在凛冽朔风中，度着冰天雪地的日子。然而这还是冷的开始，要继续到明年三月。冷的最甚的日子在一月中旬，那时的气温下降至摄氏零下三十几度。

长春每年冬天最低需要三百万吨煤。根据官方发表，长春今冬可以获得煤的数量是十九万七千五百吨，军运部也说了“煤运等于军运”的话，参议会开会报告到煤数两千八百多吨，没有一块是打算分给老百姓的。

敌伪时代不论敌人如何暴戾，总能分配给长春老百姓煤。今年没有煤，大多数长春人每天都是躲在寒室中，冷得打哆嗦挨日子。采暖不充分，屋子里自来水管很容易冻裂，冻裂后水就永远不“自来”了。

有人在秋天就在过去日本人烧暖气遗弃的煤灰堆中拾煤渣，掺上黄土，无论火力如何微弱，到底比不生火强些。有些“暴民”拆毁敌伪空闲房屋，许多空着的大楼和洋房，门窗先被拆掉，然后及于门框、窗框、天棚、地板。这些拆尽了后，再逐次拆毁板壁、梁柱，最后连房子也没有了。

前两天又下了一场大雪，气温已降至摄氏零下二十七度，依然不见有多少煤烟飘茫在天空里。二十几天后，一定会有许多冻死或因冻而病死的人出现。

长春这个名字是多么蕴有无限的温意啊，然而，今天长春的老百姓们却都立在冰天雪地里，度着酷寒的苦难日子！当局须知道：冷僵了长春人民的心时，你们就会失掉了这颗宝贵的人心。

从欢欣到伤心

1946年“双十节”前夕，恰逢国民党出关接收一周年。吕德润写了一篇回顾报道，大公报作标题《泪眼看东北：去年今夕处处燃起狂欢之火，今年今日人人偷弹凄楚之泪》，文中写道：

去年今日自北平抵长春，而今时隔一年，如一场多变之梦，往事历历，如映目前。连日翻阅一年旧报，如读剧本，啼笑皆非。

一年多变。去年十一月初军队登陆营口未成，十五日打出山海关，是为国共冲突之始。而今全国烽火，东北战事又露新象。此漫长之黑夜，不知何日渡过。

去年今日，记者行至街上，即被民众包围，群声欢呼“祖国万岁”，视内地来人为英雄，狂呼声中，人多落泪。一老百姓踉跄挽住记者，且哭且说：“我们十四年没见了！”其表情视记者为其子侄。而今事隔仅一年，他们期待十四年之祖国又将如何？“内地造”的原子弹、超级空中堡垒彼等未见，但炸弹他们却尝到了！十四年他们诅咒日本专制压迫，而今祖国两派内争不已，其痛苦与过去何异？

去年今日，东北物价，以长春为例，大米每斤六元，猪肉十八元，食盐三元，棉花三十六元，白糖六元。而今物价，以沈阳为例，大米八十元，猪肉百元，食盐十五元，棉花一百三十五元。十四年币制仅伪满中行票，而今红军票余波未了，政府区有流通券，中共区有流通券，各不往来。在东北可持各地通行之钞票，仍是大日本帝国内阁印刷局印的伪满票。

一年间的大事之一，是遣送了日本人。去年日本投降时，人民见到日本人便打，今日日人堂皇而去，我政府对日本政策始终默默无言，东北人民心中又作何感想？

十四年中，人民痛恨日本征兵，粮食外运。而今国共双方均积极抽壮丁，田赋征实。但是他们究竟是回到祖国来了，多坏总是一家人。他们爱之深，恨之切。他们的声音，在刀枪下是微弱的，但是他们期待祖国统一团结的心却不低。他们十四年没有娘的日子不好过，今日母子见面后，不应是枪炮。东北地在边缘，他们已尝到外患苦果，他们怕再成了没有娘的孩子。

东北接收一年，东北人民经历了从最初的欢欣、期盼到后来的迷茫、混乱，直至麻木、沉默。他们已经伤透了心。

抗战胜利之初，许多到东北的接收大员对被日本人奴役了14年的东北同胞并无同情、体恤之心，而是以“征服者”自居，对“被接收者”摆出颐指气使的架势，连他们的随从都敢对东北百姓吹胡子瞪眼。“南边来的人”在各种待遇上也是一律从优，甚至开会都要分先后。由此产生的与东北人的隔阂，成为当时东北普遍存在的现象，不仅助长了官场腐败，而且成为日后影响时局的大问题。

首先是贪污腐化，营私舞弊。以沈阳的房子问题为例，日本人走了，留下的房产约有 3 万栋。而从关内来的接收大员及眷属，无论如何也不会比被遣送的日本侨民多，但由于他们和军队的强占、强拆，甚至转手倒卖，从中渔利，沈阳照样闹起了严重的房荒。1946 年 7 月，张高峰沈阳专电：

东北敌伪房地产之争夺胜过平津，笔杆敌不过枪杆，锄头又打不过笔杆，总归老百姓倒霉。日本人的房子更不必说，早就挂上了某某公馆的小木牌。交通银行来人，原来的行址被占，应接收的敌产也被占，唯一的办法是交涉请让。国立沈阳博物馆被占，教育部特派员办公处挤在安东省办事处一起。房地产管理局局长说，房子有的是，你能撵他们搬家就行！谁倒霉谁当这个差事！

房子问题只是“五子登科”一角，其他弊案更多。1946 年 8 月，南京政府派出以钱公来为团长的清查团，到东北查处营私舞弊行为。第一个被检举法办的就是营口市长及警察局长贪污违法案。吕德润报道：

清查团历时五十日，到了长春、沈阳、永吉、抚顺、营口、锦州等地，接到了二百五十多封告密信，纠举了一些案子。在他们临行的前一天，我遇到钱公来诸先生，这些东北人心中的“御史”，临走发表了书面谈话，第一条便是东北特殊，缺乏原始清册。我问他，各地清查都有打老虎与打苍蝇之分，你们呢？钱老先生严肃的说，无所谓老虎与苍蝇，苍蝇不打，比老虎为害也不小。有人批评这几位不懂行政奥妙不谙官场文章的好好先生，有些地方他们查不了，即便查到的也没刺中要害，大事化小，小罪会化无的。清查团说：老百姓拿眼泪给我们看，我们也拿眼泪给他们看！现在也只好大家流流眼泪吧！

钱公来们流泪，自有其苦衷。仅清查中发现接收没有原始清册这一条，就使他们对账目无从查起；而一旦查出，又多是大案。从粮食部特派员梁敬镦，到辽宁省党部主委石坚，从善后分署沈阳办事处长王树森，到吉林省粮政局长林斯贤，涉案金额动辄数千万甚至上亿元流通券，但又大多有头无尾，或一拖再拖，或讳莫如深，或不了了之，没有一件案情大白。财政部特派员张果为因渎职被查处，却依然敢用公款装饰其公馆，被当地报纸将其购物地点、品名、数量一一公布出来，南京方面才不得不将其解职。善后分署长刘广沛等被人控告贪污，刘等反守为攻，要求法院要原告取保，“以免诬告脱逃”。长官部军法处长李阴春奉令接收沈阳监狱和附属工厂，擅自出卖工厂物品，中饱私囊，杜聿明震怒，下令撤职严办……清查团查处了多少“老虎”“苍蝇”，人们说不清楚，但许多人知道，“虱子多了不咬”，营私舞弊已不再是新闻，查处贪官污吏也引不起人们的兴趣了。

其次是军纪混乱，鱼肉百姓。国民党军初到东北时，也曾受到百姓欢迎，连东北的女孩子都以嫁给国军为荣，甚至一度在沈阳闹起军人结婚狂潮，街头每天都有军人迎娶新娘的队伍，吉普车护送，军乐队演奏，士兵在饭店门前值岗，煞是威风。但随着趾高气扬的接收大员们的到来，军人也逐渐变成了“征服者”。

接收大员们可以“五子登科”，军人们就敢违法乱纪。占宽敞房子，藏日本女人，一点不比接收大员们逊色；横行街市、滋事扰民更是家常便饭。沈阳街头常见军人随意拦车叫停，不仅不买票，而且连执勤的宪兵都打了。有三轮车夫请人在车背挡板上写对联道“坐车有礼真君子，下车给钱大丈夫”，不禁令人想到当年同样蛮横无理的日本兵。某日，有沈阳宪兵团士兵违反禁令到舞厅跳舞，又与纠察队发生斗殴，闹得满城风雨。张高峰发了一条40多字的专电，见报后，宪兵团认为这是给他们难堪，竟派人来传讯，被张高峰拒绝了：“我的报道是真实的。如果你们认为不实，可以写信来，我转大公报照登。”① 来人走后，张高峰向东北行营反映，希望他们管一管军纪问题。

军纪问题闹得老百姓怨声载道，当局不能不管了。1946年7月，杜聿明组织了军事视察团，分三组到各地整饬军纪。张高峰专电报道：

东北整饬军纪刻已开始。长官部参谋长赵家骧周来率高级官员在沈视察七十余单位，查获违犯军纪擅设留守机关、强占房屋商货、隐匿物资等百余案，犯人二百余名，当即用卡车解长官部审讯。赵氏语记者：我军接收东北各地，因作战关系，难免与民间起小纠纷。本部有力量收复国土，亦有力量整饬军纪。

然而，当局整饬军纪收效甚微。特别是那些从战场上下来的伤残军人和散兵游勇，常常在街头寻衅滋事。1946年12月，沈阳各电影院因不堪滋扰，全体罢市，并到长官部请愿，得到保证后才恢复营业。张高峰再发专电：

---

① 有趣的是，十年后的1956年某日，有执公函者到北京大公报找到张高峰，调查此事经过。张高峰才知道那个传讯他的宪兵被捕了，还交代了当年传讯记者的事。

沈阳各电影院因被打被辱，四日全体罢业。公共汽车女售票员亦时常被辱，私有大车随时被抓。此间军事当局对军纪问题已普遍注意，长官部派员至各区公所，召集人民代表听取整肃军纪意见。赵家骧兼沈阳警备司令五日赴各伤兵医院训话，严查各部队驻沈办事处是否撤销。警备部并通令各部队不得擅征大车。

东北接收一年，老百姓伤透了心。大公报刊发读者投书说："在敌伪统治下生活了14年，又经一年来战争的东北，已经进入麻痹状态了。人们对于未来局势看不到一丝曙光，谁也不敢预测，谁也没有信心。在街上遇到的人，面上表情都是凄凉而又冷漠，丝毫没有胜利之初的欢欣。"他们甚至没有那些等待遣送的日本侨民乐观——战败者们有时还能纵情欢乐一下呢。

光复、胜利，对于在敌伪高压下生活了14年的东北同胞，依然是苦难、艰辛，没有热爱，也没有温暖，只有冰在心里，冷在面上，也冷在1946年一个个的纪念日里。请看大公报专电：

07-07　沈阳首次纪念"七七"，记者巡视街头，中山大路上有"反对分裂，反对割据"布标语一张，国旗不多，偶然被市民发现，互问"这是什么日子？"市府门前广场曾举行纪念仪式，各影剧院停止娱乐，追悼死难同胞。然随处有悠扬之华尔兹音乐送进入耳。午后天气骤变，雷雨交加。

09-18　今日"九一八"，沈阳风沙漫天，气候骤变，行人多着棉衣，穷人苦力则萎缩巷角避寒，松花江名曲至今仍是流浪逃亡同胞的写照。今天是东北同胞雪尽耻辱的日子，街头上没有人家挂国旗，只是比往年少了日本兵。这日子被人们忘记了。

10-06　昨日为农历重九节，沈市悄然度过。连日风风雨雨，昨日阴晴不定，白天市民无心登高，更无心远眺烽火。入夜全市无电，一片黑暗。人们面对微弱烛光，商讨御寒之计。

10-10　双十节的沈阳，天虽明朗，而风沙颇大，树木摇摆，落叶飘零。各机关门前均搭着双十字架，并贴有庆祝标语。早晨学校机关及民众成群结队从每个十字架走过，涌向市府广场集合。杜聿明致词，军队国家化及政治民主化，并谓人民之痛苦系由国家不安定而致，故须剿匪安民。民众在处处双十牌楼下穿梭而过，似象征中国人民今日背着双重十字架，度着这漫长的日子。

东北飘雪的时候

1946 年 11 月 16 日，是国民党军出关一周年的日子。张高峰走访了东北行营参谋长赵家骧，请他谈谈出关前后的感想。

赵氏答称：奉命出关前，默察国内种种阻力之发展，心情异常沉重。迨出关后，又觉这种阻力都是违背了人民的意志。记者再问对此一年中之战争有何感想。赵氏答：不得已而应战，实感无限沉痛。记者又问：先生在东北为人民服务一年，一般感想如何？赵氏答：东北沦亡十四年，初以为城廓犹是，人民已非，一切都必变成异国情调。但经过这一年细心体察，深知东北父老对于国家的观念仍然是那么浓厚，对于政府的协助仍然是那么热烈，实使我衷心崇敬。

赵家骧显然高估了东北人民对国民党政府的信赖与感情。因为，此前不久，吕德润和张高峰的东北专电还曾报道说：

饱受了十四年敌伪摧残的东北经不起折腾的了，偏偏胜利又给他们带来了厄运，兵荒马乱，民不聊生，而最大的苦痛却是精神上的威胁。年轻的东北人说："日本把我们当奴隶，苏联把我们作俘虏，接收人员又说我们是奴化份子，我们到底算不算是中国人呢？"一位老太太说："鬼子管了我们十四年，我们吃不着大米，吃不着好的高粱米，天天吃豆饼。现在光复了，一切可以随便买卖了，无奈价钱太贵买不起，唉！我们的命真够苦！"

东北这块大地上曾有过多少悲伤感叹的往事，现在依然兵连祸结，争城夺地。老百姓百分之八十是农民，他们虽然自去年获得了"解放"，但同时也增加了不少新的负担与恐怖。现在的东北乡村充满了战时的紧张气氛，检查关卡到处都是，东一个工事，西一个堡垒，老百姓不带身份证书便一步难行。各方面的口号虽然喊得很高，什么"民主""人民""群众"，但现实所表现的都是老百姓不值钱。过去狐假虎威的伪军，现在摇身一变仍然横行无忌。老百姓说：胜利是他们的。伪满时代受他们的气，现在还在受他们的气。还有的说："要我们再像日本降伏以后盼爹娘似的盼好日子，那是不可能了。"

12月，东北进入了寒冷的严冬。某日，沈阳飞雪，四处结冰，街头车少人稀，张高峰在办事处望着窗外飘落的雪花，偶尔抬头看看墙上挂着的东北九省地图，回想自己到东北半年的所见所闻，感到1946年的东北很不平凡，于是写下了《东北飘雪的时候》这样一个标题。通讯开篇分析战局：

胜利之初，东北已是残破的江山，再经过自己的冲杀，更显得残破了。

东北连热河在内总面积约一百二十四万平方公里，经国军收复的至多三分之一；东北共有一百六十三县，经国军收复者约七十四县，将及二分之一。虽然收复的面积不大，却包括了东北工商业的精华。正因为对精华的争夺，所以双方都付出极大的人血代价。这是事实。

今年五月十九日国军克复四平街以后，评价此役的战果是“打破共军的口袋战术”，而且“溃不成军”。可是中共说，为保存实力才将主力北撤。但我们知道的是，四平街之战双方死亡之惨，人民逃亡之多，足比得过抗战时候的随枣或南昌之役。如果依中共的说法，将来有一天把主力拿出来一拼，东北岂不是要有比四平街更惨更凶的战斗？我们感到可怕。

依我这个不懂得军事又不知道双方军事秘密的人来看，中共在东北的军事一时不易占到上风，因为他们的装备的确是比不上国军。所以他们要争取战略上的胜利，只有巧妙地运用游击与破坏交通的战术。可是国军是否将来可以一举击溃中共军队呢？我以为也并不太容易。因为中共的军队并不是几天所养大，尤其是它的旧干部①。

这里就报上所载与政府公布过的，把双方的兵力比较一下。国军在热河有十三军、七十一军，在东北各地有新一军、五十二军、六十军、新六军和已经调防的五十三军。每军战斗兵最多以三万人计算，不过二十一万人，再加上临时调配的通信兵、辎重兵、战车兵等，最多也不过二十五万人（地方团队及各师管区部队为数亦可观，但未计算在内）。中共在东北的部队统辖民主联军林彪之麾下，根据政府估计，其兵力约有五十四万余人。如果这些数字都正确，那么共军

① 旧干部指从延安调来的中共东北局负责人。

兵力超过国军正式部队一倍，国军之火力又可超过共军一倍，如此一加一减，正是有时候双方棋逢对手、锣鼓相当，打得热闹的原因。

东北今冬是否要有一次恶斗？我们看国军占领的面积是扩大了，点线也拉长了；中共军队的棉服还不够齐全，而且零下二十五度的气候，不是作战的天时。除非政局有更特殊的变化，或某一方在战略上有更迫切的需要，今冬东北也许只有打两枪放三炮的零星冲突，大规模的战斗开春再见了。

大战没有，小战不断，而且不止军事斗争。张高峰继而写到“经济封锁”：

东北在国内是个特殊的地方，行政组织、财政系统以及币值情形，都是为了配合现实的需要，另设机构与制度，再加上军事时期，所以东北任何一个问题都有牵连、有利害，因之常常定出一个办法，目的是好的，结果反倒坏了。

就“统制”来说，东北有食粮统制，为的是不使粮价暴涨；棉纱棉布也要统制，为的是怕流入共区。东北到处有关卡、检查站，弄得商人寸步难行，应该检查的被查扣，不应该查扣的也要为难，如此做生意极其危险，弄不好就给你一网打尽，倾家荡产，东北的商人个个感到统制与检查的威胁。而且奉令统制的地区只管自己不问人家，自己的粮食统制得严密，别人却闹着粮荒或粮价上涨，甲乙两邻县的粮价有时悬殊很大，这就是统制自己封锁别人的结果。统制棉纱也演成坏的结果。中纺东北分公司在四乡购到的棉花不能顺利运到各厂，轧花厂因为原料缺乏多告停工，沈阳二百余家民营的纺纱厂也不能开工。统制最大的弊端是从中渔利的人太多，其次是把统制看成封锁禁运，反使工商业凋疲，大家喘不上气来。

一个月以来，沈阳又闹着物资冻结与解冻的问题。沈阳接收后，有大批敌伪物资流入民间与民营工厂，当局为了防范盗卖与私人隐匿，到处查封听候处理，极收效果。但是，沈阳民营的纺织业、染织业、针织业、铁店业、五金业都因为物资之被冻结，工作陷于停顿，工人失业了。铁西区就有民营工厂三百二十九家因其原料与敌伪物资有关而被查封，请求当局设法解冻，使各厂复工。各业公会也联名请求放宽冻结尺度，解除商困。半个月以前，沈阳各报也都替民营工厂呼吁，希望早日解冻，并且指出，有许多物资是被埋藏在地下，如果一直冻结下去，必在地里腐烂，这对国家将是莫大的损失。冻结该不是毁灭。

令人忧虑的还有教育问题。东北接收以来，各地最感困难的就是教育复员。考虑到日本人在东北统治14年，推行奴化教育，毁灭民族文化，东北复员最需要的首先也应该是教育，然而，偏偏很少有人注意这个问题。张高峰的报道即以“糟蹋孩子”为题：

几个国立学院闹钱不够，房子少，东北大学复员到现在九个月了，还不能开学。前些日子闹一次风潮，学生要赶校长。中小学越发可怜，最大的问题也是没有房子，缺少经费。沈阳和平区几乎是富人与机关的驻区，有十二万人口，只有一所小学，只能容纳一千五百人。许多人家的孩子进不了学校，骂教育局为什么不多设几所学校。可是教育局没有办法弄到房子。沈阳的失学儿童在六万人以上，这些孩子们每天干些甚么呢？住在城区的摆货摊，住在车站附近的天天去偷煤。水果、食盐运来了也想尽办法去偷，甚至明抢。街头与车站就是这下一代的学校，偷与抢是他们的教育课程。这样下去，似乎将注定了中华民族一代不如一代。

在战乱的时候，尤其是目前的内战，许多纯正的青年被夹在缝里，前进无路，后退不得。东北正在飘着雪，雪地里流浪着青年，他们的命运正像雪花，谁救救那薄命的孩子？

通讯最后写道东北的人心上冻，归纳了四点原因：一是民生不安，社会秩序甚至不如伪满时代；二是负担过重，有时还超过伪满时代；三是自由到了东北，混乱也跟着来了；四是一年来不办汉奸，忠奸不分。结果使眼巴巴盼了14年的东北人民大失所望。张高峰写道：

庆祝热烈的胜利不久，东北的人心就上了冻。现在东北已经到零下二十度的严冬，人心冻得更结实了。时代还在动乱，不如人意者常十有八九,一切罪过可以推给“战乱”身上。但一位东北籍的官员说：“最叫东北人寒心的是不以平等相视。一般只要是从南边来的，就有一种征服东北人的心理，一切要占上风，甚至待遇享受上都不平等。所以有人说东北二次沦陷了。”

这话叫人听来痛心极了。难道东北不是中国的版图，东北人不是黄帝子孙，何必“征服”？我以为他用这两个字太尖刻了，他说：“你不相信吗？过去东北人不太团结，也从来不排外，现在他们懂得排外了，这是为什么？”因为我也是南边来的，含糊的被他痛骂了一顿。我有些不解，又怕谈多了动了他的火气，还是不往下谈好。我两只脚托着沉重的心向他告辞，走出门来，街头积雪未化，寒风刺骨，大豆香的时候已经过去，现在又是一年的尽头。一切要等待明年了，东北今后还有更艰苦的寒冬。

第三章　黑土地面面观

1947年开年，国内的重大新闻先是美国特使马歇尔结束使命回国，继而美国政府宣布“终止其对（中国）三人小组和军调部之关系”，并命令美方人员尽速撤退。随之南京政府宣布，解散军事三人小组和北平军调部。中共驻北平军调部的全部人员陆续撤回延安。

事实上，早在1946年秋，马歇尔就已经承认军调失败，各地军调小组名存实亡。10月，热河全面开战。12月以后，东北军调小组已经无所事事，大公报长春专电称：“此间气温达零下二十五度，一切都冻结了。政治气候好像更冷，军调分部之工作也随气候而冻结，小组迄今无恢复消息，大家悠哉。”

军调既已失败，国民党率先打破了东北将近半年的小规模冲突局面，于1946年12月挑起战端——杜聿明集中优势兵力对临江、通化地区发动攻势，企图首先围歼南满民主联军于长白山区，而后回兵北上，完成其“南攻北守，先南后北”的战略计划。中共方面针锋相对，采取“坚持南满、巩固北满”的方针，一方面由北满三次挥兵南渡松花江，紧逼长春、吉林，迫使国民党军北顾；另一方面在南满四次击败进攻临江地区的国民党军。此即1947年1月开始、3月结束的民主联军“三下江南四保临江”战役。

战乱必然带来多方面的破坏，经济建设、人民生活受到严重影响，国民党东北当局顾此失彼，焦头烂额，却依然在一片混乱中低效率运行……1947年的春天，已经预示了他们未来的命运。

中共代表二三事

1946年4月到1947年1月，军调小组在东北10个月，大公报记者与国共双方代表频繁交往。内战全面爆发后，虽然没有了到解放区采访的机会，但军调小组的中共代表仍驻在沈阳、长春，大公报记者对中共的报道也没有停止。

1946年8月，李立三撤回哈尔滨，军调部在长春、沈阳的中共首席代表分别为伍修权、李初梨。① 他们与大公报记者相互视为朋友，彼此合作愉快。中共代表提供的信息，也往往成为大公报记者的报道内容。

例如，1946年8月21日，大公报沈阳专电："中共日前在哈尔滨举行各省代表联席会议，通过成立东北各省市行政联合办事处，与各省市政府是职别上阶级之关系，下设九个委员会及少数民族委员

① 伍修权（1908—1997），参加过长征的红军将领，曾任八路军兰州办事处处长、东北民主联军参谋长，中华人民共和国中联部副部长、解放军副总参谋长。

李初梨（1900—1994），1928年入党的资深革命家，20世纪20年代著名左翼作家。

会，委员任期一年……”10月14日，长春专电：“东北中共通过省县等组织条例，各级政府均以民主集中制机构力求精简为原则。省府由人民代表会选举府委及正副主席，组成行政委员会，向人民代表会负责……”都是来自中共代表的信息。11月18日，大公报沈阳专电：

最近中共解放日报社论“论战局”说：“今后战局蒋军由战略攻势转为战略守势，解放区军民由战略守势转为战略反攻的重大转变时已经不远了。……四个月的经验告诉我们，必须根本铲除对于蒋美的一切和平幻想，以决死斗争的精神来奋斗。没有决死斗争的精神，随便放弃岗位、悲观、失望、互相埋怨，这是敌人所希望的。”可是，在这目前存在的内战中，中共领导的军队是否能坚持下去，直到取得胜利？该社论说：“政府军事上有致命的弱点，就是军心厌战与兵力不足。……根据四个月的经验，我们十分肯定地回答，完全可以坚持并且可以胜利，是因为中国人民有了自己的军队，有了广大的解放区，而且学会了运动战与游击战争。只要我们有宁死不投降的精神，胜利就有把握。我们的敌人乃是思想上的腐化、惧怕敌人、和平幻想、退却逃跑、个人打算、小团体主义、没有警惕性、不守纪律等。应该与这些敌人坚决奋斗，争取反攻的来到。今后几个月眼看着是中国历史上有决定意义的几个月了。”

在国民党统治区这样公开宣传共产党的动态和言论，大公报记者敢写，编辑部照登，也算“独树一帜”了。1947年1月2日，张高峰在中共中央东北局机关报上看到一条关于中共纠正土改中工作错误的报道，摘发了一条专电：

东北中共地区普遍展开煮熟“夹生饭”运动，哈埠东北日报以此为头条，号召各部注意。缘中共最近各地检查群众工作，发现了极严重的坏现象，他们把工作坏的地区称之为“半生不熟”或“夹生饭”，其共同点为：一、地主恶霸的威风没有打倒，他们仍与农会有联系。二、分地斗争中没有真正发动群众，结果多不合理。三、没有真正正派的劳而又苦的人当积极分子，一群假积极分子不能代表穷人利益。四、群众武装是形式的建立，还没有专心以武装来保卫胜利的果实，因此造成群众间的互相恐怖或不信任。现在，中共对此“夹生饭”地区喊出一个口号：“坏蛋充积极，分地不合理，深入了解后，从头再做起。”

张高峰后来说，我发这条专电，是因为中共纠正土改工作中的错误，对于发动贫苦农民“保卫斗争果实”，积极参加反对国民党的战争，不仅有非常现实的考虑，更有巩固政权的长远谋略。而国民党却根本不曾注意这个问题。

1946 年夏，经过双方谈判，中共方面释放了长春之战被俘的国民党政府人员。被释放的东北行营经委会专员钱瑶章回到沈阳，张高峰随即作了采访，在发回的专电中，特意写了钱氏介绍中共解放区的情况：

……钱氏并谓，在拘禁期间甚感中共方面力量之集中，组织之严密，其新闻纸以教科书方式供给民间。东北共军以乡村控制城市，北满一带分地运动已告段落，乡村普遍成立农会及自卫队，为下层实际政权。上层政治机构为东北各省市人民代表联席会议，其人选按“三三制”分配，即中共代表占三分之一。

这些信息对于国统区的读者都是新闻，读者也愿意了解，大公报记者做了报道，体现了与其他报馆记者的不同视角与立场。其实，这也是国民党应该关注的，但那时的当局已经顾不上考虑这些了。换言之，如果他们懂得关注这些，也不致最后输得那么快，那么惨。

在日常交往中，中共代表也时常对记者们进行宣传。东北行营专门负责接待军调小组和记者的施应霆先生回忆说：

在一次对几个新闻记者的非正式谈话中，中共代表发表了他们对时局的看法，从战略形势等八个方面预言，东北地区不战则已，一旦打起来，共军必胜，国军必败。分析认为，从战略形势上讲，东北大部分地区已牢牢控制在中共手中，国方只控制了几个点和从山海关到长春的铁道线，而且随时都有被共方切断的可能。国方只拥有有限的点和线，中共却据有广大的面；地理条件方面，中共占领了有利位置，拥有物产丰饶、幅员辽阔的广大地区，易守难攻；后勤补给上，中共可以就地取材，国方要从关内大量调度，难度相当大；而兵源补充方面，中共因控制了东北大部分地区而取之不尽，国方则战死一个少一个；武器装备上是同样的道理，中共可以就地补充，国方需要关内调运；从双方士气上讲，共军明显胜过国军；军队内部的团结方面就更不用说了，国方派系很多，有中央军、地方军，有正规军，也有杂牌军；而战争的决定性因素——民心向背的情况是，中共为东北解放区百姓斗土豪、分田地，深得百姓拥护，国方由于政令不行，苛捐杂税众多，贪污腐化现象层出不穷，因此令广大人民失望。总之，东北地区军事上中共占有绝对优势，战争不发生则已，一旦打起来，用不了多久，国方就会失败。

1948年初，国民党东北保安司令部参谋长赵家骧[①]说，东北不行了，大势已去，中共想要拿哪里就拿哪里，国方毫无办法。年底辽沈战役结束，东北全境解放，证实了中共代表的分析。

1946年冬，从事工商界和上层妇女统战工作的著名民主人士、中共地下党员罗叔章[②]从南京下关事件中脱险，秘密到达沈阳，准备经长春去哈尔滨。新华社记者沈丹枫找到张高峰，请他设法安排她们假扮亲属安全过关。沈丹枫的丈夫王坪，时任哈尔滨东北日报记者、中共党员，与张高峰曾同为范长江领导的国际新闻社社员、记者，抗战时期就是朋友。因此，对张高峰来说，这个忙肯定要帮。当时，国民党当局对北上人员控制严密，罗叔章这样的人物很难顺利通行。张高峰便把东北保安司令部颁发的记者特别通行证给了她们，待安全渡过松花江后再寄还给他。张高峰后来坦承："老实说，当时我并不懂得什么革命，但我知道，做事要够朋友。"

1947年1月，民主联军渡过松花江南下出击，迫近长春，威胁沈阳。战事紧张时，张高峰与李初梨聊天，想听听他对战局的分析。李初梨没有对当前战事作过多评论，只说民主联军南下是因为国民党军攻打南满。但他说，从长远看，国民党军要攻打哈尔滨并非易事。理由是，他们在东北的兵力根本不足，且又分散。如果进攻哈尔滨，必然顾此失彼。他说："你看，国军总是沿着中长路调来调去，铁路上就那么400多辆车皮，多半都变成了运兵车。沈阳、长春、锦州也

① 赵家骧（1910—1958），1955年任金门防卫司令部副司令，1958年解放军炮击金门时阵亡。

② 罗叔章（1898—1992），中华人民共和国成立后曾任全国人大常委会副秘书长，劳动部副部长，轻工业部副部长，全国工商联第六届执委会名誉副主席。

总是扣着一批车皮，随时准备调兵。东北各地闹煤荒，而抚顺煤矿堆积得要起火，都是因为火车被征去运兵了。”

说到中长路，又谈到中苏条约和大连问题，他说：“条约上规定，中长路是不能运兵的，既然国民党违约运兵，我们也可以利用中长路运兵。条约上规定大连是商港，所以苏联不赞成政府开起军队去接收。大连市内没有共军，苏联愿意中央政府去接收。”他前面所说是实情，但最后一句，显然是官话了。

张高峰问：“军调陷于停顿，今后是否还能发挥作用？”

李初梨说：“军调部的原则就是三方一致。有一方不遵守就不能发挥作用。现在我们根本没有事做，可谓饱食终日，无所用心了。”

“但国共问题总要设法解决，你看如何打开目前的僵局？”

“依照周恩来所提的两个原则，先恢复政协会议。中共决不会承认国大与‘五五宪法’，[①]改组政府也是骗人的，应该先把它们搁置，尽快举行和谈，把停战谈妥了，再说别的。”

“马歇尔不是也说‘五五宪法’相当民主了吗？中共是不是只反对产生这部宪法的形式，而对其内容尚感满意呢？”

“我们都反对。漂亮话不兑现是没用的。”

“如果停战是和谈的前提，你认为现在的问题是什么？”

“国民党的诚意。”李初梨肯定地说，“我们和国民党周旋20年了，不能永远上当。否则便是傻子。”

“你认为这个诚意是决定于国民党全体呢，还是少数人？”

“决定于一个人！”显然，他指的是蒋介石。

---

① 1946年11月15日至12月25日，国民党排除中共、民盟等党派，一党包办召开了“中华民国国民大会”，制定了《中华民国宪法》。该《宪法》源自1936年5月5日国民政府公布的《中华民国宪法草案》，故名“五五宪法”。

对于马歇尔所说的“共党内之自由分子”，他说：“假如自由分子的定义是马帅所说的‘争取民主与和平的人士’，那么，所有共产党员都是自由分子。”同时，他也承认国民党有开明的民主分子，中共愿与他们共谋中国和平。他特别提到了张治中将军。

聊天中，李初梨还讲了解放区的清算斗争、农民翻身和土改运动如何好，同时也认为，中国要发展工业，必须经过资本主义阶段。赞成不妨碍主权的外国投资，反对官僚资本垄断和美国最近的经济侵略，等等。

这番海阔天空的聊天，使张高峰对中共的许多见解有了更多的了解，影响了他对国共之争的认识和立场。此后，北平军调部解散，东北小组的中共代表也撤回哈尔滨了。大公报记者所发东北军调小组最后动态的专电是：

美国宣布解除军调部关系后，此间早无调处工作之分部，虽尚未奉到命令，但已作归计。闻国美两方将先撤至北平，共方则撤往哈埠。各报记者今晨纷询三方代表，各代表对此事均无谈话兴趣。分部借用不久之伪满国务院大楼又将空空，取而代之者将仍为军用，行人再过楼前何其感叹。

有意思的是，1949 年 1 月，解放军包围了北平。某日，曾经在东北与张高峰共同采访的新华社记者刘白羽化装进城，特意到大公报北平办事处。他对张高峰说：沈阳解放时，我曾到你的办公室去看你，不想你早就进关了。张高峰开玩笑说：我是提前到北平来迎接你们的。

三下江南 四保临江

军调部尚未“关张”，东北战场却已经开打，而且是国共双方在南北两线同时作战。

战事初起于1946年12月。杜聿明调集国民党军六个师的兵力，对临江、通化地区的南满民主联军发动攻势。林彪采取“围城打援”的战法，南打北拉、北打南拉，南北配合，北满民主联军三下江南，南满民主联军四保临江，粉碎了杜聿明“南攻北守，先南后北”的战略计划。

1947年1月6日，北满民主联军第一次渡过松花江南下作战。冬季的松花江冰层坚厚，谁也没想到，民主联军会冒着摄氏零下40摄氏度的严寒，以沙土铺在冰上过河出击，打得国民党军措手不及。随后，战役在二三百里的战线上迅速展开，很快推进到长春以北的德惠，永吉（今吉林市）附近也发生激战。民主联军的战士们说：“打下吉林过年，到长春过元宵节。”一周之内，北满民主联军毙伤俘敌5000余人，国民党军被迫缓攻南满临江地区，使其第一次南攻被挫败。北满民主联军因寒潮侵袭，冻伤减员甚多，除留小部队留在江南牵制与监视国民党军外，主力于19日撤回江北休整。

战役期间，赵家骧专机飞到松花江前线临空视察，返回沈阳后接受大公报记者采访说："此次共军渡江进犯，目的在破坏吉长交通，其次抢劫食粮。在上空曾见成群结队之粮车北运，其破坏交通目的则未达到。赵氏复称，待孙立人军集结后，沿江战事可见分晓，并无多大严重性。"

赵家骧的分析，显然没有判断出对手意在"围城打援"，配合南满。因此，在加强北满方向的防御力量后，国民党于1月30日又集中了四个师，兵分三路第二次向临江地区发起进攻，一周后再次被挫败，此为南满民主联军"二保临江"。

2月13日，国民党第三次集中五个师兵力，向临江地区发动进攻。21日，北满民主联军12个师再次越过松花江，迫近吉、长地区。大公报专电：

02-24　吉长地区战斗激烈，农安已被共军包围。国军在德惠城郊作战，九台亦告急。此次共军攻势，发动大兵十五万。中长路客货车停驶，大军调动频繁。

02-26　共军进展速度极快，二十五日晚攻抵长春北一间堡附近，长春市区已闻清晰炮声，人心惶惶，中长路客运停止，欲逃无路，可怜人民又临浩劫。

02-27　东北大战尚在序幕，目前中共主力在松花江南岸，首予吉长威胁，进而攻扰东北电源地之小丰满。辽东辽南共军之出扰，纯为策应性质。国军南开，中共颇能了解政府兵力多寡，故由北打来；而政府方面亦能了解共军装备之简劣情况，及以扰为攻之战术。

但以今日全国各地战斗情形观之，谁胜谁败，不在兵多少，装备好坏，或用兵拙巧，而士气之盛衰有最大决定性，东北战场亦难例外。

02–28　长春外围正在激战，三面包围长春之共军均距市区三四十里，市内赶筑工事。长春紧张，沈阳亦在戒备，二十六日夜晚军警宪联合抽查户口，入夜全城又是一片问口令声。由长春开来沈阳军用专车一列，内挂一节新一军眷属车。

2月底，长春外围民主联军逐渐北退，战斗中心移至德惠。国民党军为解德惠之围，从南满、西满及长春地区调集部队北援，致使南满地区进攻兵力减少，南满民主联军完成了“三保临江”。二下江南的北满民主联军也于3月3日再次回师江北。大公报专电：

03–02　杜聿明午后专机飞长春视察，并召集各将领指示战机。永吉通梅河口之铁路被切断。沈阳空军人员大部调往长春，空军为吉长之战一大安定力量。

03–03　战争笼罩下的长春景色凄惨，天上隆隆机群，地上轰轰炮声，大街小巷堆有粮秣马匹，大小旅馆住满军人，整个长春在奏着内战的悲歌，就是贝多芬也作不出这样凄凉寒心的调子。这支无节奏的曲子使长春人手脚忙乱，跑到车站，车站被兵车挤满，人群扰攘，走投无路。街头层层沙包电网，入夜又担心水电断绝。物价一日三涨，高粱米有行无市，青菜更无来源，苦坏了人民。

03–04　长春之战已近尾声，共军北撤，国军会师德惠。今后关注二次攻势何方发动，何处开始。军事人员认为共军力量较去年四平之战时增强。

长春、德惠相继解围，国民党军竟趁机沿中长路向北推进，甚至越过松花江追到了陶赖昭、五棵树、五家站一线。这令南京方面意外欣喜，蒋介石下令“颁奖长春战役有功将士”，杜聿明也在长春发表广播讲话，“盛赞军民合作牺牲精神”。

这边国民党庆功话音未落，那边北满民主联军又发起了反击，3 月 8 日第三次越过松花江作战。国民党新一军、71 军主力急忙后撤应战。鉴于松花江已开始解冻，不便大部队运动，北满民主联军于 16 日撤出战斗，回师江北。此役虽然只有一周，却也令长春、沈阳的国民党当局一片惊恐。大公报专电：

03-13　东北大战再度爆发，共军第三次渡江作战。国军空军过江侦察，发现共军尚有后续部队。共军三路猛攻，冲杀惨烈。长春外围军事吃紧，各处传来共军大兵压境消息，中长路长沈间每日南下班车成离长军眷专列。

03-14　安东省主席高惜冰日前向东北行辕熊主任式辉提出辞呈，文中有“农民饥苦未除而倍增，工人失业未减而愈重，商家因困窘无术依旧停业，行旅以道路险阻裹足不前，及兵匪肆虐，地方武力奇缺，无法支撑，致安东省辑安、金川、柳河、辉南各县相继沦陷，烂尸成伍，难胞载途，地方元气亏损殆尽”等句。

03-15　共军步炮联合向德惠进攻，战斗惨烈，长春外围酝酿大战。沈阳成立户口总清查委员会，动员党政军四万余人开始检查工作。小丰满至沈阳电路被破坏，沈阳顿成黑暗。各地要壮丁急如星火，石壕吏场面正在东北各个角落上演。

3 月下旬，松花江开始解冻。国民党军趁北满民主联军不易过江南下之机，调集20个团的兵力，于27日分六路齐头并进，向临江地区发起第四次进攻。4月3日，由赤峰匆匆调防的国民党13军89师在南满被民主联军全歼。[①]至此，双方缠斗三个多月，结果以国民党军被歼4万余人，丢失城镇11座而告终，杜聿明“南攻北守，先南后北”的战略计划全部落空。此役过后，国民党在东北战场由攻势转为守势，中共则在东北站稳了脚跟。

① 2013年第11期《国家人文历史》载赵炜口述文章《一道假命令改变东北战局》揭秘，赵是当年潜伏在东北保安司令部内的中共情报员，是他起草的一份假命令，将13军诱入民主联军的包围圈，予以重创。

春天里的『冬天』

内战战场上拼搏的是枪炮弹药、血肉之躯，后方付出的是经济凋敝、民生艰难。1947 年开年三个月的国共拉锯战期间，大公报连续发表来自沈阳、长春的读者来信，比记者报道更直白地记录了当时社会种种。节录如下：

03–09　春雪纷飞话沈阳

沈阳年前下过两场大雪，连日阳光明媚都已融化。可怜的老百姓都以为难挨的隆冬就此过去，岂料昨日忽又风雪交加，气温复降。整天大风不止，且有若干腐朽建筑物被吹倒塌，街道上积雪已逾尺，穷人们的心境更趋阴暗了。

沈阳煤荒相当严重。所有的中小学去岁曾因缺煤提前一月放寒假，今春开学又屡屡延迟。一般住户用煤按人口分配，每人一月六十斤，本来就不够，加以原煤经物资统制局运到各煤商处，再分配于各住户时多已变质，石头多于煤炭，更何况并不按月配发呢？

所以一般贫民只好咬紧牙关挨冻。煤是有的，然而都只供应政府机关，在摄氏零下三十六度发抖的平民是没有份儿的。

沈阳物价飞涨，不到半月，高粱米已由每斤二十元涨到四十五元了。人民的痛苦一日一日的加深，而各处的炮火却一日一日的加烈，什么时候才是结束呢！

03–12　积雪融化的时候

最近长春外围军事吃紧，各处传来共军大兵压境的消息，广播电台女播音员对空呼号的尖锐声音与夜空中的飞机声更使人感到局势紧张的气息。

与军事紧张声相激荡的是人们在高涨不已的物价下呻吟之声，尽管经委会的负责人再三说，东北去年底物价仅仅涨了八倍，但被日本人压榨了十四年的东北同胞早已无力支持。高粱米每斤流通券三十五元，鸡蛋四十元一个，肉一百五十五元一斤，大米每斤九十元，一条在关内仅值二千多元的毛巾要七千多元。冬去春来，积雪融化，然而东北善良的同胞心里堆积的忧愁什么时候可以融化呢？

03–15　抓丁紧，摊派繁，东北老百姓苦矣

东北人真苦，农民尤苦。他们捱了十四年敌伪的压榨，好容易才盼到国土光复了，但却跟着光复带来了两大烦恼：征兵和摊派。各地要壮丁急如星火，乡下弄得鸡飞狗跳墙，壮丁潮水般涌进城里来。年岁大一点的想到机关里做工友，没有薪水也干；年轻一点儿的都想上学，以致沈阳中学进修班招四百五十人，而有四千人报名。

小佃户种人家的地，开宗明义要交田赋每亩千余元，此外，驻军副食费、保安团薪饷、搭桥、修路、补墙、打井、连长娶媳妇、保长送礼、区公所请客……莫不出在农民身上，可怜农民辛苦一年，到头来还不够还债的。某县发出的征收田赋通知单，表上纳税人土地等

级和面积两项一概不填，只在赋额、征收实物数及折合币值三项填有应纳款数，并注明“本年田赋于十一月一日开征，限于两月内完清，逾期不纳者，应予处理如左”。但通知书上并没有发出的日期，挨罚的一定不在少数，可谁又敢去县衙门问个究竟呢？

03–18　长春物价愈评愈涨

物价暴涨在各地已成普遍现象，以豆油论，比去年今天高涨二十倍，而且成为缺货。长春市政府为平抑物价设置评价委员会，自去冬迄今评价四次，评完之后立刻就涨上去，并且更须向黑市去买。评价委员会不过是把黑市价弄成有法律根据而已。该会昨天又把半月前评妥了的猪肉涨了百分之五十，豆油涨了百分之四十，商人漠视评价，老百姓不信任评价，长春的高粱米、猪肉、豆油、苞米面价格，就在“评”“涨”之中日益腾贵起来。

03–30　沈阳的初春

春天来了，但是人民心头的烦闷并未因此而解除。堆积的垃圾秽水和冻结的冰堆化得四处流溢，满街都是肮脏的泥泞，交通成了严重的问题。唯一代步的马车也涨起价来，一般公务员、学生坐不起，只得践着水泥去上班上学。而一双胶皮靴卖价也要超过万元，有几个人能买得起呢？

商业凋零，最近三个月倒闭五百多家。由于道路泥泞，乡下粮车顿行减少，因此物价扶摇直上，尤以粮食为甚，高粱米涨至每斤五十元以上，大米百元以上，猪肉涨到二百元，秫秸一捆百元，菜蔬油盐亦同时涨价。由于苛捐杂税的繁重，一般购买力普遍减低，商业已走入凋敝状态了。

内战加于人民身上的痛苦日益加深，乡村征兵多变成抓兵，抓不到壮丁就押家长，有钱有势的维持过去，穷小子只得当兵。打来打去，死的还不是老百姓？仗什么时候才打完呢？到处都是无尽的叹息。

沈阳、长春尚且如此，中小城镇广大农村可想而知。东北人民真是太苦了。

春天来临，本是一个万物复苏的季节，但对于东北人民来说，却依然像冬天一样难熬。大战之后小战不断，经济建设停滞、人民生活困苦，请看当年大公报的部分专电：

04-03　小丰满输抚顺电路突告不通，沈阳全市整日断水。抚顺电厂供电以各矿为主，近日时时停电，各矿时生险象，只此一端，已证东北工矿之如断线的珍珠，由于脱节造成困难。

04-14　吉长两地粮价飞腾，十一日比十日涨四成，影响其他物价甚巨，人心恐慌，商店囤货不售，粮米交易有行无市，当局正急谋对策。

04-16　抚顺及格壮丁今日抽签，应到壮丁一千七百余人，规定从中抽出五百八十四名。结果实到只有六百多人，负责官员当场宣布一律中签，旋即由荷枪实弹的士兵押解壮丁送往新兵营房。场面一阵大乱，呼儿唤子，哭声震天。

04-21　行营经委会工矿事业处召集各工厂同业公会谈话会，东北工业困难重重，资金不足，原料缺乏，运输多阻，盼望政府不要坐待经济崩溃。

04-22　春深的沈阳，飞机整天不断地从人们头顶盘旋而过，说明内战前线无日不在吃紧。一般民众只关心高粱米的涨落，最高价格已涨到了八十元以上。加之无限量的膨胀，无法抑制人们对生活的恐惧。近来军队修筑工事，抓大车拉沙子，致使外乡有粮无法进城来。忙于军运的铁道更少兼顾民食急需。

04–25　东北各地近来物价飞涨，价格日变，且尚不易购买。昨猪肉三百二十元，大米一百六十元，大豆五百八十元，高粱米七十七元，小米六十元。

04–28　东北各工矿处境日艰，迭被破坏，原料缺乏，资金燃料不足，加上物价飞涨，而产品价格受限，颇难维持。近来物价飞涨，工厂不够成本，工人则无法维持，亟待当局统筹大计。

05–01　鞍山物价暴腾，四月初粮价即行上涨，至四月中旬竟加了一番。豆油每斤二百元一跃而至三百元，刻仍有继续扶摇直上之势，老百姓叫苦连天。有关当局充耳不闻，熟视无睹。鞍钢工人每日工资只二三百元，尚不够买三斤米钱。公司自四月份起每人每月加发高粱米六十斤之代金。工人于引颈待毙之际受此崇遇，无异打了一针强心针，少可苟延残喘。

05–03　沈阳连日物价大涨，官价虽有但市上买不到，能买到的又吃不得，存了几年的旧货，又陈又脏。

05–04　东北救济分署开始裁员三分之一，被裁者垂头丧气，携眷者尤感忧虑。署内宿舍只准留住一个月，正在闹房荒的沈市，一家大小何处安身？有限的遣散费又能支持几时？留用者也是兔死狐悲，谁能阻止不再“奉命裁员”？

05–11　长春是中国谷仓的中心地，如今田园几近荒芜，农人们把口粮省下来卖掉，换取日益贬值的流通券，应对急如星火的官私开销。今年青黄不接，人们挣扎在恐怖的饥饿线上。这谷仓已是糜烂、腐蚀而空空如也了。

05–23　安东粮荒仍严重，岫岩三十万余人，灾民十三万三千余，啼声处处，父母鬻儿，全家服毒者甚多。庄河米荒骇人，饿殍日有数十，均亟待救济。

05-24　鞍山食粮价格愈跳愈高，高粱米已达流通券一百一十元一斤，豆油四百元一斤，民生痛苦已达极点。征兵办法已由征兵一变而为抓兵，市内通衢，夜间住户，均大抓特抓。青年纷纷逃亡，是以人心惶惶，街头巷尾无不议论抓兵。

05-26　物价不停上涨，高粱米已一百二十元以上，大米二百元，猪肉四百元以上。每人最低一月伙食费要一万元，而一般公教人员所入仅仅是一两万元。东大教授因生活不能维持而罢教，学生们相继罢课。

无尽无休看『劫收』

经济凋敝，民生艰难，国民党当局却仍以“军事第一”为要务，其他一切都只能任其混乱、糜烂。譬如，抗战胜利一年半了，东北仍在喊“接收”——由于大片区域都在中共控制之下，国民党政府任命的九省三市的大多数官员根本无法到任，只能滞留在沈阳吃闲饭。而沈阳的政府机关之多，已经不是叠床架屋可以形容的。

先说机构重叠。东北行营下设政治委员会、经济委员会，职责就是办理接收。但同时又设立统一接收委员会、房地产管理局、生产管理局，这些机关在各地又都有各自的分支机构，而南京政府行政院各部、会在东北还都有办公处，这么多机关要养多少人？需要多少开支？几乎难以想象。更讽刺的是，当时国民党在东北所能控制的城市不过半数，土地只占20%多，根本不需要这么多机关、官吏。接收的那些敌伪产业不能创造新的财富，却被这诸多“衙门”和冗员吃光了。

再看铁路管理。1947年初，东北铁路能够运行的不过3000多公里，但管理机关除锦州、沈阳、齐齐哈尔、吉林和中长五个铁路局外，还有交通部特派员办公处、东北运输总局、经委会交通处、行营车辆调配委员会、联勤总部铁道军运指挥部，加在一起十个“衙门”都管这3000公里铁路的事儿，除了消耗开支，不能增加收入。中长路每运四吨货要用一吨煤，人称“世界纪录”。各地铁路破坏严重，亟待修建，但当局说，没有钱也没有人，办不成。既然无事可做，还要设立这么多机关，无非是养人罢了。反正职责不清，不办事也没人问。

不办事并不影响享受。1947年5月大公报专电：

沈阳已绿叶成荫，紫色的丁香花开放在要人们的住宅里。过去十四年是大和民族在这儿尽情享受，现在换上了我们的要员和新贵。而一般市民、公务员和学校的房荒却日趋严重。睡地板、榻榻米和办公桌的人不知有多少。有钱人在尽情享受初夏的悠闲，吃喝玩乐。谭富英和喜彩莲[①]都来了，票价每张达三千元之高。日式咖啡店、吃茶店和舞场的生意也不减当年。

东北还有一个特别的机关——物资调节委员会，任务是平抑市场物价，调节各地盈虚，使东北各地产运销有效配合。理论上讲，这种机构和职能都是必要的，但实际操作看，上有行营经委会可以主持，下有各地方政府能够办理，额外设立机关，又筹设各地分支机构，徒增数百亿流通券的开支，却没有解决任何问题。上年冬天沈阳无煤，冻死不少百姓。物调会说煤矿产量不够，煤矿说矿上存煤堆积如山，运不出去；而沈阳黑市却出现了高价好煤。既然统运统销

① 谭富英，著名京剧演员；喜彩莲，著名评剧演员。

了，怎么又出现了黑市？不说物调会捣鬼，起码是失职、寡效，于是裁撤物调会的声浪迭起。不料物调会反而扩大了管制范围，除煤炭之外，粮食、五金、纱布、木材、肉、蔬菜、什货等都成立了调节委员会，结果几个月时间，每斤高粱的价格从18元涨到58元一斤，又创造了新纪录。人们还注意到，物调会及各委员会的主官与职员，大都是其他机关人员兼差，且待遇优厚，还新修了办公房。大公报报道说：

“菩萨”太多了，不多修庙怎么行呢！可是大家都不办事，互相推，拼命拖，反正谁也分不清职责，办公室里抽烟、喝茶、看报、迟到早退，高级人员每日开会，照例是议而不决，决而不行。最近各机关都纷纷举行周年庆祝，不知是否检讨自己在这一年中建设些什么？老百姓得到了些什么？除了收复一些都市外，官员们的建树在哪里？房子大家都会抢，除了抢还要拆。工厂的烟囱是不冒烟的，都市里弄得肮脏紊乱，谁又来管人民的负担呢？从前日本人强占的土地陆续接收，但所留下的事业却结束了。东北有谷仓之称，但粮价涨；东北有大量的煤，但人民冬天没有煤烧，鞍山钢厂因缺煤不能全部开工。办工业的骂办交通的，办交通的骂办财政的，办财政的认为生产不能复员，一切都谈不到。到底是谁的责任？

机构多，官员多，贪污腐败也多，多到令人不敢相信，而且每件案子都有背景，都要牵扯一批人，又大都不了了之，甚至主犯在拘留所中也能逃得无影无踪。以吉林为例，国民党接收后，统一接收委员会就成立了吉林省分会，下设若干小组，其中与百姓生活关系最密切的是房产组和物资组。前者因为房子问题与百姓不知起了多少纠纷，后者把控物资，贪污不知几何。经过半年多的“工作”，物资组结束时，偏偏来了监察组，百姓纷纷告状。那些贪官污吏被监察组和法院捉得鸡飞狗跳，跑得快的，扔下了洋房别墅、日本太太；腿脚慢的，抓进了监狱。物资组“工作”结束，大部分成员被法院“接收”去了，当然，也有的跑了。

1947年5月大公报发表一封读者来信，控诉的是长春社会变态：

长春的社会变态多是些畸形穷态，没有令人愉快的光明景象。

先看长春市政府的苦闷。市营工业多被收归省营，接收的敌伪物资市长无权处理，向市商征税又遭商民反对，长春市政府一直在苦闷中等着最后的命运。

因为没有钱，市政不能办事。公务员以及警察们因为领不到薪饷饿得不能工作，一切属于建设性的事务在没有钱的理由下都在半停顿状态中。长春上水道水管漏水的人家有百分之四十，除用户自己修理者外，百分之三十的水管日夜不息的在浪费着。垃圾堆积在街道中，有的像山，有的像堡垒，更有的宛如坟丘，甚至交通要道都堵上了。市政府令保甲长向住户收费雇车拉运，又因为摊派太重，住户认甲长有舞弊嫌疑，常常反对，甲长也畏难不肯工作，得过且过的混下去。

市政府闹穷，教育界更穷。长春的中小学校多半是市立的，然而事实上除校长、教师由市教育局任命外，其他一切支出教育局概无办法。有之，便是授意各校长“尽管在学生身上想办法”。于是各校长与教员们联合起来向学生展开攻势，什么杂费、父兄会费、着装费、劳作费、教师费、自治会费、徽章费、修理门窗费、煤炭费、工役赏钱……种种花样不一而足。利用小学生的幼稚心理，只要一声吩咐，学生绝对服从。无论家长如何贫苦，经不起儿女哭闹。所以学校等于苛税机关，每校学生动辄数千人，而每收费一次绝少二百元流通券起码，总计起来数目自然可观。这些钱收来之后都作什么用了呢？只有收钱的人知道。去年冬季每个学生摊纳五六百元煤火费，可是学生手足都冻肿了，煤也未曾领到，火炉并未生火，结果提前放了寒假，校长家里却温暖如春。收去的煤费数十百万元全送哪里去了呢？家长问学生，学生却未敢问先生。

黑暗事项说来很多，贪污犯罪的风气弥漫在每个角落。人心都在浮动着，工商业为避重税，咸思迁地为良，只有官僚资本跋扈横行。

长春是伪满的首都，敌伪用法西斯的统治方式将民众管理得服服帖帖，每以“首善之区”相标榜。光复后，一般民众都渴望得自由幸福。经过一度兵燹，精神颇受刺激。对接收人员的失望影响到对于政府的信仰。待中央人员第二次接收时，又发觉接收中的许多人贪污情事，而益感愤慨，因之又对接收官员表示轻蔑态度。各接收机关为利用当地人熟识地方情形，任用伪公务员以及伪警特务者流，委以科长级的官职。这群人员受宠若惊，对商民重施“套脖子”的手段，勒索欺诈，上不究下不问，三全其美。而奸商行贿之风盛行，凡欲便宜侵占敌伪物资的奸商，必先联络伪员，或论贿价，或相约均益。所以长春的敌伪物资多归于贪官奸商之手，政府所接收者大都破坏不堪使用。即有价值者，一经接收机关之两本账手续后，即余寥寥无几。现在长春市的商人很多如此发财，兼与贪官联络，财势互用，垄断囤积，左右生财，凡可营业的商店，皆与贪官有关。一般善良的商民，无财无势，则静待自然的淘汰。心眼活动者，歇业后迁往关内或另谋出路。

伪满的特务现在还是特务，有的在某处挂名当情报员，穿上官佐服装招摇过市。老百姓过去受他们的欺凌恨极了，深想光复之后严办汉奸，万想不到恰恰相反，他们依旧趾高气扬，照样欺凌百姓。百姓再低下头去往肚里流泪。

官员们在长春，起初占房子，争权利，办接收，募款项，对敛财的事务干得很起劲。因为利害冲突打官司的事情也时有所闻。当三月初旬共军发动军事攻势的时候，一部高级人员纷纷携眷逃至沈阳或北平，置分内工作于不顾，直到军事稳定以后还不敢回来，长春某报曾为文讥为“逃员”。

有人指出，东北之乱，还因为有华北的一些伪员也来到东北参加“劫收”，既可避难，又能做官，还能掘金，东北“天高皇帝远”，成了他们的极乐世界。东北如此“劫收”，何日是尽头？！

辽东半岛·鸭绿江

辽东半岛是我国第二大半岛，自然条件优越，物产丰富，农业发达，不仅产粮产煤，而且是苹果集中产区，柞蚕茧产量占全国三分之二。除港口城市营口、丹东外，旅顺、大连更是我国北方少有的不冻良港和海运、渔业重要基地。

历史上，辽东半岛又多灾多难。中日甲午战争、日俄战争都在这块土地上发生，1905 年俄国战败，与日本以长春为界划分势力范围，从此有了北满、南满之分。旅顺和大连成为日本侵华最早的大本营。此后 40 年，日本人把辽东半岛当作自己的领土管理、经营，直到 1945 年战败投降。生活在辽东半岛的中国人挣脱了日本的奴役，又陷入新的分裂——旅顺、大连被苏军占领，普兰店以北是国统区，中长路南段以东为中共所辖，三地同为中国人，却过着三种不同的生活。

1947 年一二月间，张高峰分别沿中长路南段和沈安线，作了一次实地考察采访。前者由于军事阻隔，只走到大连以北的熊岳镇，半途而返，后者到了丹东，事后以专电、通讯报道了半岛近况。

营口是东北最早开放的口岸，曾经一度繁荣。以后大连、旅顺开港，抢走了营口许多生意。日据时代更以全力建设大连、安东与葫芦岛等港口，营口港则因辽河口淤沙日积，冬天冻港，缺乏优良条件而衰落了。东北光复后，首任市长方引之利用接收机会，勾结属下贪污了几千万流通券，逃之夭夭。后任市长孙甄陶虽然是专业出身，但在动荡时代，对市政改善也毫无办法。张高峰写道：

初到营口的人，第一个印象是破烂，街道没有一条是柏油路，到处坑坑凹凹，仅有的几座洋房也没有了窗户。全市人口近十万，中学只有四所，无图书馆，民众教育馆也没有成立起来。市内商业凋敝不堪，没有几家大生意，连地摊也没有多少，封港以后，市面更显得荒凉。全市只有两辆自用汽车，一辆是孙市长的，另一辆是盐务分局长的，这两辆快要败架的小汽车，已经成为营口市内罕见的交通工具。孙市长说，因为穷，我没有办法进行市政；待遇少，人才不够，市政府只可权录伪满人员。城市征兵极头痛，孙氏说："将来我可能为征兵撤差。"这里没有甚么工业，只资委会有一纱厂，尚未全部开工，工厂常闹工潮。

盖平（今盖州）以出产苹果著称，全县果树栽培面积10万亩，其中近八成是苹果。伪满时代，日本人霸占了部分果园，改良品种，才有了后来驰名的国光、红玉苹果。光复后，先是中共进驻，清算了地主的果园；后到了中央军，又给部分果园插上"荣誉军人垦殖果园"的牌子。抗战胜利了，不知多少果园换了园主。

盖平的另一特产是蚕丝，东北的丝绸原料大部分由盖平供给。伪满时代，日本人统制蚕丝，强迫收购，养蚕人无利可图，逐渐改行，盖平蚕丝业一蹶不振。日本投降，内战又起，复苏前景依然渺茫。

中长路南段，火车只能通熊岳，那是盖平县属的一个小镇。熊岳以南，国民党军驻守于普兰店，再往南就是苏军管辖的大连范围了，非经特别批准不得进入。

辽东半岛采访归来，张高峰发综合专电：

辽东半岛在历史上经过中日、日俄之战，现岛上各城市又成一遍烽烟，到处有战争恐怖。国共两军在普兰店与石桥间对峙。铁路以东山地全是共军，前两天到太平石车站西拆铁路，盖平一度冻结。将来真要收复大连，共军的威胁不能轻视，除非国军增加兵力。穷人无煤取暖，军方只可烧木炭，地方贫困已极。五十岁以上的人都说，过去的战争是人家要抢占我们，今天的战争是为了什么？在盖平看到抓来穿单衣的八路，再看着穿美军装备而想家的国军，两军之间夹着无衣无食的人民，我们真应该别打了。

鸭绿江是中朝两国的天然水界，又是长白山脉所产木材外运的重要水道。但在国防意义上，因国势衰微，鸭绿江却没有成为防卫屏障。1931 年“九一八事变”后，日本人从辽宁划出一个安东省，利用它的资源攫取中国财富，直到投降。

鸭绿江畔最大的城市就是安东，为省府治所，伪满时代是东北六大城市之一。日本人在城西北镇江山上种植了大片樱花，春季争艳开放，称之为“满洲的吉野”；与镇江山东西相对的是元宝山，又有“满洲富士”之称，可见日本人对安东的喜爱。

日本投降后，率先进驻安东的是民主联军。1946 年 10 月，国民党军进占。来看张高峰笔下所见安东：

天然风景依旧，市区却已残破不堪，工厂停工，商店关门，街头上游荡着失业的人们。城市虽然紧靠江畔，却看不到多少鱼虾水产。当年江上渔船鳞次栉比，今天想找到一叶扁舟都难。时代还在动荡，周围都有死的威胁，谁又肯冒险去打渔呢？江的上游有长白山无尽的木材，多被中共占领，过去的安东江面几乎被木筏拥塞，而今再也见不到一只了。

中共在安东时发行东北银行纸币，国军接收以后停用，金融立显枯竭，市上筹码不够，普遍演成穷象，工商业全破产。土地因为清算未得收获，田赋毫无着落，安东全省等于没有税源。行辕拨给的接收费，不够维持各县公教警保人员之生活费。大家拉紧裤带去从公，工作效率与工作精神也就不难想知。

去秋安东省闹过两次风雨大灾，农村歉收，而且中共撤退的时候又带走了大批食粮，安东除了财政困难，还闹着严重的粮荒。高主席惜冰说，要彻底解决非粮食两千万吨不可，哪里去找那么多的钱？沈安线又哪里能保障运粮安全？安东已成窒息的死城，安东人民是多么的不安啊！

鸭绿江南岸就是朝鲜。日本投降后，朝鲜被切为两个不同的天地，北纬 38 度线以北是苏军占领区，以南是美军占领区，美苏两国政府都说是来协助朝鲜走上民主自由之路。张高峰写道：

美国宣传说，“友好、繁荣且民主之朝鲜将为远东之重要稳定因素，美国对朝鲜计划乃为协助其发展南部朝鲜自足自给经济之工作”。可是一年以来，南韩有过暗杀事件，也有许多人入过牢狱，更有过武装暴动，与美军有过冲突，这种情形是怎样发生的，有些令人怀疑。

苏联宣传说，“朝鲜人民与苏联红军之合作，去年实行土地革命，有六十九万贫苦佃农获得耕地。同时进行民主普选，选举人民委员会。今日的北韩已为未来独立民主繁盛的新朝鲜矗立了经济政治的基石”。可是北韩逃到东北的青年说：北韩人民正想尽办法逃往三八线以南，这是因为什么？我们也有些怀疑。

张高峰关注朝鲜的分裂，是因为它直接关系到鸭绿江北岸的安东发展。

查阅伪满开发计划，日本人在安东有三大事业，一是完成鸭绿江水电建设，二是建设大东港，三是开发铁矿。

日本人开发安东电力的策略，是尽量利用水力发电。鸭绿江上有一座由伪满与朝鲜政府双方出资经营的大型水力发电厂。资金一亿元，双方各半，资产与负债归双方所有，经营益损由双方分配负担。电厂 1937 年开工，第一期计划完成水丰洞发电厂，日本投降时已完成 90%。发电厂设在朝鲜的水丰洞，总水闸在我国的宽甸县拉古哨，发电量约 24 万千瓦。

1947 年东北各厂矿复工后，全东北电力需要约为 35 万千瓦，把各地旧毁发电机修复后，至多发电 24 万千瓦，若依据伪满与朝鲜订立的合同，水丰洞发电厂应供我方 50% 的电量，即 12 万千瓦，正可弥补缺口。但是，我方与驻朝苏军商谈多次无果，只能以布匹、粮食每月换电 6000 千瓦，尚不足安东之用。

按日本建设大安东的计划，修筑大东港是一项重要工程。旧安东港水深过浅，只能有小轮船来往，且在冬天有四个月封港期。日本人考虑将来安东各工厂次第建立，成品源源而出，需要外运时受阻，决定修建距安东西南30公里的大东港，水深可保持七八米，4000吨的船只可以自由出入港口，全年吞吐量为200万吨，并且铺建一条由港口到安东的铁路，便利运输。但第二期计划刚开始，日本就投降了，大东港仅建立了一个雏形。

日本人在安东最下功夫和本钱的是开发铁矿。安东有丰富的地下矿藏，以煤、铁为主，并有沙金、银、铜、铅、石棉、滑石、云母等。据日本人调查，安东的煤储量约在一亿吨上下，铁储量在两亿吨以上。1938年，日本人在长春成立了东边道开发株式会社，在通化设立了制铁所，一年后，东边道开发株式会社所属工厂已逾千家，其中铁工厂10家。可惜，张高峰到安东看到时，这些工厂已成一片瓦砾。

鸭绿江造纸厂以前月产各种纸张150万磅，当时只能利用残破机器生产纸浆；轻金属工厂以制铝为主，日本人预定年产粗铝4万吨，精铝2万吨，当时却连生产1吨的希望都没有了；安东制炼所为冶炼铅铜的工厂，伪满时代仅完工80%，内战又破坏了50%；碳素工厂是东北唯一制造碳素的企业，机器全被苏军搬走了。

东北的柞蚕工业为世界第一，安东的柞蚕占东北的三分之一，有工厂、作坊400余处。日本人用蚕丝做成大量的羊毛代用品与军需品，提供其国内与军用。内战中安东不安，饲育柞蚕的农民日渐减少，柞蚕业一蹶不振。此外，安东森林面积占全省70%，其另一出产大宗就是浑江地带所产的木材。内战中，鸭绿江上再也见不到一只木筏。张高峰在报道最后慨叹：

鸭绿江畔有煤、有铁、有铜，有足够的电力，有出入的港口，有运不完的木材，吃不尽的鱼虾，穿不尽的绸丝，现在呢？只有便宜的人命去当炮灰，其他一切全没有了。鸭绿江的水，静静长流，它孤独地在寂寞中。

大连接收如鲠在喉

谈辽东半岛，不能不说半岛最重要的城市大连、旅顺。

大连、旅顺是我国北方少有的天然良港，也因此早就为存有扩张野心的俄国和日本所觊觎，为了独占在那里的利益，日俄曾大打出手。历史上，大连既曾驻扎俄军太平洋舰队司令部，也曾成为日本关东军总部所在。1945 年日本投降后，苏军迅即占领大连，把旅顺辟为自家军港，设为禁区，另设司令部，连驻长春的苏军总司令部都不能随意干预，可见苏方对大连的重视。

1946 年 4 月，东北苏军撤退完毕，唯有大连例外。而大连问题早就列入了国民党政府“全面接收东北”计划。只因事关对苏外交，加之内战困扰，迟迟没有进展。12 月，事情似乎有了转机，大公报东北专电报道：“接收大连外间传说甚多，综合此间各方消息，国军某部确已抵达距市区 40 里左右，最后接收市区问题仍待中苏双方根据友好条约，循外交途径，俾得既稳健而又合理合法之让出与接收。若外交途径顺利，则在郊外待命之国军即可进驻城区。”

1947年1月，美、英政府和各界舆论都在呼吁苏联政府尽快向中国政府归还大连，重新开放旅顺为自由港。大公报转载华盛顿邮报报道称："虽然日本投降已历一年半，苏联军队之完全撤离中国东北之说又阅六月，但今日之大连仍不啻纯粹苏联之领土。"美国国务院向中苏两国提出照会称："一、在对为数甚少之美军继续驻华大肆批评之际，提醒注意更多之苏军未得中国政府之同意仍驻中国国土之事实。二、美国并未放弃其门户开放政策。三、美国对苏联未能履行其与中国成立之条约表示关切。"英国方面也表示："极关心大连港问题，盼其能迅速归还中国并早日开放，盖英国亦愿发展与中国东北之贸易也。"

由于苏军封锁，当时大连的实际情况外界很少确切信息。外界所得到的大连情况，十有八九都不是看到的，而是听来的。张高峰在熊岳时也听到不少，并且写进了报道：

大连现有四十六万人口，市政由中国人自理，市长迟子祥由山东半岛越海而来。市内治安由警察维持，苏军只在那里驻防。他们办有辽东半岛实话报，用中文宣传社会主义与苏联新五年计划。市政府在街头设立民意箱，人民可以随时向市政府提出意见。大连斗争清算事件较少，闻由安东撤退之共军曾被阻城外，后将一部编为地方警察。市内有舞厅、剧院、咖啡馆，一群中国官员也讨了日本老婆。

繁华的背面却是饥馑与恐怖。大连目前是一个孤立的城市，没有人敢来往经商，市内食粮最感恐慌，高粱竟售八十元一斤，白面一百四十元一斤，市民时常有人自杀。去年十月以后，日本人也有跑到忠灵塔前去自杀的，因为他们迟迟不能回国，经济毫无来源。

近来中国人又有一种恐怖心理，传说国军要接收大连，又传说共军过了石河驿，大连又要有一次战祸。但是大连人民仍希望早点回到祖国怀抱。大连地方政治环境复杂，难免人心不安，对事情都有戒心，一般人民说话都非常谨慎，因为他们始终不知道为什么大连今年还这样特殊，恐怕得罪一方。

大连究竟有多少苏军，其说不一。闻近来多开往旅顺，因为旅顺是一个军港，停有军舰，与驻北韩的苏军来往调动极便利，随时可增可减。据到过旅顺的人说，苏军在旅顺机场停有许多飞机，大连上空也可以随时看到飞机过境，架数多少则无从知道。当今世界各国瞩目中国，平津美军未撤，苏军仍占据着旅顺、大连，我们只知道美苏在注意中国问题，他们更注意东北这块地方在战略上的意义。苏军何日能撤退旅大，正与美军何日撤出中国同样是一个谜。

2月初，担任大连以北防务的国民党新六军军长廖耀湘接受采访说，大连苏军已全部撤至旅顺，市区由共军驻守，约四五万人。“极自信将来接收大连可无任何顾虑，两营兵力即可击溃旅大共军。”记者问，就东北局势看，国军兵力是否嫌少？廖称：“政治赶不上军事，非兵少问题。且众盼将来接收大连不再流血。”

2月底，南京政府外交部部长王世杰到沈阳，人们纷纷猜测与大连接收问题有关。但他发表书面谈话称：“此来纯系视察性质。……中苏盟约为中苏友好关系一大基石，亦即远东和平一大基石。我政府将严格照约履行。苏联政府亦已迭向我方声明，必严守合约。守约就是善邻之道。”关于大连问题，他说，依据中苏友好条约，中长路治安由中国军队维持，大连行政属于中国，旅顺军港中苏双方驻兵使用。所以，“东北外交上无理由过分焦虑，而焦虑者反为内政”。

王世杰在沈阳只停了两天，又匆匆而去了。后来传闻，王氏此来原定与苏军驻旅顺某司令会面，但对方临时托故爽约，所以让王外长白跑了一趟。显然，苏军没有交还旅大的诚意。

进入 3 月，有关接收大连的消息不绝于耳，沈阳、南京高官往来频繁，准备工作紧锣密鼓，并且已经具体到派军事联络小组赴旅大，与苏军商洽国军进驻时的技术问题。大公报沈阳专电：

大连来人谈，接收旅大之消息盛传，人民窃喜窃忧，不敢公开谈论。市内物资已大部搬空，许多火车头已被装船运走。市内粮商大量抛售，粮价大跌，为年来所罕见。又，大连一带共军连日由水路增加，发现之番号约六七种，人数约为八万，装备尚佳。此一地区纵然接收，则以后之控制保卫当局必费考虑。闻政府对接收旅大之军事准备业已完成，将陆海并进，并可望得到苏方之协助。

依据中苏友好条约关于旅顺口之协定，海军根据地区域之界线由苏军驻防，最近苏军有撤退该线模样。政府希望能由国军派兵接防，惟近来共军屡向该线附近增兵，万一将来苏军撤退，国军南下必受阻碍。闻外交部东北特派员张剑非赴京即与当局商讨接防该界线之技术问题，以期共军不得先行占领。

4 月初，旅顺、大连、金州各界代表开会，成立了三地最高行政机构——关东公署，推举了主席、副主席，并设办事机构，大有自治之势。大连接收越发扑朔迷离，大公报记者再次南下采访，陆续专电报道：

04-05　据悉，旅大之接收在条约细则文字间发生解释问题。

又，苏方拟让行政人员先往，政府表示根据过去东北事件之经验，拟军政并行，且对此点坚持。

04-06　大连北石河与普兰店间之电话已接通，中苏两方今后经常可取得联络。我方派赴石河之军事代表小组已抵达，闻此次中苏军方会谈，将着重接收旅大时苏方能予若干成分之保障。

04-07　关于接收旅大，政府决心海陆并进。此次双方派赴普兰店之军事联络小组会商结果随时呈报双方最高当局，故最后决定仍在南京。

04-08　日前在普兰店举行之会谈重要性已大减，双方仅作到联络而已。此间迄发电时止，尚未接到南京通知，即苏方对我军政人员并进旅大之意见亦无表示。此一问题，仍徘徊在南京与莫斯科的外交门前。

04-17　记者周前在旅顺边缘徘徊旬日，深觉目前酝酿接收旅大消息或因事实困难而暂告搁浅。记者一行曾设法以书面转致苏军旅顺司令，要求赴旅大，苏方虽未拒绝，但复称不负安全责任。而沿途无交通工具，故折返。旅大粮荒因有鲜米运到，已不若过去严重，惟民食仍艰。据新自大连来人讲：旅顺除苏军外，有武装部队，为地方新设之关东公署警察，彼等无中共番号，外着警察黑衣。对地方武装部队，苏方因事实上已有地方政权存在，可能作警察或自卫部队解释。

日前普兰店会谈涉及虽广，但亦如南京谈商在文字上绕圈子。据悉，接收旅大问题主要症结，在旅顺协定第四条“上开海军根据地之防护，中国政府委托苏联政府办理之”。苏方与政府解释不同。苏军究应如何防护，驻军若干，驻地如何，均须费考虑。条文规定旅顺海军根据地陆路之界限，目前该线以北全为国军防点，两线之间相距二三十里，此一空间内大部为共军占领，如国军以军事方式接收旅大，流弹势必落海军根据地陆界以内，此亦为煞费考虑而待磋商之问题。

国共两军犬牙交错，苏军防线解释不清，已有地方政权存在，警察实为换装军人……这就是大公报记者所说旅大接收“或因事实困难而暂告搁浅”的根据。

5月，苏方终于同意了中国政府派员赴旅大视察。代表团由东北行辕（行营已改称行辕）副参谋长董彦平率领，成员包括外交部东北特派员张剑非、中长铁路局副局长王竹亭、大连港副主任徐祖善等12人。他们4日抵旅顺，8日到大连，原拟分组全面视察，结果12日即行折返，计划未能实现。

视察团回到沈阳后，大公报记者采访了有关人士，报道了他们的观感及此行经过，摘要如下：

……旅大房屋均未破坏，街道清洁，惟行人稀少，商店不多，物价较沈阳相差无几，惟食粮甚贵，辽南人主食之苞米在沈每斤售价一百三十元，在旅大售三百元。旅大有电灯自来水，由中苏合办之公司经营。大连电车六路行驶，乘客不拥挤。货币系红军票及伪满币，惟加盖关东银行之印，该行系关东公署所办。

视察团六日集体参观博物馆及市街，市民多表惊异。十一日由大连去金州，因地方武力拒入而折返。全团曾分三组视察，第一组视察民政教育未果；第二、三组分赴大连视察铁路、港口，觉地方武力之关系颇为微妙。该团到达时，关东公署主席迟子祥及警察局长周光等曾至岸上欢迎。视察团未正式接见地方行政人员，而地方行政人员亦未正式接见该团，惟双方曾仅非正式晤谈数次。

国民党接收大连工作，就此搁置，再无实质性进展。

内战期间，大连接收问题一波三折，始终悬而未决。国民党明明知道苏方作梗，是因为与中共的关系，但却无法指出，真是如鲠在喉。多年以后相关文史资料披露，人们才了解了一些当年内幕，也印证了大公报记者当年的观察、判断。

日本投降后，旅顺、大连主权名归中国，实为苏联的军事管制区；旅顺海军基地名为中苏共用，实则苏联独占，是中国人无法问津的“特区”。为了阻止国民党接收，特别是应对视察团的到来，当时尚未公开活动的中共旅大地委配合苏军当局，采取了一系列应对措施，例如：抓紧成立地方自治政府关东公署，造成既有政权事实；成立关东公安总局，由中共部队按国民政府制式警服装备；限期完成货币登记及盖印工作，使视察团所携大量“红军票”全部变成废纸，视察团人员连日用品都无法购买，等等。对于视察团提出的视察计划，苏军和中共则“在有组织、有计划、有理有节的限制、拖延下，使其大部分落空”。

内战期间，大连地区实际上成为依托苏联的中共根据地。直到1955年，即苏军占领旅大10年之后，他们才完全撤离。

『请看今日东北之教育』

在东北，教育是一个比内战还可怕的问题。教育是东北的脓包，将要使下一代的人们完全腐烂，有谁注意过它？有谁肯向它早日开刀，保留我们下一代的健康？政府要负责任，东北教育当局更要负责。

胜利之初，大家打着招牌收复东北，东北光复到今天已经一年多了，内战除外，我们在东北做了些什么？最使人不满意的是教育复员工作，最使东北青年失望的也是教育工作。

过去十四年，日本人在东北的教育政策虽然是“奴化”或“统制”，但他们还有一个计划，且这计划真能收到效果。政府今天对东北的教育政策是什么？是“收容教育”而不是“树人教育”，甚至“收容”都没有做到。在各难民收容所，或救济分署门前，还时常看见成群请求救济的学生。东北教育问题的隐忧正多，它已经因为不健康而腐烂，因腐烂而成脓包。

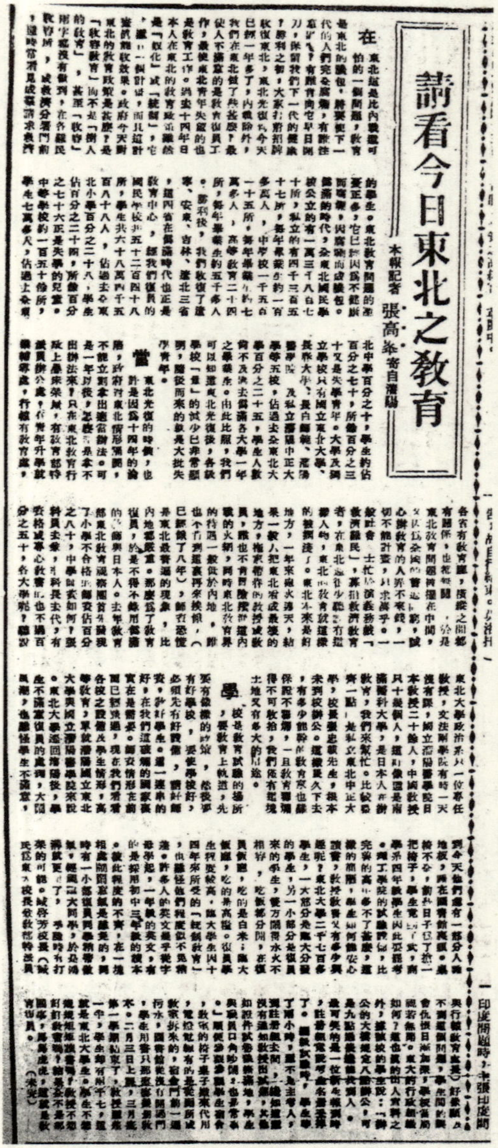

1947 年 4 月 10 日，大公报发表张高峰通讯——《请看今日东北之教育》

以上是1947年4月张高峰在通讯《请看今日东北之教育》开篇写的两段文字。教育是国家的未来、民族的希望，作为记者，张高峰到东北之初就开始关注教育问题，不断发回相关报道。

1946年9月，沈阳先后发生了小学、中学教师因待遇过低，生活困难而罢教的风波，而且各学校面临种种困难。张高峰发沈阳专电：

九月秋风里，沈市各中学教员于二十八日起罢教，彼等罢教之原因：一、八九两月全部薪金未发。二、彼等之待遇尚不及省府一科员，且省府科员薪金已经发下来了。罢教宣言中有“父母妻子势将饿死，而为教员者尚能安心施教，古今人情实所甚难”之句。沈市中学教员如此，小学校亦处境极惨。

沈市读书及龄儿童十二万，过去学舍完整者目前多被军事机关占用，而今能入学者仅半数。此幸得读书之儿童，学校生活颇悲惨，以某区小学为例，全校学生一千九百三十二人，分十八班，而教室只十五个，教师二十五人，全校办公费月仅七千元，至今七月份之经费尚未发下，连买粉笔都成问题。教室无门无窗，百余人挤在一起，三人共椅，六人一桌，作文习字全不可能。假如战争是为这下一代的儿童争民主，将来也许会失望，因为他们那时怕连选举票都不会写了。

东北的教育经过十四年敌伪奴化后，已经弄到一落千丈和残破不堪了，当局对于收复后东北的教育应该怎样注意发展，以求挽救？事实上又怎样呢？遍地硝烟的东北，人命都失去了保障，还有谁管什么教育？

抗战胜利后，国民党政府收复了辽宁、安东、吉林、辽北四省，这四省在伪满时代就是东北教育最发达的地区。到1947年，四省复员公立小学5248所，学生68.46万人，分别为过去的28%和24%；复员中学约150余所，学生7万多人，分别为过去的10%和70%；复员大学只有国立东北大学、长白师范、沈阳医学院以及私立沈阳中正大学等5所，为过去的25%，学生人数不及伪满各大学一年的毕业生。可见，东北光复后各级学校数量锐减，随之而来的自然就是大批失学儿童和青年。张高峰写道：

东北光复时，因为十四年的沦陷，政府对东北情形隔阂，不能立刻拿出适当办法。可是一年以后，怎么还是拿不出办法来？只在东北教育行政上叠床架屋，有教育部特派员办公处，有青年升学就业辅导处，行辕有教育处，各省有教育厅，横纵之间都有关系，也都无关系，于是东北教育问题被搁在中间；又因为全国的普遍贫穷，诚心办教育的人弄不来钱，募捐救济教育者，在东北还很少听说有这样人物，东北的教育就这样被搁浅了。

东北本来是个好地方，一年来炮火连天，结果一般人把东北看成最坏的地方，拖家带眷的教授或教员，谁也不肯冒险钻进这内战的火网；东北教育界的待遇一般低于内地，谁也不肯到这里再来挨饿（已经饿了八年），师资恐慌是东北最普遍的现象，比内地都严重。为了教育复员，不得不录用伪满的教师与日本人。

东北教育没有计划，只有凑合；不是复员，只是敷衍。有东北青年在沈阳街头打出标语，质问“是谁摧残青年？！”东北的教育就这样的发了霉。这样长久下去，有多少能干的教育家能够保证不霉烂？一旦教育霉烂得不可收拾，我们仅有这块土地又有多大的用途？

1946年12月，南京政府教育部派视察团到东北，工作结束后接受记者采访，负责人称："目前东北失学儿童已超过60%，小学师资合格者不及10%，中学师资更困难，东北教育前途可虑。又谓东北文化食粮不仅量少，品质亦低落，黄色书刊充斥坊间，社会教育亦在后退。"其实，东北的大学师资同样令人悲观。如东北大学政治系只有一位专任教授，文法学院因为缺乏师资，有时一天都没有课。国立沈阳医学院的日本教授占近70%，似乎那里仍是"南满医科大学"，是日本人在办教育，中国人来帮忙。张高峰在通讯中写道："学校是教育实验的场所，要教育上轨道，先要有像样的政策，然后要有好的学校；要使学校好，必须先有好设备，请好师资，教好学生。这一连串的好，实在是我们这破烂国家的需要。"

张高峰的通讯还记录了当年东北各级学校的惨状。东北大学是当时东北最好的大学。1946年底，东大师生召开复员大会，有学生代表当场质询校长臧启芳：复员九个月了，学校建设为何无一处完工？任用自己的女婿充任京沪办事处主任，让学生露宿马路，是何居心？学校现在教授无人，开学无期，原因何在？……臧氏解答引起学生不满，场内嘘声四起，秩序混乱，迫使臧氏当场表示辞职，学生竟高呼"欢送校长！"会后，东大学生自治会甚至在报上刊登"臧校长辞职欢送大会启事"，惊动了正在沈阳的教育部视察团。视察团召见学生代表，居间调解，恳切劝导，风潮才得以平息。

东大复员近一年，宿舍问题仍未全部解决，还有学生睡在图书馆、地板上。张高峰到学生宿舍参观，看到垃圾遍地、门窗破碎，却无人打扫修理；教室的桌椅被搬来代作他用；电灯电线都是从厕所或教室拆来的。由于设施不全，图书馆从未开过门。教室桌椅不全，学生为抢椅子竟致动武。理工实验设备不过“聊胜于无”，学生用书只有几册课本。学校2月初开学，3月底教授还差一半……如此办学条件，学生如何能安心读书，教授又有多少兴趣教书呢？

东北大学有2700多学生，大部分是临大学生（即经历过伪满时代者），小部分是复员学生（即抗战中随学校内迁，胜利后返回者）。临大学生因日伪“统制教育”，许多人的英语几乎要从字母学起。有的复员学生歧视临大学生，双方闹得水火不容，常有打架发生。学生间的误会、憎恨日渐加深，学校视若无闻。张高峰写道：

东北教育复员，最初有个似是而非的政策，就是要求临大尽量收容学生。救济青年不错，但结业后不加区别地分发到各大学却留下了后患。所谓“尽量收容”，不过是怕学生跑到北边（中共区）去，所以要多收快收。学生多了，程度参差不齐，教学已困难；结业以后，本不该笼而统之地分发，而应根据学生的不同程度送到适当的学校去读书。这是为学生着想，也是为东北教育前途打算。实际结果却演成今日东北各大学学生程度之不齐，分子之复杂，而且复杂至不可想象的地步。之所以如此，还有一个原因，即政府特设一种大学先修班，令伪高中毕业生接受“先修”教育，连伪满军官学校的学生也被编入。因此，东北大学里有特务，有伪满警察，甚至有带枪的学生。如此岂不影响了学生，也毁灭了教育？！

东北的中学教育同样可悲，最穷的是省、县公立中学。沈阳比较好的国立中山中学，教室漏水如雨，学生几乎要打着雨伞上课；理化实验室空空如也，不见仪器陈设。更可悲的是，为了教育复员，许多学校不得不录用伪满教师、公务员，甚至日本人，其中许多人只是混饭吃，张口还是“日满一体”“大东亚新秩序”。本来，刚刚摆脱亡国奴地位的许多东北学生，读写还在用日本语法，“邮便”“急行”之类日本词常常脱口而出，动辄起立鞠躬，一副卑鄙相，而对祖国的历史、地理常识却一无所知。继续任用伪满甚至日本教员，更使得 14 年敌伪奴化教育的恶果难以消除。至于私立各中学，全靠学生人数多寡维持。张高峰写道：

在东北，谁高兴了都可“办教育”，贻误青年的私立学校如雨后春笋，到处可见它们的招生广告，名誉董事长赫然印在上面，全是社会贤达或名流，以此号召学生。实际上，这些学校大多并未请准立案，竟如此大张旗鼓招生，谁敢相信这是在办教育？！知情者说，这些“学校”不是招生而是招财，不为教育而为私利，有的甚至包庇兵役，连二十多岁的青年都被招来做了“学生”。

东北真需要热心教育的人士，但不需要冒名办教育的人。大家多拿出一点钱来，充实一下各县中学的设备，使学生由地板升到椅子上，请些好先生来教他们。如果办教育不是为名利，何如把办私立中学那笔钱全部捐给一个公立学校？

教育的基础是小学教育，东北最惨的也是小学教育。各小学都由最穷的县或市政府来办，政府没有钱，拿什么办教育？其实，若只是没有钱还好办，只要有校舍，教职员总会找得到的。但东北各地校舍虽然很多，用作教育的却极少，因为打仗，大部分校舍被军队占住了。张高峰写道：

官方说东北失学儿童六十万，其实何止此数。一百七十万人口的沈阳市，只有十几所小学；和平区有十几万人口，只有一所南昌街小学，容纳三千多学生，教室里挤得水泄不通，望门兴叹的还不知有多少孩子。许多小学因为无法容纳学生，只好分上下午授课，孩子们总有半天是被荒废着。

一般的小学桌椅不全，学生必须自带板凳，每次放学就像搬家。有的学校叫学生自带棉垫，好坐在水泥地上听讲，一个个像小佛爷弯腿打坐。可怜的孩子们，小学还未毕业，慢慢的变成驼背的小老头。去冬各校无煤，孩子们的手都有冻疮，这是教育的“成绩”。多少学校因为冷，都提前放了假，开学后又下雪，假期再延长。教室内没有门窗，老师开口讲书，大风吹来，被灌一肚子冷风，孩子们的眼睛都睁不开。这是学校还是地狱？真叫人痛心！

待遇不好，教员闹穷，罢教请愿，甚至卖点图片向学生兜兜生意；还有向学生要高粱米的，这全是不得已。小学校长摇铃、扫地、巡更，结果叫贼揍了一顿，这也并不奇怪。奇怪的是，全世界上没有一所像这样的小学，也没有一个政府甘心看着这样的教育继续下去。

“九一八”以后，我们就嚷着收复东北，复兴民族。现在收复了，东北的教育情形如此，如何复兴民族？谁能作答？东北的教育实在等于一个脓包，一切都要慢慢的腐烂了，下一代的健康将无保障。赶快开刀，赶快医治，爱护我们的下一代吧！下一代的健康失去了保障，我们又何必收复东北？！

三位不带兵的『将军』

内战期间，国民党东北行辕和保安司令部汇聚了一批著名高级将领，如杜聿明、郑洞国、赵家骧、廖耀湘、孙立人、楚溪春、石觉等。不过，还有几位既不带兵，也不打仗，却挂有将军头衔的人物，这其中，有三位“将军”值得记述。

第一位是与记者关系最为密切的实权人物。

余纪忠，国民党中宣部东北特派员，东北行辕政治部主任、保安司令部政治部主任兼新闻处长、沈阳中苏日报社长、中苏联谊社总干事等要职，是当时负责东北新闻、宣传工作的“最高领导”。张高峰最初结识他，是通过张的武大学长、时任余的主任秘书兼中苏联谊社经理，也挂少将衔的施应霆。

余纪忠是江苏常州人，1910 年生人，中央大学政治系毕业。抗日战争爆发时正在英伦留学的他毅然回国参加抗战，先后出任国民党中央军校七分校政治部副主任、西北干部训练团教导主任，并创办《王曲》《现代西北》月刊，表现出新闻工作才华。1942 年调重庆中央训练团高级班受训，受到蒋介石、蒋经国父子的赏识，遂追随小蒋左右。1944 年，国民政府发动知识青年从军运动，成立青年远征军，蒋经国任总政治部主任，余纪忠为 203 师政治部主任。1945 年日本投降后，蒋经国、余纪忠分任外交部和中宣部东北特派员，由于职务关系，余纪忠与常驻沈阳的记者打交道最多。

在沈阳，余纪忠既是最高“新闻官”，又是“正牌儿”报人，以双重身份与京、沪、平、津各报驻沈阳记者以及当地各报记者相处，关系很融洽。他没有官架子，平易近人，甚少官腔，更不刁难记者或者滥扣稿件。张高峰回忆说：“我与他交往近两年，没见他召集记者开过一次会，更未听过这位新闻官的训话，而且，我在沈阳曾经几次抗拒当局的新闻检查，纪忠都很给面子，没有为难我，使我能够顺利工作，直到 1948 年初我们分手。”

余纪忠后来到台湾地区，官至国民党要员，但他最大的成就不是做官，而是创办了在台湾地区乃至全球华文报纸中颇具影响的中国时报报系。他以报人的理念，为自己办报确定了“政治民主、民族认同、稳定大局”的使命，以“开明、理性、求进步；自由、民主、爱国家”为宗旨。因此，中国时报的言论和报道风格从创办之初就富有自由主义色彩，尺度把握也一如他当年在东北，比较宽松。1958 年，台湾当局修改出版法，加强对出版物的审查。余纪忠认为此举违反宪政精神，扼杀新闻自由，于是公开发表社论指出：“若报纸成为一定形式，报人都成为缄口金人，国无诤臣，官无诤友，民无诤言，那我们将不得不为国事前途慨叹了。”当时，岛内还处在“戡乱”“戒严”时期，余纪忠又身为当局高官，敢于挺身而出捍卫新闻自由，受到广泛赞誉。无怪当时台湾政界、学界乃至社会各界的许多人，都习惯把中国时报的报道与言论作为岛内政治气候的“风向标”。

东北行辕里还有两位比较特殊的“挂名”人物。

抗战胜利后，国民党煞费苦心地委任了一批东北籍人士前往接收，以笼络东北人心。其中一位就是当年赫赫有名的抗日英雄马占山将军。

1931年“九一八事变”时，马占山任黑河警备司令，率部打响了“东北抗日第一枪”，多次痛歼日寇。日本人对他恨之入骨，派重兵围剿。1936年末，马占山率部转战到西安，他赞成张学良的抗日主张，参与了“西安事变”，并被张学良任命为骑兵总指挥。抗战爆发后，马占山在绥远与傅作义携手率部打击日寇，成为名重一时的抗日英雄。

1946年秋，蒋介石委任马占山为东北保安副司令兼东北挺进军总司令，中将加上将衔。当时，马占山已经62岁，正在北平养病。大公报记者采访他，他说，自己手下还有两个骑兵师和一个特务营，能否带到东北去，他不知道，对打内战也没有兴趣。但他说，眼下在北平、绥远等地，曾随他转战多年的受伤官兵及阵亡将士的寡妻孤子，多次向他求援，渴望还乡，所以他还是要重返桑梓。

1947年4月18日，马占山回到沈阳，受到空前的欢迎，到场群众达3万之众，团体代表50多人。20日，沈阳各界召开欢迎大会，6万多人出席，还赠给他一面“民族英雄”锦旗。马占山在东北人民心中的威望可见一斑。

马占山受到东北人民的拥戴，有多重因素。首先，当然是他首揭抗日大旗的光荣历史为人民所感念。其次，反映了东北人民对现状的不满，特别是对熊式辉治理无方、社会混乱以及外省人把持东北大权不满。最后，东北人民渴望有一位东北籍领袖人物出面为东北人办事，因此对马占山寄以希望。

然而，这种希望是渺茫的。在沈阳，张高峰常去拜访马占山。可笑的是，他的总司令部门前居然连个武装警卫都没有，身边也只有几个随从。他对张高峰抱怨说："蒋委员长不给一兵一卒，我向哪里挺进啊！"张高峰笑着说："您老了，就在沈阳'停进'，颐养天年吧。"老将军也笑了，同时表示出对内战的厌恶。

谈话中，张高峰发现马占山的右手有三个手指残缺，问其来历。马占山说，1938年8月，他的部队驻在陕北榆林，一次打猎伤到手，是在延安八路军医院治好的。他在延安住了一个多月，出院时，中共中央和陕甘宁边区政府还专门召开了欢送晚会，毛泽东亲临致辞，高度评价了他的抗日行动。

马占山在沈阳"停进"一年多，当个挂名的内战司令，连抗日的声誉都暗淡了。1948年秋，眼见国民党大势已去，他没有"挺进"东北，反而南"逃"北平了。在1949年北平和平解放过程中，他还曾做了劝说老友傅作义的工作。可惜，1950年，未及参加新政协，马占山就病故了，享年65岁。新华社发表了他逝世的消息，称他为抗日将领，肯定了他当年在东北抗日的功绩。

东北行辕里另一位特殊人物，就是张学良的胞弟张学铭。他被委任了"双料"官职——东北行辕中将总参议、保安司令长官部参议室中将主任。不过，与马占山一样，他也是有职无权的"摆设"。

张学良有七个弟弟，唯有学铭与他一母同胞，据说自幼顽劣，不受宠爱。但后来，除了张学良，张氏家族中最"出名"的就是他。1930年，从日本陆军学校毕业回国不久的张学铭，随大哥率东北军第三次进关，干预中原大战，助蒋打阎（锡山）冯（玉祥），东北军进驻平津。凭借大哥张学良全国陆海空军副总司令兼军委会北平分会代理委员长的庇荫，22岁的张学铭当了天津公安局长，次年又升任市长。这位“张二爷”逢人便声明：“我这个市长可不是张学良派的，是蒋委员长委任的。”他不知道，这个市长并不好当。

当时，天津还有日、英、法、意四国租界，租界之外才称“中国地”，洋人欺负中国人是家常便饭。“九一八”事变后，日本人指使汉奸张璧等招募一批天津地痞、流氓，组成1000多人的武装便衣队，多次从日租界窜出，袭扰“中国地”，闹得工厂停工、商店停业，人心惶惶，意图制造“天津事变”。年轻的市长张学铭不知所措，幸亏他有个得力助手、秘书长于毅夫（中共党员，后曾任中共东北嫩江省主席）帮助筹划，在大哥张学良的支持下，把部分东北军改装为地方保安队，四出迎战，最终击溃了这些乌合之众——汉奸便衣队。现场指挥作战的是东北籍青年军官孙铭九、解如川等人。孙就是后来“西安事变”亲手捉蒋的张学良卫队营营长，解则是后来抗美援朝时与美方谈判的中国人民志愿军代表解方将军。

张学铭在天津为官一年，算是做了这么一件好事。1933年，张学良因热河抗战失利下野，他也辞官不做了。抗战期间，张学铭大部分时间在香港与欧洲居住，也曾一度到过沦陷后的南京。那时，汪精卫已投敌叛国，成立了伪政府，朋友们都为这位“张二爷”捏了一把汗。

抗战胜利后，张学铭突然到沈阳做了“大官”，这是否是国民党针对其四弟张学思率部挺进东北与国民党军较量，并任中共辽宁省主席而有意为之，人们不得而知，但利用他是张学良弟弟的“声望”笼络东北人心的意图不言而喻。这样，“九一八事变”后被日寇占据的沈阳“大帅府”，抗战胜利后先是迎来了“四爷”张学思，后又成了“二爷”张学铭的官邸。张学思只是回老宅看了看就走了，张学铭却在门口挂了个“东北保安司令长官部中将总参议张学铭宅”的牌子，俨然帅府新主人。

当时，每逢长官部或行辕举行酒会、舞会，张高峰总能见到张学铭的身影。那时他 38 岁，穿一身中将军服，佩金板双花领章，出入煞有介事。在酒会上，他比谁都能吃能喝。张高峰与他熟识了，开玩笑称他为“总餐宜”，他也笑答：“我无议可参，何不‘餐宜’？！”倒也是实话。

1949 年 1 月天津解放，张学铭没有带家小逃离，张学良的姐姐和几个弟弟妹妹也都留在平津两地。张学铭晚年任天津市政协常委、全国政协委员，1983 年 4 月 9 日在北京病逝，享年 75 岁。

第四章　你方唱罢我登场

如果说，1947 年 3 月结束的“三下江南四保临江”战役是国民党军进攻在先，民主联军防守反击于后，那么，接下来双方开始的一波比一波猛烈的厮杀，就逐步改变了局面。民主联军的夏秋冬三次攻势，把国民党军打得从主动进攻到被动防御，最后只剩招架之功了。为挽救败局，蒋介石不得不三易东北主帅，从熊式辉到陈诚，再换卫立煌，竭力维持国民党对东北摇摇欲坠的统治。

1947 年 8 月，蒋介石罢免了主政无能、作战不力的熊式辉，派心腹陈诚出掌东北军政。陈诚到任后“励精图治”，力图扭转败局。然而，仅仅一个月后，民主联军即发起秋季攻势，历时 50 天，国民党军被歼近 7 万人，丢失城市 15 座，地域近 4 万平方公里，进一步收缩于中长路和北宁路沿线，陷入更加被动的局面。尽管陈诚放言“不让共军发动第七次攻势”，民主联军却没有给他以喘息的机会，很快又发动了冬季攻势，压缩国民党统治于沈阳、长春、锦州等几个孤立城市，陈诚“新政”彻底破产。年底，蒋介石再次换将，派卫立煌到东北收拾残局。这一阶段，民主联军已经完全掌握了主动权，国民党军只有招架之功了。

从东北看全国，1947 年称得上中国历史进程中具有转折意义的一年：国民党在统治地位上从优势转为劣势，在内战战场上从进攻转为防御，甚至被动挨打，从强者变为弱者。反之，中共从劣势转为优势，从防御转为进攻，由弱者变成强者。双方力量对比在这一年中发生如此大的变化，直接影响和决定了此后的历史走向。

夏季大战序幕

1947年5月13日，东北民主联军发动夏季攻势，先打分散守备怀德、昌图、公主岭、梅河口的国民党军各部，迫使国民党军收缩于长春、吉林、四平、沈阳和锦州等战略据点，后集中兵力围攻连接沈阳、长春、吉林间的交通枢纽四平，血战18昼夜，以双方付出惨重伤亡，民主联军撤退结束。

这次夏季攻势历时一个半月。战役第一阶段，民主联军推进很快。当时的战况及相关专电摘要如下：

05-15　东北夏季战斗扩大，共军主动采取新战略，三路猛扑合围长春，国军迎击，大战即将展开。

05-17　永吉郊外昼夜炮声隆隆，国军坚守中。吉市晚间七时起戒严，实行保甲连坐制，藉防奸宄。杜聿明长官专车来吉，指示军机。

05-21　长春争夺战趋向高潮，飞机场失守。公主岭、梅河口国军撤退。小丰满电路未修复，沈阳入夜黑暗，数十工厂受影响。多地卷入炮火，高粱大豆多被毁灭，东北今秋粮荒必更严重。

05-22　熊式辉主任自京返沈，熊氏此次赴京系商东北增兵问题。[①] 东北共军全面攻势已收缩为据点之攻击，长春永吉已在共军包围中，长吉攻守命运将决于双方之增援情形，暴风雨前或作暂时平静。共军有在四平街南奔向昌图、开原集结企图，而将长沈路截为数段。沈市戒严时间已提前至晚十时，目前之战事新闻已成为街谈巷议之主题。

05-23　沈阳要员连日开会，彻夜工作。长吉地区昨夜今晨均有激战，长春动员三万人修筑城壕。四平街已呈战时景象，非军事机关已撤退，商民六时闭门，八时戒严。

05-24　长春外围共军开始向市区作试探性之攻击，四平沈阳间列车停开。四平市区已闻清晰枪炮声。沈阳二期壮丁抽签应到四千余，实到八十二名，及格者三十九名。沈阳难民日增，各旅馆均告客满，市民家中自战地来之亲朋亦日多。沈阳美英领署眷属撤至北平。

05-25　共军全力猛扑四平市区，枪炮声大作。国军空军整日出动作战。东北战事高潮刻在四平，今后数日之发展大可注意。共军如在四平驻足，则北迫长春；如国军大批援军北上，能解四平之困，则整个战局将有改变。

05-26　四平国军阵地趋稳。共军均在夜间猛扑，白昼则为国军空军控制。国军援军已有一部北上。吉市获空运补给后建筑防御工

---

① 在此之前，郑洞国也曾受杜聿明委托到南京请求增兵，但被蒋介石拒绝，理由是"东北重要，华北、南京更重要。现在各个战场的兵力都不够用"。熊式辉此行也是空手而归。

事。梅河口告急，东丰国军撤守。沈阳每到夜晚，抢劫、偷盗迭出不穷，市民避免外出。丰满电路尚未修复，入夜又是一片漆黑，不时传来枪声，人心在黑暗里战栗，恐怖着灾难的降临。

05–27　东北大战二十余日仍未退潮。目前四平外围共军仍有七万余，为东北战事重心所在，双方主力已有接触。共军昨夜向四平大举猛攻，一度迫近闹市区，市内子弹炮弹横飞，战况激烈。梅河口已发生巷战，该地共军数万人亦有向四平方向前进企图。法库二十六日被共军攻入。

05–28　共军昨夜攻昌图车站，今晨始被守军击退，惟共军未北退而有推向昌图、开原进攻模样。攻陷法库之共军已开始向铁岭、开原方向推进。

05–29　辽阳全市戒严，城门架设机枪，街头岗哨密布，挨户调查，捕提壮丁，被抓者多为贫苦良善之大众。征召之外更有戒严搜捕之法，令人民莫名其妙。

05–30　昌图昨晨被共军占领，双方刻在开原北激战。梅河口激战，据空军报告，守军一部仍在抵抗中。共军主力又向南移，昌图、开原外围已发现共军六师番号。（蒋介石秘密抵沈，行辕不准各报发消息。）[①]

05–31　蒋主席上午专机离沈返京。昌图、开原一带继续战斗。据四平来人称：市内物价上涨，无人管理，市府人员大半逃走，市政由军队兼理。

06–01　沈阳警备司令部宣布特别戒严令，规定每日自下午八时半起至翌日上午六时，除有特别通行证者外一律禁止通行。无论军

---

① 东北战局急转直下震动了南京，蒋介石不得不亲自到沈阳视察，但仍拒绝调兵增援，要求东北继续采取“收缩兵力，重点防御，维持现状”的方针。

民，有违反特别规定者，一律处以死刑：一、违反命令或不服指挥者。二、透露军机者。三、乘机放火或扰乱治安者。四、造谣滋事，鼓励风潮及扰乱人心者。五、乘机抢劫财物者。六、通匪有据或隐匿不报者。七、无故破坏交通通讯或建筑材料者。八、破坏铁路或军用通讯工具者。九、在夜间戒严时不遵守哨兵制止命令，强行通过警戒线者。十、乘此局势抬高物价者。十一、私藏无照武器或隐匿不报者。

06-04　吉长外围形势转紧，共军已陷吉南桦甸，逼扑伊通，磐石亦在激战中。铁岭城内已闻炮声，连日动员各机关党团及商工市民等积极构筑防御工事。现双方在开原铁岭间激战。据报开原昌图间共军主力增调已达七师，约五万余人。

06-05　自梅河口逃出者云，此次战役极为惨烈，六天五夜往复冲杀，尸骨成山血流成河，双方死伤五万人以上，协助国军防守之人民伤亡亦重。辽中战事南移，共军图据山地，普兰店撤守，磐石被占，全东北已为烽火笼罩。

06-06　东北各线昨今无大战，似在酝酿另一波浪，共军有自松北增援南下讯，国军亦有水陆增援东北。杜聿明接见记者称：此次共军南犯不能攻占长春、四平等据点，而仅四出流窜，国军将改变作战计划寻其主力，如共军进犯沈阳，正为吾所期待。对于一般有财势者纷纷逃入关内，杜氏谓去掉一批囤积居奇者，东北物资可得安定，并希望该批避难者不必再回东北。杜患腿疾已卧床近月，今日接见外埠驻沈记者十余人，为月来首次会晤。①

06-08　东北战事又转紧张，共军回攻四平城郊，一度逼近车

① 杜聿明病重，坚持指挥作战，一个月后四平解围，就离开东北了，其职务由郑洞国代理。

站，被击退。吉林、辽北、安东等地学生纷纷避难逃至沈阳，本市各校多成为临时避难所，各员生因仓促动身，生活艰苦，亟待当局统筹设法，各省府驻沈阳办事处门前终日有员生难民求赈，打破以往之清冷场面。

06–09　东北抚顺、本溪、北票、阜新等六煤矿因受军事威胁与电力影响，生产量大减。原抚顺、本溪两矿日产量可达万吨，今六矿日产总计约万吨，且每日运出者约四千余吨。本溪已大部停工，各矿工人亦多参加构筑防御工事。

06–10　共军向四平外围集中，国军空运大批军需，双方攻防战在准备中。

06–11　烽火漫天，沈阳各餐厅酒馆仍载歌载舞。杜聿明长官手令取缔，以期共克时艰。又，南京消息，中宣部新闻局长董显光谈东北军情：共军已改变其历来之流动游击战术，而作阵地战，此为共军作战方法之空前转变。今番能于甚短期内迅速整补完成，并携带较前更为精良及新式武器再度大举进攻，殊堪注意。

东北大战进行中，大公报发表《战乱不已，忧心如焚！》社评：

……战乱到处，一片破坏，一片饥荒，一片死亡。最近情形，战报纷飞，一片惨痛。在报上登载着某地有了进退，某城受了围攻，听锯口吱吱呀呀声过，纷纷锯屑尽是人民的鲜血；笼内困顿呻吟，饥饿痛苦都是人民的灾难。大东北闹得天翻地覆，十四载沦胥，现在又受破国亡家之惨。铁路寸断，工矿粉碎，那样殷富的东北，有的地方把大豆当柴火，而安东一带饿死人。那边清算，这边清剿，遭死的都是人民。共来斗争，国来清剿，善良人民不知命在何时；

再加上今年北方干旱不雨，麦收已无，秋禾难种，饥荒之势已成。人祸横流，天降鞠凶，北方大劫，竟已注定。拉锯区的人民有两句惨绝人寰的话，说：“以前怕死，现在怕活！”怕死是不知命在何时，怕活是不知怎样再活下去！真惨透了！万恶的内战，你已逼得人民不知怎样活下去了，还不该终止吗？

大公报社评所述内战带来的破坏及人民生活苦况是实情，但文中表现的立场，就是其所谓“中间偏左”倾向。这既区别于记者报道的客观性，也区别于国民党报纸的“政府立场”。这种区别，在整个内战期间都明显存在。

18 昼夜拉锯战

夏季攻势第二阶段，重点集中于四平，战况进入胶着状态，也愈加惨烈。

四平在沈阳东北300华里，距离长春为中长路第五站，所以又有“五站”之称。当地出产丰富，有大豆、高粱、苞米、小豆，所以日本人称之为“南满的米仓”。以四平为中心，有铁路东连梅河口，北通哈尔滨，南接沈阳，西北可直抵昂昂溪，是东北的重要交通枢纽，商业比较发达，形成南满一大集散市场。全市人口8万多。市区分铁东、铁西两部分，铁东多民宅与零星商店，铁西为商业中心，多西式建筑，各机关与高级官员住宅都在铁西。

围攻四平之前，5月初旬，民主联军由松花江南渡，先后包围孤立了长春、永吉，19日攻占公主岭，长春、沈阳间交通断绝。国民党军动员了约30万兵力堵击，以防止民主联军南下；而民主联军却以大兵力从中长路东西两侧包抄而来，不惜深入国民党军腹地，20日以后，以四平为主攻目标，先后占领四平以东的东丰、西丰、西安、海龙，以西的梨树、辽源、双山、通辽等县，如同两把刀子向四平两肋插来。6月上旬，又攻占了四平以南的昌图、开原两县，这样就封闭了四平外围仅有的缺口，四平被包围了。6月11日起，一场激烈的争夺战就此展开，这就是1947年那场著名的四平之战。

大公报记者张高峰在沈阳，一方面向长官部探问军讯，另一方面与四平保持联络，连续发回专电，报道战况：

06-12　四平外围大战展开，共军增兵炮攻机场、车站。

06-13　四平争夺战激烈进行中，共军向市区发炮，四平至沈阳电话已为炮声震扰不清。

06-14　共军昼夜不停猛攻四平，守军处境颇为危险。四平机场经四次拉锯战，仍在激战中。陈明仁军长致杜聿明长官电，表示以成功成仁之精神保卫四平。

06-15　昨夜共军总攻四平，一小时内发炮两千余发。四平巷战，双方已有肉搏发生。少数共军潜入市内，纵火焚烧，割断电线，突入公园之两千人一部已被守军消灭，惟严重之局面仍待解除。蒋经国下午抵沈，访熊式辉、杜聿明长谈。

06-16　四平危局已渡过，市内已转稳定。昨突入市内之共军后路被空军切断，双方短兵相接，进行巷战后即被国军大部解决。四平形势外围仍紧，空军已昼夜不停连续出动助战。蒋经国今晨与空军副总司令王叔铭同机飞四平上空视察。

06-17　四平共军仍由东北西北方猛扑市区，双方冲杀惨烈。蒋经国飞四平、长春等地视察，十七日复乘专车赴铁岭、抚顺各地视察，并慰问驻军。

06-18　四平之战已至白热化，共军不断向市内增援，一部已在市内核心与国军作房屋争夺战。昨日国军空投大批手榴弹供应守军。四平之战为东北大战以来最惨烈者。蒋经国十八日赴鞍山、锦州，即转返京。

06–19 四平市区内之巷战肉搏已进行一周，迄今惨烈程度有增无减。昨夜今日仍在核心争夺房屋中。

06–21 四平争夺战昨夜今晨仍血肉相拼，核心地区之房屋均反复争夺，国军市区内之防线已被切断一部，空军每日仍可空投弹药至守军阵地内。昨国军撤守铁路西之阵地，现集中在铁路东核心地区作战。

06–22 国军分路反击以解四平之围，共军密集炮火向市内轰击。沈阳高级将领连日重要会议，战事之新发展正酝酿中。四平之战最近几日为决定性攻守战。

06–23 四平连日在熊火浓烟笼罩中。记者昨下午飞长春时，在四平上空俯瞰，铁道以西一带浓烟大火七八处。最近一周间之战局发展大可注意。

06–24 四平宁静，炮声疏落，共军久攻不下，有撤退迹象。据由四平逃出之难民称：四平被围以来，铁西大部毁于炮火，巷战以后，飞机轰炸，人民死亡颇众，白天飞机炸，入晚大炮轰，不得不相继逃亡。市内食粮尚无问题，燃料已起恐慌，多以桌椅取火做饭。由四平至昌图沿路均有人民死尸，臭气难闻，五十里外尚能见四平熊火浓烟。末谓四平平矣。

06–25 四平之战仍相持中，未经证实消息称，共军主力已撤离。北援国军克昌图、迫公主岭。

06–26 四平之战昨至今晨共军攻城益为激烈，步炮联合向国军阵地冲击，国军固守并予还击。共军今后是否在四平外围与增援国军大战，目前尚不能判明，惟四平北之公主岭、四平南之双庙、泉头之得失，对四平颇有影响。

06-27　国军两路竞趋四平，共军攻势顿挫。此间报载：二十六日夜共军千余撤退时误入国军预设地雷与汽油房内，经国军放火，共军悉数烧死。

06-28　共军猛攻市区后即转移，其主力可能早已撤离四平。解救四平之国军南下北上两路均有进展，推测共军主力似避免与增援国军作战，四平本身之危险已过。

06-29　国军南北夹击四平，四平城内仍有小接触，但不如往日激烈。

06-30　国军会师，四平解围，沈阳各报出号外。共军向辽东、松北撤退。熊式辉等昨飞四平视察。

07-01　共军夏季攻势告一段落，今后虽可有短时间之间歇，然四个月内为国军在东北局势之最重要关头。四平双方巷战近两旬之力拼，国共伤亡均大，尤以共军为甚。此次共军进攻兵力约十万以上，主力仍为今春渡江南下作战者，武器方面除重武器略有增加外，其他亦无变异。今日对国军解围四平后之动向，此间无法判明，惟今后如何布置松花江沿线及辽东、辽西与安东之部署和挽救或在今后四月内之发展，将为下次战斗变化之重要因素。

就在四平解围的第二天，大公报发表张高峰6月27日自沈阳寄回的长篇通讯《东北的悲剧》，对一个半月以来的东北大战做综合报道，指“东北大战已经进行一个多月，高潮退而复涨，这正是东北悲剧的序幕”。

通讯首先回顾了战局的进程与演变，指出：

我们对这次东北大战的评价是什么呢？不论中共的背后有无别人支持，其战斗力之逐渐强大是事实，不能再以过去的尺度来衡量。中共战术的改变也有可注意之处，“突破重点，越点前进”甚至“逐一吃掉”，这是中共在东北开始运用的新战法。这一次战争，虽然有一大片土地与人民被卷在炮火底下，其惨状胜过以往，但更可怕的是今年秋天，那时候东北若再有大战，将比今日更复杂，更悲惨。

张高峰所指“更可怕的秋天”，依据是战争带来的种种“后遗症”。

战争首先带来民众的大量逃亡。一个半月的战争，把吉林、辽北、辽宁的25个县完全卷入炮火的旋涡。老百姓无法安居，只能逃亡，难民与炮火滚在了一起，以致沈阳人口骤增。但要在沈阳安身，还要有铺保，否则不能报户口，没有户口登记的就要驱逐出境。张高峰在住所门口就遇到一位老太太带着子媳，问要不要雇用人，她们的迫切问题不是饥饿，而是寻找铺保安身。

逃亡的背后必有饥荒。此次大战中，国民党放弃了安东，安东遂陷入混乱状态。安东早就在闹粮荒，沿海人民吃海草已经不是新闻，没有力量抢到粮食的只有等着饿死。通讯指出，东北“今秋的饥饿势不可免，因为壮丁都逃走了，地没有人种，秋收根本无望。东北的真正饥饿不是在战时，而是在战后的秋天”。

战乱还摧残了教育。长春、永吉被围，长春大学与长白师范师生四散，大部分逃到沈阳；铁岭、沈阳吃紧，东北大学的内地教授几乎走了三分之一，学生回家的也不在少数。25个卷入战争的县中小学都停课了，学生也逃散。对于逃至沈阳的8000多学生，当局成立了“战地来沈在校学生临时救济委员会”，使学生们勉强得以半饱为生。沈阳街头还出现新标语，号召“朋友们！投笔从戎吧！”“快当青年军去！”并且在所有邻近战区的地点都设有招训站。“否则来沈学生日有增加，救济经费不敷支配，学生只有自己去‘学生’了。”

炮火对于经济的打击首先指向动力工业。吉林小丰满电厂是全东北工业的基干，没有了小丰满就没有了东北的工业。这次东北大战，虽然没有波及小丰满厂内，但厂外所有通往南满的输电线路几乎全在战区，长春、沈阳、营口、鞍山、本溪、锦州、抚顺、阜新等地的电源全部中断，沿途高压铅线、瓷瓶损失尚无法统计，修复器材全部需要进口，估算将需要美金400万元。

小丰满输电断绝，不但南满各城市一片漆黑，各厂矿的机器也大部分停转了，这直接影响了生产，间接导致工人失业。不幸沦入战区或接近战区的工矿，财产与原料的损失不可以数计。东北铁路机车、客车、货车几乎损失殆半，烧枕木、扒铁轨、炸桥梁，各线满目疮痍。原来仅有可通车的3000公里，现在只剩1200余公里了。通讯最后写道：

内战的结果是如此，只有毁灭不会新生，只有饥饿不会吃饱。瞩目大局，东北的悲剧不过刚刚上演，剧情将愈演愈悲哀、复杂。等到幕落的时候，自演自看的中国人自己全要累得躺下去。这出戏还是不演的好！

大公报记者『哭四平』

同样是在四平解围的第二天，《东北的悲剧》见报当天，东北长官部组织中外记者团飞往四平采访，报道“大捷”。余纪忠为团长，张高峰是采访记者之一。

按照惯例，组织记者团采访，当局“新闻官”总要有所“部署”或交代，但余纪忠什么都没说，与大家聊着天一起上了飞机。到四平后，一切接待工作由国民党守军 71 军军部负责安排，余纪忠并不指手画脚，更不显示他的权力。

记者们先凭吊了战场。四平全城几乎成为一片废墟，民居、学校、商店的桌椅床柜全被搬到街头做了巷战障碍物，多处余烬尚未熄灭，双方战死的士兵陈尸道旁。看着这毁灭的情景，张高峰对余纪忠说：“这样的内战真不能再打了。”余纪忠默默无语。

回到晓东中学 71 军军部后，军长陈明仁向记者团介绍战役经过。这位黄埔一期的国民党军将领，虽然刚刚击败他的学弟、黄埔四期的民主联军统帅林彪，却没有显示出多少兴奋之情，反而显得很疲急，自称“当了20多年丘八，从来没打过这样的硬仗，挨过这么多的炮击”。对于他采用将大批黄豆撒在街上，阻止共军快速推进的战术，人称“撒豆成兵”的传闻，他也一笑了之。[①] 美联社记者再三提问：“此次战役有无苏联俘虏？”回答是：“没有！”又问：“71军什么时候改为美式装备？”回答是：“中国军队第一个美式装备的就是71军。”美国记者为什么一定要追问这场中国人的内战是否与美、苏两国有关？因为包括国民党中央社记者在内，都在搜寻此战的“国际背景”。

记者提问后，陈明仁请余主任讲话，余纪忠礼貌地谢绝了，他似乎和张高峰一样，也没有兴趣称颂这场“大捷”。以下为张高峰拍发的四平专电：

07-02　劫后四平并不是一个“惨”字所能形容，简直等于毁灭了。抗战期中也没有一座城市毁得这样惨。四平比人间地狱还不如，这一副灾景有几人看过？铁西区一片废墟，店民寥寥，铁东除民生药房外，也几乎全中炮弹。自来水毁了，电力局毁了，车站烧了，各机关只剩弹痕斑斑的四壁，民宅更不用说。四平毁灭在炸弹与炮弹之下。市民伤亡一万多，省府公教人员失踪也不少。刘主席翰东说，“作战容易善后难”。就是省府要找个办公的地方也不容易。四平还能复活吗？刘主席说，非三五十年不能恢复旧观。

07-03　四平全城数万难民亟待救济。行辕一日拨来救济专款流

① 1949年8月，陈明仁与程潜在湖南率部起义，9月作为特别代表赴北平出席新政协会议。见到毛泽东时，陈明仁提到四平之战表示内疚。毛泽东笑了笑说：“两军相战，各为其主嘛！犹如划船，都想划赢呀！……我看林彪打仗不如你。”1955年，陈明仁被授予人民解放军上将军衔。

通券三千万元。政府忙于善后工作，活人每人救济千元，伤者两千，死者三千。连日焚烧死尸已三千四百具，积压房下者仍在挖掘。因死尸过多且有未掩埋者，疫疠预防亦在着手准备。省府各厅处亦成瓦砾，闻修整费需流通券八亿，尚未请准。市内水电亦均无法恢复，省方已呈请将省会暂移开原。

07-04　3日竟日大雨，归来之难民扶老携幼，躲于断壁颓垣之下，面对一片瓦砾，状至悲凄，救济工作不宜拖延。雨后车站附近燃烧之大豆已熄，街头死尸臭气亦稍减。城内食粮尚无虞，难民苦于衣住问题。

07-09　四平之后方医院伤兵无床无被，连草垫都无，多赤身露体者。饭系未熟，面汤不如浆糊，医药亦无。一千七百余伤兵仅医生六人，看护一人。伤兵伤处已生蛆，满身乱爬，苍蝇成群，连呼老爷奶奶救命。难民无家无食，亟待救济。

张高峰回到沈阳，提笔写下长篇通讯，题目是《哭四平》：

几次提笔，又几次停笔，这篇追悼四平的祭文从何写起？十八昼夜的拉锯战，把四平拉成锯末了。是谁杀死四平，人民吗？人民也是被杀害的对象。我们不必再推敲四平死在谁手里，多少未来的四平还要毁灭呢？以后的悲哀恐怕更多，更惨。如果我们不能停演这“时代的悲剧”，想活的人也要早些预备一口棺材。

这不是太悲观了吗？请你看四平，全城是怎样毁灭的，人民是怎样被杀害的。

从六月十一日起，共军开始向四平城内进攻，七十一军军长陈明仁奉命坚守，激战十八昼夜，炸弹炮弹一齐向四平轰击，国军要守，共军要攻，人民夹在中间，锯呀！锯呀！由铁西锯到铁东。铁东的天主堂一度被共军占领，陈明仁军长仍在铁东的晓东中学内指挥抵抗，这时候援军北上最为迫切，飞机掩护，国军由开原攻抵双庙子，六月二十九日抵达四平南九公里的蛇牛哨，三十日早晨九时与城内守军会师，共军分东西两路退去，四平之围解开了。

接下来，通讯具体描述了战后四平所见：

记者团乘吉普车参观四平市区，大家都有一种悲哀的心情，要痛哭四平一场。铁东重庆路一带，沿街三步一坑，两步一沟，到处铁丝网，汽车过来退去绕着前进。大街上还没有野外平坦，家家墙上不是炮弹洞，就是子弹眼，打的像筛子一样。一些想逃而逃不走还能苏生的老百姓，大人小孩的脸好像几天没有洗，站在门口看过路的汽车。当汽车要过街头战沟的时候，他们赶快拿门板来垫上；汽车轮轴里搅进去电网，他们又蹲在一旁耐心的给解开，老百姓是善良的。

重庆路、一二各马路完全毁了，没有一家居民。小巷的壕沟里埋着死尸，不知有多少，只闻臭气冲天，大家掩着口鼻。偶然发现一两具士兵尸体，看看他们的手还用绳绑着，那是谁家的兄弟，被谁家的人这样残杀了？另一条街上，有一家四平最大的粮店，一大片高粱在燃烧，附近没有了居民，没有人去救火，也没有人去抢粮，任其烧完为止。听说四平损失的粮食约十万吨。

车绕回去看铁西，笔直的中山路约三四里长，两旁的商店、住宅、机关没有一家完整，街头上堆满桌、椅、木板，看来是作战时的阻碍。难民三五成群来归，十有八九背着粮食，只有这点财产了。

扶老携幼，头发凌乱，满脸灰尘，他们的眼睛绝不东张西望，只是低着头走路，也许他们是从那些废墟中逃出去的，回来只想看看自己的家还有没有？老小谁死谁活？顾不到再张望别家毁了的房子。家里房盖早就没有了，那些难民连避雨的地方也不易找到，站在一堆瓦砾上，欲哭无泪，呼天不灵，叫人民怎么活下去？！

车过中山路天桥，桥下熊火四罩，浓烟窒人，车站积存的万余吨大豆足够燃烧十几天。大豆有油，火愈烧愈旺，无人救，也真救不了。难民一群一群的冒火抢扒，周围时有枪弹的爆炸声，他们要活命，就不能再顾及什么流弹。一袋一袋的把大豆背出来，小孩三步一停，老太婆也喘息不堪。破口袋又滴滴答答的漏在地上很多，后来的人踩在大豆上，几乎全要摔跟斗。也有人从别处拾来大块豆饼，背着不方便，由地上滚回家去，一不小心豆饼倒在死尸旁边，搬起来再推滚，这不是穷人想发财，是饥饿叫人红了眼睛，什么大火，什么死尸，有了粮食好活命。

车过天桥到中山西路，那就更惨了。电力局门前士兵死尸横躺竖卧，皮肉红肿，苍蝇嗡嗡响。一个死尸的头上中了三枪，杀的是谁？是谁杀的人？凭吊死尸，不禁满脑袋问号。街旁的电杆倒的倒下，断的断了，稀稀落落的几根电线，像秃子的头发挂在电杆上。自来水塔的塔顶也坐在地上了。到处可以把人绊倒。中正路、聿明路、明仁路更是打得片瓦无存，因为政府机关全在这一带。辽北省政府的大木牌残断后，还留在街头。中正路都是高楼大厦，如今只剩下四壁，街头没有一个行人，静寂的空气里夹杂着死人的臭味。死人在那里？就是那些瓦砾的底下，想挖也挖不出来了。

在一座地堡旁，前进报的孙系夫兄拾起一盒子弹拿给我看，硬壳纸盒上印着“U·S·A 美造七九步枪尖弹二十发”，孙兄问我要不要，我望着那贼亮的弹头说："不要，看看就够了。"他把子弹扔了，留下那印字的硬盒。

明仁路口的大树被炸弹连根拔起，房上的瓦也都飞了，满地弹片、手榴弹、掷弹筒。中山西路的西头过去是日本人建筑的所谓官舍，专供各机关职员居住，共军把东墙打个洞连上西墙，在墙里钻来钻去作巷战。

通讯结尾部分，张高峰写下了自己的感慨：

十八个昼夜就把四平毁灭了。在抗战期间，台儿庄大战、武汉会战、长沙大火、桂柳之战，比一比今天的四平，那些算不上战争。今天四平之战才真正有血，有肉，有老百姓流不尽的泪水。庆祝四平大捷，不应该忘记死去的近十万军民。

沈阳东北民报一位同业写"四平归来"，开头这样说："四平的解围，说是一个神绩，毋宁说是一场噩梦。苦战的结果，在军事的进展上是胜利，但在现实的获得上，四平的解围却是剩下一片焦土，一处废墟，一个万劫后的破城。"辽北全省十县三旗，全部于此次战争中失陷，近来陆续收复开原、昌图等县，全省三百几十万人口，无一不待救济。哪里有这么大的财力？可是战争既然伤害了人民，又怎能忍心旁观？今天的内战真是时代的悲剧，打不休，讲不合，我们甘愿做这悲剧的主角了。

看四平，忧虑全国，东北的战争将愈演愈复杂，愈打愈惨烈，人民没有了活路，到处一片废墟，国家的希望在哪里？赶紧把稳舵，中国还是应该早点停演这时代的悲剧，悲剧让别人去演吧！

这篇通讯在大公报刊出后，东北长官部的新闻处负责人找到张高峰说，杜聿明、陈明仁等看了都很不高兴，说张高峰不报四平大捷，反而演“哭剧”，写祭文，像是共产党的记者。张高峰后来说，我没有党派身份，只是一个愿保持客观、公正，想表达民间意愿的新闻记者而已。①

杜聿明等对张高峰的报道不满，还因为他不仅没有为国民党军的“大捷”喝彩，也没有刻意追索民主联军作战的“国际背景”，反而还写了《东北的悲剧》，说中共部队战斗力增强，战术变化值得注意，国民党方面看了当然不会高兴，却也拿他没有办法。而张高峰预言秋季“若再有大战，将比今日更复杂，更悲惨”，却不幸而言中了。②

---

① 其实就私人关系而言，张高峰和吕德润与当年在东北的国民党高层是友好的，彼此也相互尊重，但这并没有影响他们的报道立场。1948 年，郑洞国在长春投诚，杜聿明在淮海战役中被俘；再后来，这两位黄埔一期的国民党将领都成了新中国的全国政协委员。20 世纪 60 年代初在北京，张高峰和吕德润都曾去拜访过他们，共叙旧话。1981 年 5 月，杜聿明在北京病逝，吕德润参加了遗体告别及追悼会，在自己的签名后面也写下了张高峰的名字。他写信给当时卧病的张高峰说：“事先未得你同意，但这个主我是敢做的，说不定还会受到老兄的表扬。”

② 1947年7月四平战役结束后，沈从文先生在为《湖南的西北角》一书作序时，写到他读大公报的感受：“民族在悲剧中的挣扎，亦无不于字里行间流注。直到最近，东北烽火中，吕德润、张高峰二先生的通讯，还是我爱读的作品。据我私见，这类作品虽有点时间性，依然值得由记者公会或所属报社为印行单行本，作全国性推销。因为这些作品实在都比一些杂凑文学作品有骨血、有生命，而又对社会现实富于批评性。即以文章言，也大多明朗而健康，可为习作叙事范本。”

善后·水灾·饥荒

黑土地大战两个月，炮火所到之处，无不一片狼藉，对工矿企业、道路交通的破坏，更是短时间内难以修复的，善后工作成为当务之急。但是，战争并没有停止，冲突、征兵不断，复工复产谈何容易？何况还有百姓吃饭问题。一个比较典型的事例是，东北大学本年毕业生 230 余人，就业无出路，有 80 余人请求留校重读二年级，不仅可免失业，还可免兵役，并且解决食住问题。

以下为 1947 年 7、8 月部分大公报东北专电节录：

07-07　四平解围后，政府收复区用电问题仍不能解决，锦州、锦西、阜新、盘山一带均无电照明，各厂停工。阜新煤矿停产，东北月需煤炭该矿供给半数，且有一部供给青岛、上海，如长此停工，东北用煤堪虞。闻当局决将派兵防卫。

07-08　四平解围一周，国军进展仍受颇大阻力，共军转至长沈铁路两侧变为外线作战，四平沈阳间仍为双方主力所争之地。共军企图久据中长路西侧，而随时威胁中长路。以种种情势观之，国军恢复此次战前之原态势恐非短期之事。

07-11　东北严重煤荒，年初五百万吨之年计划在炮火中已消逝，目前产煤已不足东北今日铁路之用。如今后不能增产，不但酷寒之东北今冬无煤，即火车亦成问题。

07-11　辽宁省政府兹奉东北行辕代电称：各部队近以作战需要马骡为数甚巨，为应需要，特定订奉召或应征入营壮丁可以骡马代替办法，如因家庭环境特殊请求缓役者，得申请缴纳一马或骡，请缓服本身之兵役；壮丁应缴纳之马或骡须口齿七八岁，肥壮且无残疾者。

07-15　中央日报刊载孙越崎文章谓，“东北历遭浩劫，硕果仅存的一点奢望在战火笼罩之下也像风前残烛，飘摇欲熄。这儿刚刚解围，那儿又告撤退，失陷者遭受破坏，未失者也不能工作，尤其严重的是，东北工矿及其他一切事业主要动力的丰满水电厂几已全部不能利用，将来修复费时费力，更为致命伤，不但幻灭了胜利初期人们的殷望，而且把中国的工业化抛后了若干年”。

07-16　东北各矿经济陷入苦境，抚顺、阜新六万人食粮不足，仅靠苞米维持。五百元流通券发行后，物价急剧上涨，尤以肥皂、毛巾、布匹等日用品为最，较之月前约涨一倍有余，吃高粱米都困难的人当然不敢问津。许多货摊空撑一天，连饭钱都卖不出来，真到了吃饭不易的年头了。

07-18　在政府区中之中长路经此次战争损失惨重，路局虽积极抢修，惟因器材缺乏，四平至沈阳、长春通车均成问题。长沈间轨道被毁一百九十公里，大小桥梁被毁四十一座，水塔九座，电线二百零三公里以上，抢修所需材料迄无着落，加之日来河水陡涨，此寸断之中长路欲恢复五月前之形势，时间上已不可能。

07–24　东北铁路经过两次战祸后已呈瘫痪状态，中长路支离破碎，沿线材料、路轨、枕木、机车、客货车损失无法统计，车站、号志、电讯等也极难修复。开原至昌图段破坏得最彻底，路轨大翻身，枕木全烧毁。清河桥原是两座各有六百多公尺长的钢桥，现在三十五个桥墩完整的只剩三个，桥身完全炸翻到河床里。今日的中长路，确已走上了山穷水尽的境域。

07–25　沈阳二十三日凌晨实施强制征集适龄壮丁，市府发表谈话称：自本年五月份办理适龄壮丁检查以来，按规定未受检抽验者、逃避者大有人在，致数月来欠额不能顺利征集。本府乃决定强制征集。事前逃避者，均经市府将其家长传到，令其具结于一周内将人找回。

07–27　沈阳因交通破坏，电力受阻，技工被征，原料缺乏，半年之内共倒闭五百四十家，民营工业已入死途。

07–28　东北青纱帐已没人腰，以后战争将易攻不易守。吉林南部共军近来调动频繁，四平以北共军集结约二万人，国军正在戒备其第六次攻势。

07–29　鞍山钢铁公司生产因五月大战已告中断，全厂员工及眷属三万二千余人，下半年需食粮六百万斤，今只购到二十一万斤，工人已用土豆与豆饼为饭。

07–30　行辕经委会召开煤炭生产会议，下半年需要量一百八十万吨，各矿可供给一百三十二万吨，现各矿尚有存煤三十一万三千吨，实缺十六万七千吨，故须增产，但动力、资金、人工均有问题，解决东北煤荒，实非易事。

08–02　阜新煤矿因北票电源断绝，陷于停工，矿井全被水淹，矿工一万余人无工可作，由矿方照常发给工资以维持生活。

08–08　鞍山强制征兵，日来鞍钢公司工人被抓者甚多，是以一般年轻工人多宿厂内不敢回家，鞍钢同人为此有意辞职者甚多。

08–09　小丰满水电厂作筑堤用之洋灰，鞍山、本溪、抚顺所存之各种生产工具，全数变为堡垒或防御工事，设备被拆得七零八落，恢复较重建更为困难。孙越崎表示，当前的要求即军队不能再撤退，工矿始能维持生产。军队有时尚可撤退，而工矿因各有其立足的条件，殊无撤退的可能。今则工矿人员在第一线作牺牲，殊可叹息。工程师所最伤心者，即一切优秀成果变为废墟。

屋漏偏逢连夜雨。大战刚刚结束，水患接踵而来。历史上，东北水灾频仍，几条大江大河每年都有大小不等的泛滥。统计资料显示，被灾区域中辽南平原占70%。如果按国共占领区分别考察，中共占领区内，松花江水系每年都有水患，只是记者无从采访，不了解内情。在国统区，辽河水系为害最烈，其流域面积中平原占半数，一旦大水漫灌，沈阳、辽中、辽阳、海城、台安、盘山、新民等县约3300万亩沃野农田即变为泽国，并因此造成粮食大幅减产和大批饥饿难民。

东北沦陷期间，日本人对防洪、治理都有计划，但投降时未能完成，完成的部分也因内战失修。1946年，水利部门上报抢修计划，结果“公文旅行”，直到1947年水患成灾，计划仍无下落。请看1947年大公报部分东北专电：

07–13　东北各地连日阴雨，辽河水系之水灾问题颇为可虑。继自相残杀后，水患又向无分党派之人类发动攻势，在人与人间忙于砍杀形成人类自杀行为时，对自然之抗力大减。如果今年成为洪水年，则人民连国共在内所受之损失远较四平为大。

07–16　小丰满水电厂之堤坝工程刻因材料用完陷于停顿，今年洪水期即告满水，如雨水再增，安全大成问题，堤坝如毁，下流各地将成泽国。此项工程四月开始，五月战起，修坝之钢筋水泥及人工改筑城防，工程迄今仅完成十分之一。目前战事虽迎小休，然材料用完，加以交通断绝，无法运送，且因输电路破坏不能尽力发电，因此排水益呈险状。前曾救急炸去堤高一公尺半，以减冲力。惟今年多雨，又值洪水期，能否渡过险关颇成问题。工程人员均有睁眼看火山之心情。

07–16　东北水患堪虞，北宁线上巨流河、辽南海城之梅河已开始泛滥，证诸以往辽南三角平原为灾患最频地区，该地区目前为政府军主要产米地。

07–17　东北连日阴雨未止，沈阳城郊之浑河河水距河岸不及一尺。辽河水系汇流入海口之营口市街已成泽国，积水深二三尺，房屋倒塌，粮价飞涨。营口以北九十华里，南至三十华里均成一片汪洋，田禾浸于水中，秋收堪虞。

07–18　经春间兵燹继以夏水之肥沃东北田地之粮产已成问题，收成如何虽不能估计，但不足则为注定命运。东北产粮最多之松辽平原鲜见田地有农民耕耘，已耕者多未锄草，而成莠草较禾苗尤高之惨景。

07–18　东北洪水攻势日益扩大，海城全县田地被水淹没十分之六；新民附近堤防决口四处，巨流河站至新民间之公路浸入水中；盘山县双台子河决口，东涓河决口，辽中县太子河决口，铁岭至沈阳河水亦在泛滥。

07–19　连日阴雨，沈市至各乡道路泥泞，运粮备受阻隔，食粮市场涨风如火，高粱米每斤已达三百五十元，大米四百三十元，大豆三百四十元左右，一般市民及公教人员叫苦不迭。

07–20　东北各河上流仍上涨无止，小丰满已至危险程度，今日电告上流猛涨，流水已超过溢水坝四公尺四，据称准备再炸坝，并请永吉当局戒备，以备爆发时市民之逃避。

07–21　营口粮荒数日来益形严重，高粱米价已跳至每斤四百五十元，苞米面每斤四百元，一般贫苦百姓已临危境。闻郊区农民已多有采取青苗充饥者，并有少数村庄发生抢粮事件。营口郊区二十里内已成泽国，田禾青苗悉被淹没，一时积水难以下落，预卜秋收恐将无望。

07–22　各县目下农作物多被水浸，农民称小麦全部已收成无望，若此雨再连绵数日，则其他田禾亦半无收成之望。

07–24　辽阳城外大批难民总数有千五百人之多。难民已到街头挨户乞讨，各机关、商店门口坐着衣衫褴褛男女老幼，吞咽着刚要来的残茶剩饭。

07–26　辽河支流太子河决口后，辽阳、海城县境多被淹没，海城耕地被淹占全县二分之一，秋收无望，农民多以泡烂之断麦为生，待救难民约三十万。

08–01　辽河泛水日渐退落，初险已过。东北国大代表参政员联谊会电请南京救济辽南水灾，谓辽南平原八县遭三十六年来未有之巨灾，被淹没农田二百五十余万亩，待救灾民五十万余人。

08–09　东北今年粮食供应堪虑。历年存粮经最近月余之大破坏，国军控制区域缺粮达七万至八万吨。东北粮食分布，小麦产北满，大豆产中部，高粱产南满，以中部之开原、昌图为最丰富，估计有百分之二十未及播种，百分之八十未能中耕，野草丛生，影响今年秋收。农林部奉令为铁路找寻枕木，但因森林地带已失，无法供给，于是到处滥伐民树，但除此实无办法。

08-10　东北粮食不足，为防粮荒，前已不准人民食米，兹又决定高粱亦应加粗，原为一百斤碾成六十斤者，将改为七十五斤，以增加粮量，并奖励人民吃苦。东北人民还不够苦？！

天灾人祸，东北人民苦不堪言。

魏德迈39小时沈阳行

1947年7月，东北夏季大战刚刚结束，美国政府特使魏德迈率团到中国进行调查，并于8月5日到沈阳，做了一次来去匆匆39小时的访问。大公报记者张高峰全程跟踪采访，做了详细报道。

魏德迈，美国陆军中将，抗日战争后期（1944年10月）接替史迪威出任盟军中国战区（总司令蒋介石）参谋长及美军指挥官，直到1946年4月离任。他在华一年半，对中国抗日战争的胜利做出过贡献，对中国的许多问题也有自己的见解，包括批评、建议。

由于对中国问题熟悉，以及与蒋介石的合作远好于史迪威，1947年初，马歇尔调停国共之争失败后，曾一度传闻魏德迈将出任驻华大使。7月，美国总统杜鲁门指派魏德迈为特使，率团到中国调查，其使命是，对中国目前及计划中的政治、经济、军事及心理情况“做事实调查”，做出评估并提出报告，为美国政府考虑对华政策及援助提供参考。

调查团成员由美国国务院、财政部、陆军部、海军部和报社编辑等九名顾问组成，7月22日抵达南京。蒋介石对魏德迈来华寄予很大期望，认为他将带来新的军事、经济援助和美国对华政策的改变，因此竭力配合。

魏德迈率团访问了上海、北平、天津、沈阳、青岛、台湾、广州，每到一地都接触了政府官员、军事将领和持各种政见者，研讨局势，了解各种看法。

由于魏德迈访华关系到美国今后对华政策、援助，引起国人高度关注，是当时的重要新闻，各报无不趋之若鹜。包括中共延安解放日报、重庆新华日报，不仅有报道，而且有评论。作为有重要影响的民营报纸，大公报当然要及时报道其动向。但是，魏德迈到沈阳，包括迎送、谈话、宴会、视察、休息，前后总计不过39个小时，他都做了些什么？意味着什么？以下照录当年大公报专电原文，可以看得很清楚：

08-03　魏德迈特使定五日来沈，此间准备提供之资料包括军事、工业、贸易三大项，均由行辕统一汇集。军事由长官部提供；工业则以煤、铁、电力三项之毁坏情形及今后生产计划为主，由资源委会提供；贸易由东北经委会编制“东北贸易”一册，说明“九一八”前后及光复后东北贸易情形，供魏氏参考。又闻民意机关将有十五项意见提出。

长春市长赵君迈奉召来沈，迎候魏德迈特使。抚顺已列入魏使行程。

08-05　沈阳的人们知道历史在演变，五日到北陵的路上两旁站满人，迎接胜利以来从未有过的贵宾。下午五时半，魏德迈使团一行乘三星专机在东北问题的中心沈阳降落。魏氏着灰西装，腋下的黑色公文袋好像装着许多问题。美驻沈领事华特介绍与熊主任式辉、郑代长官洞国晤面。魏氏与前在印缅作战的廖耀湘军长最熟悉，一握手就问："你也在这里？"于斌主教赶上来介绍几位在四平无教堂可住的神父。魏氏检阅全副美式装备之仪仗队后入城，至铁路宾馆休息。

魏氏抵沈后，换蓝色西装，赴行辕回拜熊主任式辉，谈话约半小时。七时，全体出席熊主任招待会，各界首长五十余人亦被邀参加，与魏氏偕行之各顾问分别被东北财政金融政治工程等负责人员邀至旁室或室外花园叙谈，八时散会。

晚八时以后，魏使回行馆与美方在沈人员、总领事华特、副领事胡贝德及顾问等开会，并无接见我方人士消息，仅接受各方面提供之书面报告多种。东北当局曾拟请魏使多留一日，赴鞍山参观，魏使以时间匆促辞谢。有魏氏随从人员称：此行在着重"事实的调查"。据新闻顾问华生称：魏使不拟答复记者询问。

沈阳不比北平，更不比南京，这里是战争的一个中心，是与苏联毗连的一块土地，其余就是一些劫后的工矿。那么魏使团来此，他们所想寻求的事实，亦就不难推测。可是魏使这几天的确够累的，晚九时与美方人员集会后，十时就睡了，他的团员在深夜还在替他整理资料。

08-06　晨七时有旅大青年百余人至魏氏行邸致敬，并持有"我们要回旅大"的标语。魏使公忙，由行辕刘科长代见。

魏德迈特使晨八时偕一部团员乘车赴抚顺参观，廖耀湘军长代表熊主任式辉、抚顺矿务局长谢树英、鞍山钢铁公司总经理邵逸周、东北电力局长郭克悌等陪往。按抚顺为我国煤都，埋藏量约九万吨，敌伪时代日产最高达三万吨，光复后减至日产五千吨。

魏使团一行六日九时半抵抚顺，下车后检阅国军二零七师。魏氏询问某士兵能否吃到肉，该士兵瞠目以对；又问一着秋季美式背心之士兵热否，答：不热。魏特使并对全体官兵作五分钟讲话，旋赴煤矿及炼油厂参观，由抚顺矿务局长谢树英按图解说，魏使等于当日二时许返沈。

魏德迈特使在抚顺参观煤矿时，曾询及日籍员工生产情形及人才训练问题。

魏德迈特使六日午后二时半由抚顺返沈，三时换穿戎装，在美领事馆接见郑代长官洞国，约谈一小时。四时接见参政员王化一及美商。五时以后与美方人员及驻沈美军联络团辛格罗少校等有所集会，并同进晚餐。定七日晨九时飞青岛。

魏使政治顾问施博思及财政顾问任金斯六日未去抚顺，在沈做搜集资料活动。午间，任氏至美领事馆访总领事华特，施氏于午后一时接见国大代表宁恩承，三时接见参政员王化一。宁氏曾任李顿调查团参议，熟悉东北情形。

沈阳人民团体致魏德迈特使函件约五六十件，以私人名义提出者甚少。据美方某人士称：所收各函件内最使人注意者为“苏联”与“中共”字样至多。

参谋总长陈诚六日下午两点偕随员二十余人专机抵沈。陈氏此行似有暂将坐镇东北之意。

魏德迈特使六日下午九时由美军事联络团返铁路宾馆行邸，陈总长诚即往访，无别人在座，谈话约一小时。

08-07　魏使团匆来匆去，一切按照既定行程，在东北三十九小时，仅用一小时酬酢，这是西洋人的工作精神。七日晨准九时一行飞青岛，完成半个北中国的旅行。飞机上又装走一包东北人的意见。中国问题足够美国人消化的。

魏使团结束其东北“寻求事实”的任务，魏使个人只接见了郑代长官洞国与东北参政员王化一，与王氏谈话四十五分钟，曾问到贪污与无能是否因为制度不好。王氏向魏使提出争取民权等问题，并举例。魏使更问到军纪与人民对苏联之感情。据悉，魏使早已获有资料，到此不过问问看看而已，也就是所谓着眼“事实的调查”。其余要见魏使的团体代表很多，有的由顾问们分别接见。

从8月5日魏德迈抵达沈阳，到8月7日离开沈阳，三天时间大公报共发专电15条，1500多字，最长的不过200字，最短的只有30多字，且分别发自沈阳、抚顺。这表明记者在随时随地“跑”新闻、“抢”新闻，不断地追踪、补充，不停地向报社发回最新动态，组合起来就是魏德迈一行在沈阳39小时活动的完整报道。这些报道不仅有行程，而且有细节，还有背景介绍，新闻要素齐全，内容丰富确实，在最常用的报道形式和极短的文字中，表现出记者对事物的观察、细节的捕捉、材料的取舍、新闻背景的运用以及新闻价值的判断，体现了大公报记者的职业素养与功力。

魏德迈中国之行有什么印象？8月22日，他应邀在南京参加了国民政府委员和部长联席会并发表讲话，坦言：“我相信中共的运动不能用武力击败，中央政府若要获胜，只有立即改进政治及经济状况，以争取人民群众的拥护。”他还对国民党施政提出了诸多批评，他批评贪官污吏剥夺贫苦农民，“使农民离开土地，形成匪群”；批评富人子弟逃避兵役、出国留学，而“不协助自己的国家”；批评官兵骄横粗暴，“以征服者的态度对待人民”，使人民有“憎恨和不信任之感”；批评政府组织“责任与职权叠床架屋，因而发生摩擦与无效能”，并且“引用私人甚为普遍……利用职权不顾国家与人民的福利而谋取巨利”……魏德迈或许希望向国民党猛击一掌，促使他们有所改变。

8月24日，魏德迈离华前夕又向新闻界发表声明：“在今天的中国，我发现许多方面消沉而麻木，看到许多中国人卑怯的失败主义，令人丧气。……要重获和保持人民的信任，中央政府必须立即实行激烈的、远大的政治经济改革。诺言已经不够了，实践是绝对需要的。中国人心一致热望和平，仅靠武力不能消灭共产主义。中共若爱国，亦应放弃武力破坏；政府则应痛除无能及贪官污吏。”

关于东北问题，据闻魏德迈认为，国民党政府不仅无力接收东北，甚至连掌控华北都有困难。因此他向蒋介石建议，在企图占领东北之前，先致力于华北的收复和巩固。对东北本身，则建议由中、美、英、俄四国共同监管，或依照联合国宪章实行托管，直至中国政府有能力接收。

魏德迈的调查结论，使国民党对他能够带来大量美援的期望破灭了，于是国民党反过来批评他没有公正地搜集材料，未能了解中国真实情况。魏德迈回到美国后写的报告，也被美国政府以“涉及绝密”为由束之高阁了。

新闻专电里的『玄机』

张高峰拍发的魏德迈在沈阳的新闻专电，区区百把字，常常蕴含深意，字里行间还有“玄机”和故事。

其一，在“魏德迈到沈阳机场”专电中，有“于斌主教赶上来介绍几位在四平无教堂可住的神父”一句，并非闲来之笔，而是有意为之。

于斌时任天主教南京总教区总主教，他曾在意大利留居 10 年，据说拥有三个博士头衔，精通英、法、德和拉丁文（张高峰说，我曾见过他写的中国字，实在不敢恭维）。抗战爆发后，他出任国民参政会议员、驻重庆的乐山地区主教。但他并非单纯的宗教界人士，许多人都知道他公开协助军统活动，与蒋家父子也时有过从，讨论“机宜”。由于他经常忙于各种政治活动，人称“政治主教”。大公报记者知道这个背景，并多次在报道中予以揭露。1946 年 9 月，内战已经爆发，于斌到广州活动。大公报驻广州特派员陈凡发专电报道：

于斌主教穿着宗教外衣，作政治旅行。其在广州之行程，自七日中午由沪抵此，至今日已告结束。于氏留此四日，酬酢甚忙，其容态之温和与言论之尖锐，适成一明显之对照。据于氏发表，其来粤任务为视察天主教务暨调查粤省灾情，但就其与一般社会之接触观之，则充满浓厚之政治意味。

于氏接见记者与出席各界欢迎会及对天主教学校员生与广州公教人员演讲中，均一再重复对共产党及苏联与中共之抨击。于氏称：苏军在我东北之搬运物资，与日军之掠夺无异，中共之到处掠夺亦然。于氏认为，国际合作之无成，乃由于苏联无诚意；国内和平之无成，乃由于中共无诚意。彼称：目前世界已分两大壁垒，一为民主壁垒，一为极权壁垒。民主壁垒主张全民政治，极权壁垒则主张实行阶级独裁，而国内问题又为国际问题之缩影。彼大声疾呼须加注意。彼演讲“天主教教育特点”时做比较称：共产党教育为恨的教育，三民主义教育教人亲爱精诚，而天主教教育更进一步，乃教人爱人如己。彼称三民主义为世界最完善之政治理想。记者问其对国民党之批评如何，彼称：彼望国民党能好好实行三民主义。至共产党则为无神主义者，天主教徒当然反对。记者复问中国天主教徒是否准备组党，彼谓尚无此意。

1947年7月，四平之战结束三天后，大公报南京专电：

蒋主席在官邸召见禁烟委员会主席王德溥及于斌主教，对东北一般情形垂询颇详。于斌、王德溥除对蒋主席保持东北主权领土始终不变之决心表示绝对拥护，并对捍卫四平之忠勇将士深致慰佩外，对挽救东北危机曾贡献数点意见，颇蒙蒋主席注意，而对积极发动民众组织，充实地方武力，扩大绥靖总司令制度，以唤起东北同胞自救救国之精神与努力一项建议，尤蒙蒋主席采纳，并勉东北同胞尤其公务人员应精诚团结，公而忘私，以达成完全收复东北之任务，而实现蒋主席以东北人建设东北之宿愿。

蒋介石召见并“垂询”于斌对东北问题的意见绝非偶然。8月4日，魏德迈一行到沈阳前一天，于斌即以“总主教”身份乘坐蒋介石派的专机飞抵沈阳。张高峰因采访关系，与他有所接触，对他披着宗教外衣的“从政”活动留有深刻印象。

那天，在沈阳铁路宾馆（东北行辕给魏德迈准备的官邸），张高峰见于斌胸前戴着光闪闪的十字架，夹着一个装满文件的黑色大皮包，便问于斌，此行的任务是什么？于答：“为视察教会而来。”张又问：“先生今天到沈阳，魏德迈明天到，是计划中的事情还是巧合呢？”于装作不解，打着哈哈回答说：“真是巧合！”下午，于斌就去了东北行辕拜访熊式辉，显然不仅仅为了“视察东北教会”。

8月5日上午9时，“视察东北教会”的于斌夹着他那鼓鼓囊囊的大皮包出席了行辕召集的紧急会议。熊式辉主持，而穿着黑色教衣、戴着十字架的于斌却比那些佩金板领花的国民党军高级将领还高一等，在会上做了训话式的主要发言。他说明了蒋介石给他的任务——“协助东北当局，满足魏德迈使团所需要的情报。”他还详细地报告了在南京三次谒见魏德迈的情形，以及魏德迈“最感兴趣的事物”。熊式辉则根据这位“总主教”的“指示”，把长春、抚顺等地的首脑们召来面授机宜，并且布置临时组织若干“人民团体”，准备了向魏德迈提供“控诉”中共与苏联的五六十份文件；又组织了部分学生以“旅大人民”的名义，做好“我们要回家乡”的手旗，准备

到魏德迈住的铁路宾馆去请愿。（见上节8月6日专电）

当天下午5时半，魏德迈使团专机在沈阳降落，于斌与熊式辉等同时到机场迎接。魏德迈走下飞机时，于斌首先上前握手，其次才是美国驻沈阳领事华特。到机场欢迎魏德迈的，还有四平天主教堂的法国神甫，那也是于斌事先布置好的。华特介绍熊式辉、郑洞国与魏德迈见面后，于斌用手势把三个法国神甫从人群中招呼过来，介绍给魏德迈，希望魏德迈能够召见他们，谈一谈四平战后“无教堂可住”等问题。显然，那也不仅是宗教问题。

8月6日，魏德迈去抚顺，张高峰随同采访，不知于斌在沈阳做什么。7日，魏德迈走了。8日，于斌也离开了沈阳。又是“巧合”？

张高峰无法确认于斌在沈阳暗中做了什么，但又必须披露他的存在，于是在关于魏德迈的动态报道中以客观记述的方式对于斌的活动“立此存照”——魏德迈到沈阳，本是外交、政治活动，一个南京主教来做什么？无异于戳破了于斌的宗教外衣；“在四平无教堂可住的神父”，不过是于斌活动的陪衬，同时暗指战火毁灭了四平。

当时，上海、天津等地的一些报纸，也报道了于斌在沈阳的活动，上海的杂志还把这些报道汇集起来，在“人物点滴”栏目刊出。于斌看到后很是尴尬，派人向记者“打招呼”，希望不要再发关于他的消息。他是贼人胆虚，恐怕暴露了自己的政客嘴脸。1949年，于斌终于随着蒋介石去了台湾。

其二，在“魏德迈到抚顺检阅207师”的专电中，张高峰写士兵“着秋季美式背心”，暗指青年军全副美式装备，竟没有像样的夏装，酷热中还要穿毛质薄呢军服；又写“魏氏问某士兵能否吃到肉，该士兵瞠目以对。”显然是指他吃不到肉，却不敢讲，又不想昧着良心说假话，所以露出一副呆傻相。

消息见报后，207 师认为张高峰有意丑化他们，派人到沈阳问罪，要求“更正”。张高峰说：“我的报道是真实的，是同情士兵。伏天穿毛料，难道不热死人？我若说士兵每天都能吃到肉，那才是假话。士兵们若是说我造谣，再来兴师问罪，难道再让我更正一次？莫如你们写信，大公报来函照登，说我报道失实，士兵没有穿毛料，每天都有肉吃，不是更好？”但 207 师不干，还闹到行辕去了。行辕的朋友劝张高峰息事宁人。无奈之下，张高峰只好再发一条专电，索性给它一个“此地无银”，文称：“207 师全体士兵系根据政府优待青年从军办法之规定，每人每日食肉三两、黄豆二两、油一两、盐五钱、青菜十九两，足能维持个人营养。且该师装备整齐，士兵精神饱满，极注重培养国防人才。复据该师某负责人称：七日报载魏德迈特使在抚顺询问士兵生活，与实际情形稍有出入。”这条消息不厌其详地介绍 207 师的待遇，显得很突兀，读者看了，就明白是军方找麻烦的结果，而非简单的“补正”。惟不知 207 师的人看了作何感想？

其三，张高峰报道魏德迈调查团“美方某人士称：所收各函件内最使人注意者为‘苏联’与‘中共’字样至多”，也是有背景的。这些函件实际上都是于斌与国民党东北当局策划、有意提供给调查团的。恰在魏德迈在沈阳期间，大公报刊发了一条美联社华盛顿报道，成为美方关注这一问题的佐证。

该报道称：“据此间权威方面消息称：魏德迈特使中国之行已获结论，即美国援助……单独给予中国国民政府，以使战胜中共，并恢复正常经济状态。美政府迄今尚未获得苏联直接以军需品援助中共部队之证据，但中共部队所获沦陷之前日军重要武器则甚多，此等武器系中共自日军方面缴获者。又称：大多数专家均认为，美国须派遣一批重要之经济、军事人员赴华，充任中国行政机关及军队之顾问，并予以10亿至20亿美元之援助，以提高中国中央军之士气而澄清目前局势。据称：美政府似不拟改变其对华政策。”

最后，张高峰的专电中写了一句，陈诚到沈阳“似有暂将坐镇东北之意”。这个猜测很快就被证实了，而且不是“暂时”，而是取代熊式辉主政东北全局。报道还说，陈诚与魏德迈单独会谈“无别人在座”，是因为有传闻，魏德迈请陈诚向蒋介石转达，建议撤换熊式辉等“无能官吏”……后来也很快成为事实。

记者报道字里行间藏“玄机”，是有多重考量的。

陈诚“新政”无力回天

魏德迈到沈阳之前，陈诚已经来过一次。那是四平战后的7月12日，陈诚以参谋总长身份到沈阳，连日召集军事会议。杜聿明因病已经离开沈阳，郑洞国代理总司令。当时，沈阳已经盛传陈诚将要主政东北，但陈本人对此不置一词。

其间，陈诚曾到四平慰问军民，又到铁岭为廖耀湘的新六军举行了授勋仪式。此举颇令熊式辉、杜聿明尴尬。因为四平战后，熊、杜只为坚守四平的71军军长陈明仁和增援四平的53军军长周福成请功，而对行动迟缓的新六军并未予以褒扬。许多人觉得，陈诚是在向熊、杜“示威”，也不怕他们下不来台，并且借此笼络人心。

7月18日，陈诚离开沈阳回南京之前举行记者招待会，他说：“真正之剿共军事今天才算开始，东北战局四平为转折点，以后东北局势好坏不在共党而在自己，要处处实行自我检讨，对别人不要批评太苛刻，而对自己不要太宽厚。”他认为，政治腐败无能和军事指挥失当是导致东北国军屡败的主要原因。“至于剿共军事何时才能完成，我不是诸葛亮、刘伯温，不能作预言，但如实行总动员，一定可获成功。”他又暗示，旧历年时剿共军事即可结束。记者们掐指计算，陈诚当指六个月为限。一般认为，陈诚这番话不是随意说说的，他的“批评”实际上是针对熊式辉与杜聿明的，也为他日后主政东北埋下了伏笔。

8 月 6 日，陈诚再次到沈阳，与魏德迈会谈后没有回南京，而是连日召见各级官员谈话。很快，军方就传出“东北行辕与长官部合并，由行辕统一指挥军政”的消息。但行辕主任一职是否将有变动，语焉不详。大公报沈阳专电：

10 日，东北军政机构合并改组事，经陈总长在沈连日召集有关各方磋商，已有决定，行辕统一指挥军政。行辕主任一职是否将有变动，目下尚不详。

14 日，行辕参谋长董英斌对记者谈：撤销长官部命令业已到沈，行辕编制中有四副主任，其一为杜聿明氏，郑洞国亦极有可能，其余尚未定。下设四兵团，设置绥靖区说不确。行辕人事以人才为主，政治、经济两委员会无变动，但不必要之附属单位将一律撤销。记者问以熊主任去南京否？答：否。问共军是否准备第六次攻势？答：现正积极准备中，定再来犯。

16 日，东北军政机构改组命令正式发表，长官部并入行辕。但行辕高层人选依然扑朔迷离。不过，中共却似乎有意要给国民党东北当局可能的变动一个“下马威”，大公报 17 日沈阳专电称：“共军以西安一带为基地，现由松北开来十万人，当地征兵约八万，辽南独立师扩大。双阳、伊通时有接触；国军亦开来部队，东北战云密布，人们谈话多以何时大战开始为题，实有暴风雨前夕之感。”

8月29日，陈诚兼任东北行辕主任的命令终于到了沈阳。张高峰见到改任行辕副主任的郑洞国，询以军事动向。郑认为，“共军第六次攻势可能在9月中旬，其主力分布将仍在中长路两侧及辽南，国军已作新部署，东北决战期日近”。

9月1日，陈诚抵沈。同日，大公报发了一条两句话的东北专电：“立法院委员刘不同抵沈称，封建关系之独裁制度必腐化与无能，只有民主始能促政府永久年轻，并为人民服务，但需共同努力。”这是否记者有意为之不好揣测，但确实颇有为当前局势作注脚的况味。

2日起，陈诚与熊式辉办理交接，并且举行了一个仪式。张高峰专电称：

……熊氏并向部属盛赞陈氏之才能。陈诚则谓熊氏请辞多次，中枢一时难有适当人选，故被派来东北，对各级工作人员均不愿更换。旋熊氏由陈氏陪同于军乐声中离去。熊氏定四日飞平小住。东北各民意机关暨各省市府举行鸡尾酒会，欢迎陈兼主任诚，欢送熊式辉氏。陈氏旋被记者群所围，略谈战局，……承认东北梅河口、西安一带共军主力威胁四平。对其他问题笑而不答。

后来证实，熊式辉确曾几次请辞，试探南京方面意图；蒋介石也几次“驳回”辞呈，要其安心东北，岂料又突然换将，令熊深感蒋的权谋之术高深，却又有苦难言。此时，杜聿明因病情加重已离开东北，陈诚一人独揽军政大权。

9月2日，陈诚发表告东北军民书，内称：“今后行辕之首要任务，即在执行政府剿匪政策。次宜及时去奢崇俭，力挽颓风。至于军队纪律，尤当彻底整饬，如有违法苛扰，定必严予惩处。同时吾人更宜各就岗位，各尽职守，于艰难困苦之中，寻求自力更生之道。”陈诚“新政”初露端倪。

此后几天，陈诚连续发表公开谈话，宣示其施政方针。如：“共匪六次攻势难免，然政府亦有充分准备，绝不容其幸逞。本人重视军风纪之整饬，对青年之学风思想更应善为指导。贪官污吏亦为吾人之革命对象。”“东北要建立成三民主义模范区，故地方自治为首要，培养人才为急务。贪污与整饬风纪问题，应先使不必贪污。一切当先由军队做起，更先由行辕本身做起，如不许占民房，工厂应交资委会或地方政府办，倘有贪污事实，可纠举，必开刀。裁并机构，取消政经两委会及行政院各部会属之特派员办公处。经济方面使工业交通专责办理，勿使其他机构牵制。物资供应不只应注意军队机关，而需注意人民之缺乏与需要”等等，颇有励精图治的气势。

陈诚也确实很快就采取了行动。

7日，出台东北役政新规定，“新收复区六个月不征兵，取缔拉夫，严禁自行征募”。后来还亲下手令，“征兵首由富绅及官宦家庭子弟着手进行，以垂范一般市民。其名册应于开征前呈报行辕，并于征兵完了后行辕再调查，以严兵役”。

8日，下令逮捕以兵学研究会名义经商谋利并开设舞场的现役中将田湘藩。此整饬军风纪“第一枪”，令那些经商的军人不得不停业以观动向。

10日，召集各省市首脑，要求他们“以身作则，提倡节约，戒除宴会、跳舞、打牌。已收复各地应安定民生，发展经济，组训民众，加强自卫力量”。

12日，迫于“新政”压力，已被任命却因中共占领无法进驻，滞留沈阳的其他各省市长提出，尽快迁移至负责省城接近地区，“以便抚慰流亡，并相机随军前进”。陈诚不仅予以支持，而且进一步压缩各省市府编制，以节省开支。[①]

15日，召集校长教授四十余人座谈，听取有关学生生活、教授待遇、环境治安、学校设备等问题的意见，并称：愿在个人能力范围内尽力解决。办事不在钱多少，而在控制得当，分配平均。东北军事安定后，当全力从事行政、文教等建设。

17日，行辕原设统一接收委会、房地产处理处、生产管理局职能重叠，陈诚下令合并为一，削减冗员。

为“以身作则，以倡风气”，陈诚自己率先迁入办公室住宿，同时命令行辕各处长每天早八点前到主任会议室集中办公。

陈诚着手整饬的，确实是东北官场的种种弊政。陈诚要推行他的“新政”，也不能不从整顿吏治入手。他派出的督察组四处严查，也确实惩办了一些贪官污吏，震慑了各种违法乱纪者。大公报沈阳专电说：

东北的坏风气在向好处转，没有人敢再抢房子了，已占的还要腾出，不三不四的招待所奉令关门，行辕官员准时上下班。为了节约，都不预备香烟招待客人，省下的钱改善勤务们的生活。各大饭店前的包车群已少见。近来行辕办案抓人，谁都存戒心。……陈氏除对军事另有决策外，对政治、经济过去拖的作风亦有所改革。新闻界

① 据大公报同年11月报道，东北各省府分等级职员限额规定如下：辽宁为一等省，省府职员五百人；吉林、辽北为二等省，职员四百人；安东为三等省，职员一百六十人；松江、嫩江为四等省，职员一百人；龙江、兴安、合江为五等省，职员各五十人。

人士认为陈氏久住京沪，知该地言论之蓬勃气象，故对东北亦定采取开明政策，对以往政策亦定有所更正。

陈诚初到任时，辽宁省临参会议长曾比喻说："熊式辉如内科大夫，对东北事尽心医治，但未见效。陈氏如外科大夫，东北已非开刀不可，开刀尚有生机。"然而，东北问题沉疴日重，病入膏肓，仅靠整顿吏治、军纪是无力回天的。请看陈诚实施"新政"的同时，大公报部分东北专电：

09–04　近日东北因南方运来大批军米面粉，故物价尚称稳定，民食问题较两月前为佳。被破坏之铁路枕木现仍需二十万根，现经委会正积极办理军粮、枕木、工矿复工增产等事。

09–05　东北七月份贸易入超，输入者纸烟占近半数，其次棉布、胶鞋、糖、呢绒。输出生铁占第一位，其次大豆、豆饼、煤、盐。数年来东北始终出超，胜利后转为入超，而输入又多为消耗品，甚至米面均由南而北运，生产不能复员，东北正渐趋贫困。

09–09　东北电力不足，原料缺乏，纺织业陷于困顿。各煤矿因电力缺乏及积水又多陷停顿，现每日产一万余吨，运出供应仅七千吨，东北冬季用煤颇堪虞。

09–11　东北工矿三大问题：电源，经费，治安。资委会决动员辽南公私大小电厂维持开工。因目前物价不定，经费难作确数预算，但政府决予扶植。治安问题则由军方尽力保护。

09–16　国军在东北之收复区仅及百分之七，人口为百分之四十五，土地与人口比例悬殊，食粮首先成问题，且辽南各地工业与民间用电迟迟不得解决，工厂减产，失业增加，故国军势必设法扩大收复区，以解救目前困难。

09-18 “九一八”十六周年，这日子在东北愈过愈冷淡了。今夏辽南水灾，难民百余万，战区难民为数亦不少，流浪沈阳者两万余人，冬赈亟待预筹。

09-22 近来钢铁市场凋敝，鞍钢出品颇受影响：一、各地治安不良，较大工程均停顿，如黄河铁桥不能兴工，长江、珠江流域民营工厂不景气，致使钢铁销路受阻；二、该厂成本高，无力争取市场，沪市场被美货及商人自运者占据。

09-29 东北耕地面积占全国百分之二十四，人口为百分之八，若施以农业改进，其增产效率必较内地为高，奈今收复区耕地面积为东北九省之百分之三十。

经济、民生问题种种，陈诚仅靠整饬官场、军纪，根本解决不了这些问题，更何况“军事第一”，军情紧急，容不得陈诚稳步推进其“新政”。

秋冬大战如卷席

几乎在陈诚“励精图治”的同时，东北民主联军发动的秋季攻势已经展开。大公报东北专电报道：

09-10　东北战局密云不雨，国军除大批增援部队出关外，并将各保安部队一律改师。国军某有力部队前往营口、辽南一带布防。现东北青纱帐起，战争变为易攻难守，一般人均有暴风雨前夕平静而沉闷之感。

09-11　吉北国军出击，共军连日调来生力军增援，吉北战事将展开。

09-23　榆关外辽西地带战事如深秋，冷热不均，现忽转紧张，一般推测，此为共军有目的之攻势行动：一、切断北宁路，隔绝关内外；二、掠夺锦西炼油厂、水泥厂之资源；三、占据葫芦岛港口。国军将以攻为守，肃清辽西地区。

09-24　北宁路关外段锦西、锦州一带共军退后又增援来犯，锦西资委会各单位均撤至葫芦岛待命。国军援军已连日由沈西开，统由副主任郑洞国指挥。

09–25　兴城西北发现共军万余人，国军戒备中。空军轰炸锦西之共军阵地。中长路业将双轨拆成单轨，桥系用枕木堆成，甚易破坏，倘再遭不测，则难修复。

10–01　辽西共军发动攻势，榆沈段时通时断，榆关已成军事重心。

10–03　东北秋季大战正式揭幕。与第五次攻势所不同者，在战略地理上甚显著，前次系共军渡过松花江作战，此次则在江南中长路两侧发动，且企图先隔绝关内外，再攻国军海上补给之葫芦岛、营口两港口，现北宁路已告中断。

10–05　此次共军攻势以破坏代替作战，各铁路沿线全被窜扰，锦沈段四日又告中断，沈阳本溪间一度断绝。沈长通车无望，南段仍通辽阳。沈阳四日起又戒严。辽宁境内到处烽火，市场富于敏感，三日来物价涨一倍，有的竟跳了两倍，高粱米六百流通券一斤，且有行无市，大米七百五十元，面八百五十元，人们说不是吃不起，是活不了。东北正值秋收之季，大战复起，粮源堪虞。

10–07　东北农作物未及秋割，遍地烽火，辽宁省府日前电令收复各县府，鼓励农民及早抢割，如有经济困难不能赴耕地收割者，可由当地政府贷款。

如果说，陈诚搞政治还有些经验的话，那么，他在军事上却难当大任。到东北之前，他在山东战场已被陈毅、粟裕的华东野战军打得惨败，还丢了王牌精锐暂编 74 师。到东北后，他没有接受教训，依然刚愎自用，甚至排除异己，到处安插亲信，连曾经坚守四平、打败林彪，刚刚被蒋介石授予最高军功章的71军军长陈明仁，都被他莫名其妙地撤职了。陈诚的种种做法，引起许多东北高级军政官员的不满，连他的副手郑洞国都说，陈诚“刻薄地攻击熊式辉、杜聿明等人，一时舆论哗然……大家也不相信他在东北能比熊、杜搞得更好，所以均以冷眼观望的不合作态度敷衍他”。陈诚按照他的部署指挥作战，结果在东北战场又是一败涂地，而且输得更惨。

民主联军的秋季攻势（国民党称“第六次攻势”）从9月中旬开始，主战场在辽西，专打国民党军兵力部署薄弱地区，迫使其四处调动疲于奔命，并对锦州至山海关间的铁路实行彻底破坏，切断了国民党军关内与关外的联系。

东北战局恶化，蒋介石于10月8日再度飞临沈阳，召集会议，指示机宜，连在北平的傅作义都赶来了。这是1947年蒋介石第二次到沈阳（第一次是5月夏季大战时），可见东北在其心目中的分量。蒋在沈只停留了四个小时就飞走了，但答应陈诚，从华北战场调六个师增援东北。

10月10日，陈诚在国庆纪念会上分析军情，依然嘴硬地说：“我们可以把剿匪分成三个阶段，匪方一是盘踞，二是流窜，三是溃散，我们一是进剿，二是追剿，三是清剿。我们可能在匪军进入第三阶段的初期达到清剿目的。至于东北，说来惭愧，兄弟到此已有40天，仍然使匪发动了攻势。但只要大家努力，我们只准匪有第六次攻势，而不容其有第七次攻势。现在险期已过，至少已不可怕。讨匪战争不完全是斗力，同时也要斗智，希望集中力量，注意智的斗争。共匪的特长是利用机会，制造机会，今日双十节，所以我们不举行游行，不给他们机会。”记者们听了，都觉得陈诚在说大话。有记者当场提问：如果共军发动第七次攻势，将如何？陈诚只能支支吾吾，遮掩过去。

14日，辽西战事急转直下，傅作义再次到沈阳会商军事。17日，陈诚又召北平行辕参谋长徐启明、河北绥署副主任上官云相及驻承德的13军军长石觉到沈阳商讨军事。看来，陈诚自己也沉不住气了。

后来的战局愈演愈烈，破坏也越来越大。且看大公报专电报道：

10-19　东北大战揭幕后，发展甚为国人瞩目，两旬来双方主力迄未硬战。共军先自辽西发动攻势，目的即切断冀、热、辽之联络；阻止出关东进国军，并向北吸引，削弱将来沈长间国军作战之力量。日来吉长间之战斗，或视为攻扰牵制，试探国军虚实，再向吉长两城作进一步之战略计划。

10-21　东北工矿又频险境。阜新煤矿新屯矿一度弃守，其他五矿亦暂告停产。某负责人苦笑谓：不是没煤是倒霉。抚顺煤矿较上月减产四千吨。鞍钢需煤，如运输不能恢复，有被迫停工之虞。战事结束无期，食粮问题益感严重。据关系方面称：并非供不应求，系因交通被毁；同时农村未及秋收，市无存粮。

10-23　沈阳物价飞涨，当局硬性管制，所有报纸只能登载官定价格，否则触犯紧急戒严法。吉长两地奸商囤积居奇，不出旬日物价又倍增。棉布每匹由五万元涨到八万多，棉花每斤由一千八百元涨到三千元，高粱米由一百七十元涨到二百四十元。巨商每日在研究某货涨的快，贫民则在恐怖明日无衣食。

10-26　营城矿解围，房屋十无一存，伏尸垒垒，一片瓦砾，秋粮冬衣被洗劫一空。灾民无衣无食无屋，亟待赈济。

10-28　沈阳物价疯狂上涨，大米由五百元一斤一跃跳过八百大关，薪水阶级和家无隔日粮者闻之胆寒。当局枪毙四奸商，阻遏涨潮，并公布日用品限定价格，布告甫出，市上立即缺货。沈阳左近各县人士潮水般涌入，住房即成严重问题。火车不通，豪族富商之流抢购机票，平沈班机登记购票已到十二月。

10-29　阜新煤矿现已全部停产，两万工人干吃，赔累不堪。东北产煤已减产十五万吨，影响可虑。复活阜新，首要抢修对外交通，其次要有钱。

10-31　鞍山钢铁公司因煤不能接济应用，已修好之四百吨化铁炉在烤炉，不能开工。资委会东北各工矿主管负责人集会，大家愁眉苦脸，煤、电、治安、经费等问题均须解决，闻拟提出具体意见，供陈总长诚参考。

11-02　东北战事近又转变，彼此兜弯，又像拉锯，你退我进。共军企图仍在切断东北对外交通，期与国军在东北拖延周旋。

11-03　北宁路关外段不断遭受破坏，平沈车不通已逾一月。由沈入关者，搭慢车抵兴城，换乘胶轮骡车循公路约十小时可达绥中，再换火车经榆关到北平，全程约需四日。兴城绥中全段遭彻底破坏，一时难望修复。

11-05　东北连遭炮火，煤已构成主要问题，东北物调会商讨分配办法，计鞍钢公司一万吨，实需三万八千吨；机车二万五千吨，实需约八万吨；沈市民用四千五百吨，实需一万五千吨。其余分配军用与工业用煤。

11-07　东北战局演变忽紧忽缓，共军到处进攻，国军随处迎战。六日官方发布消息，长春以南大战一触即发。七日复称，长南共军大部逃窜，吉长地区渐趋缓和。咸信共军东西调动，企图拖延战争时间。

11-09　东北战火频仍，铁路多中断，以沈阳为中心，东至抚顺、西至新民、北至铁岭、南至鞍山，均不出一百五十里。孤悬辽河口之营口市煤无来源，各工厂多停工。辽西一带因阜新、抚顺煤运不出，工厂及电厂焦虑。

11–10　东北战事如重性疟疾，忽冷忽烧，共军之作战方法令人难以捉摸，一会东西对打，一会南北夹攻，有时干脆不动观望。看样子国军未能全力应付以前，东北战事要拖延到年底。

11–11　沈阳奇寒，街头冷落，多少难民无棉衣，多少人家无煤火，今冬不好过。锦州锦西两发电厂因存煤用尽已停工，长春电厂亦因缺煤预计本月停止发电。小丰满每日发电因无法输送各地，仍全部放入松花江溶解。

11–12　沈阳市内交通要道及大马路中心正动员构筑工事，闻月内完成市内碉堡一百五十个。

11–13　沈阳大雪，因冬煤无着，各机关、旅馆、住户多未升火取暖，此间正发动募寒衣运动。东北飘雪后煤价大涨，原煤市价流通券五万七八千，黑市则十六七万，块煤二十万出头，零售每斤一百二十元。

11–14　陈诚检讨东北施政谓，环境不同，难期经济正常发展。军事展开前不做无计划建设，今后努力不许再有七次攻势。

11–15　东北战争日来又告沉寂，共军一度围攻永吉长春两地，国军空运增援后，共军似避免主力作战，即退出该两地外围，并分向中长路两侧集中，仍拟在长沈之间布置主力，随时南北出击。

11–16　东北战局渐入息战状态。共军仍以主力集结东西丰一带，窥其行动似在调整部队，等候战机。据悉，长春无煤无电，市面荒凉不堪。

11月16日，历时50天的东北大战结束，战场渐趋沉寂。经过此役，国民党军被歼近七万人，丢失城市15座，地域近四万平方公里，进一步收缩于中长路和北宁路的几个孤立城市内，陷入更加被动的局面。

『东北在变』变向哪里

秋季大战结束，东北进入一个短暂的沉寂期。回首年来大大小小战争给东北带来的变化，张高峰以“东北在变”为题，发回长篇通讯。以下为节选：

树枝枯黄，雪花飘飞，动乱的时代又配上了这凄楚的季节，棉衣、粮食、冬煤都该准备，又都没法准备，家家忧愁，人人贫困。看看日历，这是胜利后第二年，太平的日子还在梦乡。

东北沦陷过十四年，始终是国人怀念的地方；收复后的两年来，东北又是战乱的中心，一直被国内外所注意。东北不幸，动荡的时代使它在变，多变少，富变穷，美变丑，善变恶，有变无。历史方向愈错，东北变化的愈多。

富变穷　战争本身就是富变穷的主要因素，炮火赶着善良的百姓家败人亡，东北大好的河山与建筑多毁于自己的炮火。战争不停，物价在滚汤圆，愈滚愈高，人民老赶不上。九月以后东北对外交通断绝五十几天，物价翻了身，又折了个儿，高粱米流通券五六百一斤，大米要八百，美国纸烟全在三千元以上，多人都说忌烟的时候到了，饭却比较难忌。沈阳街头讨饭的人群没有“忌”的勇气，老的坐在地上呻吟，小的追逐行人，呼爷爷叫奶奶，谁也不肯掏出一百元的流通券。讨饭的孩子们死追！钱没有要到，西北风灌满一肚子，回到母亲面前被痛骂无能，孩子们哭了。我们不相信这些人的家庭早就是讨饭的传统。不久以前，他们也许有自己的田园与锅灶，最近才变穷，而沿街求乞了。

东北本来是个好地方，二十年前没有办法的人就打主意“下关东”，到了关东，吃喝衣住可以完全解决。现在不行了。十月间东北放赈，到处都需要救济。各地的小学教员维持不了一饱，也在分头请愿。流亡的学生苦得在沈阳街头卖报，学生哪里会做买卖？明明是穷途末路。学生们在饭馆里低三下四的向客人求售一张报纸，有时被茶房赶出去，还不是穷的压迫？这时代使美的变丑了，我们同情这群苦的学生。沈阳国立二中全体教员为生活所迫，组织了话剧团准备售票公演，全部收入作为生活补助。这群先生们将要粉墨登场，为人师表者出此下策，这正是一面镜子，照给丑的时代看。虽然这件事最近被该校校长否认了，我们仍同情这群苦先生。

前些日子沈阳警备局长毛文佐在临时参议会席上报告警察生活，一等警月薪一万九千三百元、二等警一万九千元、三等警一万八千元，以现在的物价计算，每人每月最低伙食费要四万元，所以有的警察下了班去蹬三轮，有的每天只吃一顿饭，有的老婆向隔壁讨饭。东北社会正是一片穷象。

多变少　东北地大物博，任何生产的数字几乎都超过内地各省。大豆、高粱、煤、铁、木材更非内地所能比。不幸的很，胜利后东北的生产数字正由多变少。农产品平常年东北产三万万五千多万担，占全国百分之二十一，今年生产一万万五千多万担。日本投降时，东北每年产煤二千五百万吨，今年十月为止，煤产量不到三百万吨。林木采伐量为四百九十七万立方米，现仅四万四千五百立方米，约占百分之一。铁路里程原长一万一千一百公里，现在吉（林）局管辖之永吉长春段已中断，沈（阳）局仅管辖沈阳至本溪，沈阳至营盘两段，合起来不过三百多里。锦（州）局管辖沈阳到山海关段，齐（齐哈尔）局已无路可管。另外是中苏共管之中长路，以沈阳为中心，北通开原南至汤岗子。总计起来，政府控制区铁路全程约一千多公里，而且路线被切得零零碎碎。运输力量原来六百五十万吨，现在机车与车辆天天在毁，路基与路轨天天被扒，运输力量已经减到三十至四十万吨。工业生产原为九百万吨，现仅一百二十五万吨。矿业出产三千万吨，现仅六百万吨。第六次攻势以后，工业与矿业生产数字又要打一个大折扣，而那不能再减少的运输力量，还很难按照计划使工矿业出品运抵各地。出品减产与滞销，资金冻结，成本亏损，重重困难，正逼得各厂矿负责人无路可走。

东北行辕陈主任说："东北产业及资源本较关内为丰富，然今日之形势，已大不相同。正常的经济发展一时已不可能，欲恢复原来的基础，恐非短期内与加倍努力所能做到。东北的险象环生，使得吾人惊心怵目。"

有变无　世界上可分成"有"与"无"的国家，东北则是"有"的地方。国际间常因"有""无"而战，国内之战在政治上各有目的，在经济上也难免一争"有""无"。但今天的战争破坏多于建设，"有"的也给打"无"了，"无"的更"无"了，"有"的东北要变成"无"的东北。

东北已经零下十度，亟需的是煤。东北冬天没有煤，不仅工厂要停摆，活人也得停摆。煤的供应情形怎样？照需要的数字差的太远，政府控制区原来有阜新、抚顺、北票、烟台、营城、本溪、西安七矿。今年五月间西安煤矿失守，北票煤矿被毁，尚未复工，十月间营城煤矿失守，阜新煤矿主矿被毁，全矿停工。十月以后煤的供应问题就严重多了。现有的烟台、本溪、抚顺三矿生产能力，决抵不过原有的六矿。十一月份东北用煤只有七万吨，若向用煤机关分配实感不够，不分配更不够，铁路用煤就要九万吨。闻当局已下令，吉长区十一月升火，辽南十二月升火，可是东北已经三次飘雪了。

煤荒的第一个原因当然是战争，第二个原因是运输，阜新矿存七万吨到现在还不能运出救急。抚顺有露天矿，煤本可尽量挖，但运输工具不够，无法大量生产，生产后也无法大量运出。永吉小丰满是东北电力的渊源，因为所有输电线路多被破坏，六万千瓦的电全部放入松花江水里，不能往需要电的地方输送。辽南辽西与长春各地全赖火力发电维持光明。因为无煤，锦州发电厂十一月停电，长春电厂只能维持到月底，动力没有了，各城市失去照明，国营民营大小工厂也多先后停工。东北原来是有电的，现在到处感到黑色恐怖，黑色造成工业经济的危机。

东北的产粮区大部在北满。政府控制了东北面积百分之十，而控制区的人口却占全东北的百分之四十七，比例悬殊太大，食粮首先感到供应不足。中共区粮食过剩，不论用什么方法封锁，究竟是在一块土地上，总可以偷运，政府区域也不一定就闹粮荒。但是战争接连不断，到处炮火，人民逃难都来不及，不会有人敢冒险运粮。再者打仗的军队要征车、征工、征牲口，想运也运不了。所以乡村的食粮到不了城市，城市闹起粮荒。有人说这是暂时现象，东北农村到处有粮，战争缓和后，食粮的供应即可恢复常态。可是战争偏偏是长期的。东北是产粮的地方，现在开始向外购粮了。

美变丑 日本战败了，几百万在东北的日本人全低下了头，恭敬着我们这胜利的人民。东北接收之初，任何公共招待的场合都少不了侍应的日本下女，吹吹打打的日本乐队。每个日本人见到中国军人马上九十度的鞠躬，日本人都不敢坐中国人蹬的三轮车，多少日本女人愿意嫁给战胜的人们，这固然是一幅胜者的美景，日本人的丑态。胜利过去了两年，这美景也跟着消逝。

虽然日本人大都回了国，剩下的日本人，在马路上一样与我们并肩而行，九十度的鞠躬恐怕要等到再一个胜利的时候。日本人也坐上了中国人的马车与三轮。不愿意回国的日本女人与中国人过了两年的日子，了解了战胜的人，甘求离婚回到日本去。留用的日本技术员工与中国人一齐工作了两年，懂得了我们是怎样胜利的国家，也纷纷请求回国。从葫芦岛回来的朋友说：日本人上了船，汽笛一响，人人脸上带着无限愉快，回过头来用手指着岸上，不知咕哝什么。朋友怀疑日本人骂我们丑。

东北有日本人留下的无数房产，接收以后变成中国人的摇钱树，张顶给王，王顶给刘，刘顶给赵钱孙李，大家都从中取利。沈阳市有多少不三不四的“招待所”“酒馆”“餐厅”“筹备处”，随便占了房子，里面表演着纸醉金迷的丑事，有权管理房产的不敢管，有权纠察风纪的不敢纠。

东北在变，我们相信物极必反的原理，不久东北会由少变多，由无变有，由丑变美，由穷变富，到那时候，我们的子孙又该打算着“下关东”了。

这篇通讯的最后，张高峰寄托了对东北未来的希望。通讯见报后，南京国民党的《中央周刊》发表针对文章，指张高峰“为共产党张目”，张文所说的“变”是“想往共产党那边变”，而且“一旦中国全部被苏联占领，‘东北在变’的作者必然还要写一篇‘中国在变’”，意指张高峰终有一天会背叛民族做汉奸。这段公案虽然不了了之，但一年后，国民党再找张高峰的麻烦，就不仅仅是文骂了，而是告上了法庭。

留下一个烂摊子

秋季大战打得陈诚灰头土脸，他10月初所说“只准匪有第六次攻势，不容其有第七次”的“豪言壮语”，到11月中就变成了“今后努力不许再有七次攻势”。然而，林彪像是有意令他难堪，仅仅一个月后，又发动了冬季攻势，并且直指国民党东北军政中心沈阳。外围战事逐渐向核心紧逼，沈阳陷于孤立，物价飞涨，电力中断，煤荒严重，人心惶惶。偏偏此时，陈诚旧病复发，卧床了。

陈诚虽然躺倒了，主政东北的职责还是他的，他必须面对残局。

秋季攻势之后，国民党在东北的实际占领区只有沈阳、长春、永吉、锦州等几个主要城市和周边部分县城、村镇了，面积不足东北全境的10%。在这样局促的范围内，却集中了东北最重要的工矿企业和总人口的45%，又时时处在战时状态，生产、消费、管理、运转都陷入了混乱，态势近乎失控。张高峰每天发回的东北专电，几乎没有什么好消息可以告诉读者：

11-16　东北经济状况日濒窘境，自九月战火复炽后，东北对关内外交通全被切断，呼吸器官失灵达五十日，货物及食粮均无法出关，故物价飞涨冠于全国。东北各厂矿因缺煤电，出品减产且滞销，赔累数字可以想见。国营者每月损失法币不止千亿元，民营者更无从统计。冬煤因各主矿非毁即失，本月供应较实需数差四分之一。东北已几度飘雪，各地多未举火取暖。冬赈与寒衣募集工作各方正在推动，大局不明朗，东北经济状况难望好转。

11-17　烽火中之东北工业基础，因缺煤而无电，征工又征料，益濒晃荡，大有垮塌之势。东北工业危机之造成，首为战争影响，次则各方尚不了解东北工业之重要性，政府接收后之各厂矿，办好办坏无人批评，亦无嘉奖，维持开工而已。一旦问题发生，各方均不能配合解决，反而互相牵制。东北各厂情形实为无可为而为者。

11-18　东北各矿减产，煤荒日趋严重。阜新煤矿停产后，四万员工及眷属已成救济对象。鞍钢每月需煤三万八千吨，本月因煤荒减至八千吨，炼焦、制胎、钢管等厂已被迫停工，炼钢厂亦危在旦夕。国内钢材由该公司供应者半数以上，一旦全部停工影响甚大。中纺公司所属锦州、辽阳、营口三厂煤电缺乏，锦厂已停工，辽营两厂勉强维持。各地电厂均因无煤停电，各厂因无电亦停工。

11-23　长春市内无水无电无煤，人民生活艰苦万分，多以伐木取暖。汽油更匮乏，闻市长孙桂籍已改乘三轮。水源不畅，当局劝市民凿井，然地冻挖井亦不可能，故用水亦渐感困难。

11-24　中长路短期内通车无望，吉长交通亦中断。现国军在吉林仅控制永吉、长春两城，其他地区均为共军占领，两城颇感孤立，一切多赖空运接济。

11-26　资委会副委员长孙越崎第六次来东北做视察，有人戏称孙氏为“煤铁大王”。孙氏笑答：“煤是倒霉，铁是贴本，我是‘倒霉贴本大王’。”

11-27　长春电力极感不足，为节约电力，本市十种报纸改出四开一张联合报，交通公司拟恢复烧木炭汽车，自来水管理处拟以柴油机代替电力，惟较电力成本为重，水价势将调整。希用户及早自动凿井，以防电力不继时发生水荒。

11-28　今冬东北比去冬更凄惨，老天不睁眼，隔几天一场大雪，长春气温零下二十八度，沈阳零下二十二度。锦州块煤黑市四十二万流通券一吨，沈阳三十五万。长春根本无煤，电厂磨豆饼代替燃料发电。机关、学校、人民都以艰苦精神抗寒。宣传已久之粥厂经费不足，难民暂缓登记，想开锅还得募捐。

11-29　东北各地大雪，沈阳道路积雪盈尺，电车停驶，三轮车亦敛迹，煤价再涨，市民叫苦。各校无煤，教室墨水、砚台结冰。市立各中小学下月中旬将放寒假。沈阳私立大中学同学会招待记者称：当局宣布停止平价配售粮煤，同学立感恐慌，伙食由两万升至七万元，下月各校伙食团将断炊，且冬煤无着，教室奇寒，少数同学尚无棉衣，呼吁当局救济。

12-01　冷气遍袭长春的大街小巷，威胁着六十二万市民。倒房的梁木变成了抢购商品，多年积存的煤烬被翻出来再做燃料，豆饼、糠秕、柴草、畜粪，甚至枯叶都拉进了市场，成了冬之娇客。

12-04　沈阳物价波动未止，尤以粮价为甚。窝头一个要流通券二百，比铜元大点的烧饼也要二百。苦力嚷着难活。煤油六千元一斤，无电点不起灯。沈阳四联分处奉到蒋主席手令，内称“日来物价飞涨，纯系游资作祟，应即停止贷款，到期放款即予收回，紧缩信用贷款，压低物价”。该处奉令后即遵照执行。

12-05　抚顺来信：役政朝令夕改，老百姓无所适从。先是严格普征，有钱有势的都逃避了兵役，剩下苦人家向国家尽义务；继而实行一甲一丁，弄得鸡犬不宁；牛马也可以代替壮丁，真是“体恤”民艰。失学儿童青年数不胜数，教育经费少得可怜，省立中学经费刚够买粉笔。学校无钱买煤，学生每天上课要自带煤炭一块，教员月薪不足三万，且已欠薪三个月，高粱米一斤卖七百了！

12-07　沈阳来信：朔风凛冽积雪盈尺，人们对于战局已患了麻痹症，谁胜谁败都当不了目前的痛苦，物价像断了线的风筝直冲云霄。前天大米一斤卖一千元，昨天一千二，今天索性两千元了。电源不足，煤油成了稀品，前天每斤四千元，昨天四千五，今天五千元。其余物价均有涨无落。越是涨价，越是不敢不买。粮店门前挤满了衣服单薄的人群，这景象绝非饮美酒衣狐裘的人所能想象。

12-08　沈阳大雪，电源不足，市内黑暗，块煤黑市四十五万一吨。平沈车昼行夜宿，入暮靠站。夜间时闻枪声，旅客久处乱世罕有惊惶。

12-09　沈阳工务局长李荣伦经修城防工事，勒索流通券九千万元。经军法处审判，今日执行枪决。李为东北贪污处死刑之第一人。

12-10　因燃料缺乏，长春各市立医院多不能取暖，致病房冷如冰房，患者裹足不前，此对医院本身之营业实一致命打击，已面临停业之危机。

12-14　抚顺接连降雪，东北首屈一指的抚顺火力发电厂竟闹起煤荒。矿务局百数十办公室暖气一律冻结，室内温度常在零下二十度左右。职工住宅暖气停止，老幼妇孺号寒哀鸣。水道也因寒凉而冻结，吃水和便溺都发生问题。市上高粱米由每斤六百元涨到一千六百元，玉米面由五百元涨到一千五百元，小背煤由每斤三十元涨到一百二十元，其余物价亦莫不猛涨，人心极度不安。

12月初，陈诚到吉林视察，认为来自云南的永吉驻军已在东北过了两个冬天，适应了寒冷天气，战斗力无虞。而东北天寒地冻，共军不易发动攻势，即使作战也要等待开春了。不料林彪恰恰反其道而行之，利用严冬江河结冰、便于机动兵力的有利条件，集中野战部队，在地方部队配合下发动了冬季攻势。首先对北宁铁路锦州至沈阳段的国民党守军展开进攻，迫使沈阳、锦州守军出援，寻机歼灭援军；尔后转兵辽南，攻歼辽阳、鞍山、营口等地国民党守军，孤立沈阳、长春，进一步改变东北局面。大公报东北专电：

12-19　共军七次攻势开始，东北战火复炽，昌图国军撤守，锦州附近激战。日产十五吨磨造纸之大凌河纸厂被焚毁，东北用纸多由该厂供应。阜新煤矿亦呈孤立，对外交通中断，撤退无路。

12-20　沈阳孤立，物价逼人，以法币计算，[①] 大米三万五千元一斤，高粱两万元，煤油八万元，面粉一百四十万元一袋。十八日起，市内除军事机关外，用电全停，全市一片漆黑。五时以后，街头行人即告断绝。

12-21　东北经济遭遇史所未有之困难，无粮、无煤、无电、无水，物价跳动逼人，以法币计：大米六万元一斤，高粱米三万七八千，煤油九万元。全家冻饿而死者时有所闻。沈市当局准备成立购粮队，分向四乡强制购粮。

东北战火复起，重要厂矿多被孤立或围困，员工亦未及撤退，

---

① 法币与东北流通券的换算比约11∶1。1947年以后东北物价紊乱，计价标识常常两种币值并用，请读者注意区别。下文同。

人力、财力疲惫至极，各负责人均感焦虑。孙越崎称：东北工业已至经济破产阶段。共军之不要前方的战法，零星突击，使若干单位全陷重围，十三万员工人多活少，工人不能裁减，生产不能增加，如何得了！所谓拆迁东北工矿，人亦撤不出来，怎谈得到机器。这真是工业家最艰重的时代，看着工业幼儿一个继一个的夭折。

12-22 东北粮价上升与气温下降，人民夹在饿寒之间，自杀、抢案、冻死、饿死已成普遍现象。沈阳粮荒空前严重，二十二日大米六万元一斤，高粱米四万元，棒子面三万元。午后再涨，大米九万元，高粱米四万五千元，煤油十一万元。

12-23 锦州三面交通断绝，立成孤立之地，物价暴涨。市政府决定紧急措施：本市市民凭国民身份证每人准购三日粮食；以本月十日粮价为根据，各粮商依限价出售不得违反，违者由警察局依法惩办。

12-24 郑洞国自京飞抵平，接见记者称：此行蒋主席训示，实情已经知道，照原定计划好好地作去，东北一定没有问题。在此严寒天气中，共军进攻，其本身损失必大，有害无益。记者询以外传永吉、长春将作战略放弃，有无此事？郑氏称：本人赴京时尚未闻此说，但自纯军事见地言，吉、长殊无固守必要，作战就是今天能放弃，明天也能收复。记者又询以是否要关内出兵夹击。郑氏称：当然希望如此。此项配合已拟就全盘计划。对于东北经济恐慌，郑氏称：希望东北自己设法解决，譬如煤炭本为东北丰产，当然不能用飞机从别的地方运来，自力更生，必有办法。记者询以国军冬季装备是否已较去年为完善，郑氏答称：能够做到的均已改善。郑氏发言始终沉重，了无笑容。

12-25 行辕奉最高当局令，即日恢复新闻检查，并以戒严法十二条为约束，通知各记者遵守。

1947 年的最后几天，大公报东北专电只有：沈阳外围战火愈炽，空军曾出动，城内闻炮声；沈阳西北酝酿大战，沈市参议会电请速派援军。……1947 年的东北，注定在战乱中度过。

陈诚“新政”夭折，他在东北的路也即将走到尽头，留给后任的却是一个无法收拾的烂摊子。

第五章 兵败如山倒

东北是在遍地烽火中迈进1948年的。

新年伊始，大公报发表社评《万方多难念东北》:“当此岁序更新之际，举目中国，处处烽火，鼙鼓急，兵马乱，炮声伴随着哭声，一片凄凉肃杀。我们想起了东北，不堪回首的东北问题。沈阳已邻近炮火，受着惊慌。天气这样冷冽，人民生活在缺煤缺粮无热无光的苦刑之下。长春、永吉孤悬，辽西野战方酣。近百万人在冰天雪地里混战。可怜这九省锦绣江山，可怜这三千万做了十四年奴隶的同胞们。……放眼东北，真使人欲哭无泪。我们不但为东北父老悲，尤其为国家大局痛!”

大公报对东北局势忧心忡忡，作为“局外人”，看到的大多是表象。国民党当局虽然远比大公报更了解内情，更知道利害，却也没有清醒地认识到历史的发展趋势。同样在新年伊始，蒋介石再次飞抵沈阳督战，再次走马换将，派卫立煌取代了陈诚，改东北行辕为“剿匪”总司令部，力图挽回东北败局。

陈诚在东北实际主政不过5个月，损兵折将，丢城失地，激起国民党内一致声讨，有人指他“求功心急，措置操切，反失军心民心”，更有人提出“杀陈诚以谢天下”。事实上，正如李宗仁后来所说:“东北的败征已见，全部沦陷只是时间问题，任何人都不能起死回生，陈诚更不是能够挽狂澜于既倒之材。”

1948年东北局势的发展，印证了李宗仁所言。尽管卫立煌资深历久，身经百战，到东北后重新调兵遣将，排兵布阵，却依然无力解决日益严重的经济和民生问题，也依然无法阻挡东北人民解放军势如破竹的攻势，他上任一个多月就先后丢了重要据点永吉、四平，致使长春被围，沈阳孤立，锦州风雨飘摇，国统区被压缩到断了线的北宁路、中长路上几个点。接踵而至的辽沈战役，摧枯拉朽，清除了国民党在东北的最后几个据点。未到年底，东北即全境解放。大公报新年社评“看到了开始，却没有猜到结局”。

卫立煌接手『烫山芋』

1948年开年之时，已经由民主联军改称为东北人民解放军的冬季攻势仍在进行中。军情紧急，蒋介石不得不再次飞抵沈阳督战，而且带来了多日没有露面的杜聿明。华北“剿总”司令傅作义也赶来沈阳，足见情势之严重。

1月10日，沈阳市内戒备极严，全体宪兵出动布哨，重要街道禁止通行。蒋介石下午3点抵沈后，立即召集军事会议，至深夜尚未结束。据闻，会议决定成立东北“剿匪总部”，并讨论了东北华北联防事宜。11日上午，傅作义与蒋介石谈话后，中午飞回北平，而蒋未走。外间纷纷猜测，东北可能又有人事变动。[①]

1月19日，新任东北行辕副主任兼东北“剿总”司令卫立煌到

---

① 蒋介石此次到东北，当局禁止各报报道。郑洞国后来回忆说，蒋对东北败局十分恼火，又听信了陈诚的谗言，在会上大骂廖耀湘、李涛“不服从命令，拥兵自保”，要对惨败负责。而廖、李竟然起而申辩，陈诚不得不承认自己指挥无方，请求处分。蒋介石只得不了了之。但陈诚下台也只是时间和程序问题了。

沈阳。次日即召见行辕各处室负责人，商讨成立总部事宜。24日召见师长以上军官征询东北军事意见。26日，张高峰走访卫立煌，卫对东北局面或困难或乐观均不作表示，只说“正在研究检讨，期得结论后再奉答”。

这期间，大公报专电是如何报道东北动态的呢？

01–19　东北各工矿除西安、北票已陷落外，鞍山、阜新、本溪、烟台等仍在重围中，收入毫无，财力耗尽，只有仰赖空运钞票尚可就地交易，以维持生命。

01–21　中航班机复航，登记者多至三千人。贫寒的外乡人希望藉此可以收到平安家信。交通不畅，旅馆家家亏累，本市一流的沈阳铁路宾馆，房间也只卖一二十间而已。午后六点戒严，全市除官衙及少数商户装有专线者外一概停电。

01–23　沈阳奇寒，气温在摄氏零下三十三度，为十年来最冷一天。榆锦段时通时断，原定隔日通车一次，惟当日不能到达误点甚多，无形中变为不定时车。因交通不畅，旅客稀少，山海关路静人稀，市面萧条至极。

01–25　永吉粮价再狂涨，面每斤流通券八千元，大米四千元，高粱米二千七百元，盐六千五百元，布每匹六十五万，造成罕见景象。自杀者时有所闻。

01–28　日来东北各矿技术员工调平津者已不下数千人，眷属尚不在内。大部重要员工多已在各矿紧急时集中锦州，此后辗转由火车或经水路到平津。

01–29　今日东北的处境急需要一条畅通的平沈路，闻某有力兵团[1]一部已开抵某重镇，加强铁路防务，但是攻陷新立屯的共军又形成平沈路的威胁。

01–30　东北生活大不易，沈阳街头到处是倒闭的商店，关门的饭馆更多，为胜利后罕见现象。沈阳大米法币六万元一斤，高粱米五万元，猪肉十三万元，利郎粉近五百万一袋，生活真难。

2月1日，东北“剿匪总部”正式成立，但没有任何仪式，卫立煌在沉闷中开始视事。12日，南京方面电告东北行辕：在陈诚病假期间，行辕主任职务由卫立煌兼代。事实上，陈诚已经被撤职。

卫立煌从陈诚手里接过来的是一块“烫手山芋”。如果他看到自己上任前夕大公报发表的张高峰通讯《无题写东北》，想必对自己面临的种种困境感同身受。通讯开篇写道：

写东北的报道很需要费考虑。应该说，一篇通讯就应该是一张照片，实在无法修饰，阳光就是阳光，阴影自然是阴影，纵然东北有点阴影，也无遮掩的必要。

今天的东北，以松花江为界，江北（中共区域）情形外人不知，单说江南。沈阳、锦州、长春、永吉是政府在江南的四大城市。沈阳为军政中心，等于心脏；长春、永吉像两双眼睛，看守着江岸；锦州则是东北的后门。四个大城正像桌子的四脚，支撑着政府控制区的若干县份。

张高峰分析道，经过夏秋两次大战，中长路沈阳、长春间不通，吉长路永吉、长春间中断，北宁路锦州、沈阳间时断时续，“四脚”

① 指范汉杰兵团登陆葫芦岛、秦皇岛。

之间许多地区又被民主联军占领，沈、吉、长三城几个月来只能依靠军事线路保持联络，其中，吉、长两城处境最感局促。沈阳的情况稍好，起初还有营口、葫芦岛两个港口可以通航，有平沈路可以入关，“呼吸”还算通畅。冬季大战开始，民主联军不分前方后方，四处出击，令国民党军摸不着头脑，沈阳对外交通也起了变化。冬天营口封港，通沈阳的铁路也中断了两个多月。葫芦岛到沈阳一线战事不停，物资虽能入港，却无法运出。平沈路断断通通，以不通为主，到了年底更难有通车希望。至于空中运输，平沈班机停航40天，1月9日才复航，还不时脱班。12月8日京沪平津寄出的航空信，1月5日才到达沈阳；沈阳1月10日才看到平津12月21日的报纸——

邮路的阻滞，表明这时代已经开始“窒息”。去年十月间的第六次交战，对方就有意把握辽西，目的是围困沈阳。其打法还是先切断平沈路，隔绝关内外，……主力战场仍是辽西，这块地方很被双方重视。稳定沈阳要确保辽西，围困沈阳也要掌握辽西。想“呼吸”的要用鼻子与嘴，想“窒息”的要堵着鼻子与嘴。

东北的日子一年比一年难过，甚至连上月都不如。沈阳外围吃紧后，再次实行戒严，本来就不景气的市面更显得荒凉了。随之而来的是物价飞涨。粮价领先，其他物价跟着赛跑。加之缺煤缺电，进而影响到用水，东北人民吃尽了苦头。

物价飞涨，不用说穷人，就是月薪十几万流通券的公教人员，也难以维持生计了。柴米油盐、老婆孩子都不算，那点薪水只够买自己一个月吃的高粱米（吃大米简直是奢望），如果一口粮食一口水能救活自己，已是造化。与此形成对比的是，有钱的囤积居奇，有粮的趁机抛售，目的都是发财。既无钱又无粮的人，不想饿死就得铤而走险。沈阳市参议会请求物资调节委员会配售存粮，当局则鼓励人们自己下乡运粮，并且筹款向关内购粮，但即使购得，也需以打通铁路为前提，而民主联军作战的主要目标就是切断交通。情形如此，购粮运粮谈何容易。

交通破坏，生产停顿，东北物资日渐匮乏。乱世中，奸商开始想方设法掺杂使假：苞米面里掺大豆面，穷人宁肯让肚子委屈，也得买这类“混合面”；豆油里掺米汤，搅和后看不出有假，总算还有“油”吃；沈阳无电，煤油既缺且贵，卖煤油的就在桶里掺水，黄昏时趁着朦胧天色叫卖，许多买主发现第二天煤油上冻了，才知道上当。张高峰写道：“东北的粮食，有与无是一个问题，寡而不均又是一个问题。有的人家绝对有，无的绝对无。战乱本身就是痛苦，战乱背后痛苦更多。人民被战乱压得无法喘息。”

战乱还制造出大批难民。东北有广大的战场，更有收容不完的难民。据 1947 年末统计，东北收复区难民总数已达 83.4 万人，其中沈阳 22 万（包括流亡学生 1.4 万人），长春 9 万余人，吉林 6 万余人，这些难民如何救济？又能救济多少？都是问题。这里特别记述一笔东北还乡义勇军的境遇。

还乡义勇军是指流亡归来的当年东北抗日义勇军旧部及其眷属。“九一八事变”后，为抗击侵略者，东北各阶层民众和部分东北军、警察部队官兵纷纷自发组成各种抗日武装力量，后统称抗日义勇军，人数最多时达 30 万人以上，活动遍布全东北，给日寇以多次沉重打击。日军为消除对其威胁，于 1932 年冬集中兵力“讨伐”，义勇军虽顽强作战，终因孤立无援又缺乏统一领导而大部溃散。其中，吉林、黑龙江约 4 万义勇军（包括眷属）退至苏联境内，后经西伯利亚转赴新疆。途中千难万险，牺牲惨重，到达新疆时，残部及眷属已不足 2 万人。

抗战胜利后，这些义军思乡心切，携家带眷回到东北，其中沈阳就有 4000 多人。他们当中，老的已经白发苍苍，少的也多娶妻生子，暂时分住在铁西区三个招待所里。当局曾给他们每人发了 10 万元流通券，做还乡谋生之资，然而，这点钱勉强度日都不够，还乡谋生更可望而不可即。义军们只能继续住在招待所里，苦熬零下 30 摄氏度的寒冬。

1947 年冬，张高峰曾应邀到义军住处采访、报道：

当年驰骋白山黑水之勇士，今已老弱，横卧无窗无门仓库内，衣不遮体，食不果腹，个个冻馁呻吟，妇孺跪地哀号求救。甫经出招待所门，即见一壮年义军吞鸦片自杀，眼手微动，群人围观，回生乏术，空气至为沉重。嗣经该所负责人引导至后院，见雪地中陈尸十一具。义军多有家不得归，壮年有待介绍谋生之路，老弱只有救济。孩子冻得萎缩在母亲的腿旁，她们哭诉活不了，饥饿实在难忍，孩子想送人，人家不要。她们哭着迎接我们，又哭着送出我们。

曾经的抗日英雄尚且如此，其他难民的生活可想而知。

战争炮火之下，东北的工矿、铁路毁的毁，困的困，停工的停工，减产的减产，几乎没有一个是完整的。煤矿无电产不了煤，电厂无煤发不了电，极端的矛盾造成罕见的现象：既有煤矿又有电厂的东北，如今到处无煤无电，冬天无法取暖，夜里无法照明。由于煤电脱节，自来水也就变成装饰。张高峰写道：

又冷又黑的日子，虽然人民能挨，心理上却难免受着极大的影响，多少人都在祈祷温暖与光明。为了应付这又冷又黑的时代，东北一些事业机构已经着手解救自己的痛苦，以减轻经济负担。资委会在东北有二十多个事业单位，十三万员工，也到了不得不紧缩裁员的时候。要裁出多少人？确数不知道。被裁以后的职员与工人退到哪里去？能否再找到工作？都是值得注意的问题。

东北铁路被拆毁炸崩，现有的行车路线短到不能再短，其业务本已不甚繁复。东北铁路员工人数约五万以上，各局也在准备紧缩裁员。另外还有一些因经费困难或业务行将终了的机关，必须撤销或紧缩，又要送出一批失业的人来。

双重严寒下的东北

卫立煌接掌东北，面临的困境不仅是经济越发委顿，民生更加艰难，而且军事方面压力极大。而后者，正是这位"剿总司令"的首要任务。

1月19日，卫立煌甫抵沈阳，平沈路新立屯战事正酣，一周后即告失守。林彪的意图显然在切断沈锦间、关内外的联系，不啻给了卫立煌一个下马威。

2月1日东北"剿总"开张之日，距旧历戊子年春节只有9天了，举目回顾，遍地烽火，人们根本没有心情过年。此前一天，东北行辕新任副主任罗卓英飞北平，与李宗仁、傅作义、范汉杰等彻夜开会，商谈东北与华北联防问题。大公报报道：

三十一日北平行辕之军事会议到午夜十二时才结束，罗副主任卓英返招待所后，漏夜整理会议记录，草拟长达数千言的报告，预备回东北向陈总长诚复命。东北共军攻势渐次南移，威胁锦州。范兵团出关增援，正为弥补东北、华北之缝隙，期能阻止共军南下，保障平沈路畅通。关系方面人士谈称，最近东北还是一个拖的局面，东北华北经此次协商联防后，仍不外为两方面灵活运用兵力，维护北宁铁路及秦皇岛、葫芦岛港口之畅通，以华北支援东北，用东北掩护华北。榆关内外将为华北、东北之主要战场。

东北冬季奇寒，尽人皆知。1948 年 2 月，张高峰以“严寒东北”为题发表长篇通讯，综述东北时局。开篇即是结论：“军事无开展，政治无改革，经济又枯竭，再加上人性变坏，东北的局面虽未天翻地覆，却已沉重万分。”自然气候叠加社会问题，东北陷于双重严寒之下。通讯对东北各种问题做了分述。

军事攻守　1947 年的秋冬季大战，像是中共存心对陈诚“只准共匪有六次攻势，不准有七次攻势”这句话的嘲弄，不仅两次攻势紧密衔接，而且进展顺利，愈攻愈凶，第七次攻势两个月，先后占领了彰武、黑山、辽中、盘山、海城、辽阳等县，致使永吉、长春孤立，沈阳被围，关内外陆路交通完全断绝，军火、物资的接济都很困难，外间纷传国民党准备放弃东北。报道分析认为：

国军转进关内再想打回关外，绝不容易。共军占领了东北，将有多余兵力调往华北，华北国军的负担必加重，整个北方局面也许更坏。国军能全部转进关内，增强华北作战力量，澄清华北局面，也未尝不是一计，可是共军在辽西早已扎根，国军转进定遭打击。

1 月 10 日，蒋介石到沈阳召集军事会议，决定东北还是要守，并成立东北“剿匪总部”，明确军事问题由“剿总”全权负责，派卫立煌接掌东北，调范汉杰兵团增援辽西，首要任务就是打开东北的门户平沈路。

就在东北军事机构改组，行辕缩编，职权收窄，陈诚对军事似管不管，范汉杰兵团分批在葫芦、秦皇两岛登陆之际，解放军又加紧了辽西、辽南两路攻势。沈阳锦州间激战，国民党军在新立屯、大虎山、沟帮子等车站失守，解放军截击范汉杰兵团，再破平沈路，把东北的"门户"关得更紧了。辽南解放军以多占据点，多吃国民党军小股部队的战术，步步逼近沈阳外围。国民党紧急调集精锐空军到东北助战，据说还"发明"了一种残酷的"冻结战术"，即机群盘旋空中威胁，迫使解放军战士卧于雪地不敢动作，时间拖长可以冻死人。但报道断言：

空军固然得力，但东北要想渡过目前难关，范兵团不可有太大损失，而且要实现打通平沈路，使东北先能"呼吸"。沈阳守军若无力击退来犯共军，至少不能再使共军包围缩小，否则东北局面不会因有空军与援军而好转。

政治混乱　国民党在东北的最高政治机关是行辕政务委员会，其组织机构庞大，但在"军事第一"的压力下，既少政务又难推动，反而养了许多闲人。当时，国统区所辖只有14个不完整的县域和3个更残破的省份（辽宁、吉林、辽北），其中吉林省只有永吉与长春两市。其他兴安、安东、松江、黑龙江、合江、嫩江、大连、哈尔滨等6省2市的"政府"只能流亡沈阳，"接收"两年来等于虚设，却开支浩繁，"不能为乡梓服务，反为乡梓之累"。各省市主席无所事事，唯有常常现身机场、会场或酒会，某省主席自嘲"我们就像仪仗队”。张高峰说，想起军调时期中共代表李立三有言：“我们有哈尔滨市政府，政府也有哈尔滨政府，双方各有开支。”言下之意，消耗就等于作战，国民党拖不起。不能不说其虑深远。

1948 年新年以后，东北比较热闹的政治活动是国大代表、立法委员、参议员的竞选，但结果“投票开票以后，你骂他无政治家风度，他骂你伪满余孽，为民之主的人民反被闹得头昏脑涨”。

东北的贪污案不少，但起诉的不多，最终处置也往往不了了之。沈阳工务局长李荣伦借修筑城防工事之便，勒索回扣 4900 万流通券，处了死刑，算是有个交代。但粮价飞涨时，某青年迫于饥饿抢粮，也被以戒严法处死，而那些囤粮抛粮发财、操纵粮价的奸商却仍在为所欲为。“治标不治本，永远解决不了问题。”

经济枯竭　进入 1948 年，东北国统区煤矿或失守或被围，收入毫无，粮食告罄，处处都有数万人等待救援。远东规模最大、产量最丰富的阜新煤矿全部设备被破坏，生产完全停顿，矿井大部分被水浸没，矿方已考虑关闭。鞍钢被围困月余，因电力不足停工，万余员工生活困难，公司决定裁员三千。小丰满虽仍发电，但因输电线路被毁，除小部分供给永吉，大部分电白白送进松花江里加热了水温，以致严寒中江水冒热气。东北行辕副主任罗卓英到吉林见此“今古奇观”，有诗句曰：“天助还须人自助，松花江水热汤汤。”

东北时局动荡，工矿基础垮塌，资委会所属 20 多个企业大部分停产，无力再养活 13 万员工。为减轻负担和责任，决定把关外的员工就地资遣，关内的员工撤回平津，因此包了几十架次的专机运送员工及眷属进关。到 1948 年 2 月，东北只保留了军事必需的抚顺煤矿、本溪煤铁公司、沈阳机车车辆公司和东北电力局维持生产，并移交“剿总”代管，实等于军管。事实上，国民党东北当局离开了这几个企业就根本无法运转了。

民间痛苦 战争给人民带来巨大灾难。打仗需要不断补充兵员，1948年，国民党军的征兵计划是15万人，18岁到45岁的青壮年全在被征之列。兵役制度是“征”，实际办法是“抓”，不问年龄，不管是否独子，一律要抓。东北各地的农夫、商贩几乎被抓兵吓破了胆，花钱“运动”了保甲长，还要东躲西藏，终难漏过抓兵人的眼睛。张高峰住的中苏联谊社有员工近百人，某日来了抓兵的，一群服务生吓得钻到楼上的戏台里去，结果还是被抓去了五个人，其余的钻出来问：“还要抓多久？”张高峰无言以对。给他送报的报差说：“我天天躲到当兵的朋友家去睡觉，您能给我弄一个证明缓役吗？”张高峰又怎能帮上这个忙？

乡间除了抓兵，还要抓车抓马，要吃要喝。国民党军士兵中流传：“打大米，骂白面，不打不骂小米饭。”然而，老百姓有多少粮食可供军队消耗？杀猪宰羊也是常事，民间何堪其苦！东北农村的主要交通工具就是双辕马车。国民党接收以后，无数的东北大车与骡马就归了军队，今天你征去拉太太，明天他抓去送弹药，农民不仅损失了车马，还要赔上赶车人。“人力、兽力是农民的唯一财产，随意抓车抓马，造成东北军民严重对立。回想胜利之初，国军进驻沈阳时正是严冬，老百姓送去被褥、鞋袜、鱼肉，双方感动落泪，那已成为历史。”

由于平沈路不通，许多物资无法陆运进出关。东北缺粮，沈阳粮价暴涨自不必说，鸡蛋都卖到两万元一个！长春三分之一商店歇业，没关门的也是有出无进。吉长交通断绝四个月，永吉粮价一日三涨，一件皮衣换不到一斗高粱米。仅仅一年时间，米价涨了400倍，布价涨79倍，柴价涨160倍。由于缺煤，市内树木砍伐一光。锦州过年如过关，除夕紧闭城门，夜查户口，初一即闻四郊枪炮声起，初二还要每户出一人去修整城防。老百姓说：“沦陷 14 年都没受过这样的苦，没遭过这样的罪。”

进关人潮 东北局面日非，富人陆续进关，原来一心到东北工作的人们，眼见无煤、无电、无水、无交通、无事可做，也都大失所望，纷纷设法离开。

由于平沈线被阻，营口港不通，平沈空运通航以后，中航公司办事处门前人潮涌动，混乱至极，“黄牛”趁机抬价，不得不请来宪兵维持秩序。人手不够，管理不善，终致 1 月 20 日班机因超载失事。后来央航公司也到沈阳设站，但要跑的人太多，两个公司一天四架班机仍嫌太少，2 月 1 日起，所有班机位置改由行辕、防守部、运输总局合组的机票审查组统筹支配，每天前往登记乘机的旅客，黑压压地挤在马路上，成为国内民航稀有的热闹场面。结果是有办法的先走了，没办法的只能继续等。

游资入关 有钱人出逃，大量资金也随之入关，扰乱了平津金融市场。陈诚到沈阳以后，曾严禁一切汇款，防止资金内流。无奈民主联军接二连三发动攻势，关内外交通断绝，物资无来源，工商又不能自由汇兑，只得囤积货物观望，致使物价飞涨。年关时东北银根甚紧，物价超过 1937 年的 21 万倍，连军政开支都发生困难。当局不得不于 1 月 8 日开放工商汇款，一方面使流通券回笼，作军政开支，另一方面让商人抛旧货买新货，压低物价。截至一月底回笼流通券六百亿，这点钱与东北军政月需实数差得太远。要补足，据说要一百架载重量三五吨不等的飞机，专运千元一张的流通券，一天才可运完。

入关的飞机客带的多是金银珠宝，流通券在关内贬值，没有人带现钞。天津是关内外转汇枢纽，大量资金集中在天津。资金流入关内回不来，货又不能出关，致使关外游资万亿元在平津市场“捣鬼”。东北各商业银行放款无法收回，周转失灵，遭受打击。但当局仍无意停止汇兑，金融成为搅乱东北市场的又一大问题。

张高峰历数东北问题种种，实际上是看懂了东北解放军切断平沈铁路，打乱东北局面，形成“关门打狗”之势的战略。当时国民党搞“东北华北联防”，不能说没有看清这步棋，但还是屡出“漏招”，屡走“臭棋”，以致最终一败涂地。

『坐专机发专电』

卫立煌从陈诚那里接过来的，还有一项过去没有，如今“烫手”的“工作”——恢复新闻检查制度。

1947年12月，鉴于战局逆转，国民党东北当局加紧实施戒严法，行辕新闻处“遵照上峰电令，对新闻负责严格控制”。26日，召集外埠各报驻沈记者开会，宣布即日起开始新闻检查。大家知道时局恶化，无法抗检，于是一团和气散会。当天，各报停发了新闻专电。

当此战争愈打愈紧，新闻愈来愈多，东北局势报道“渐入佳境”之际，新闻停发就是记者失职，等于没有工作。因此，外埠记者联谊会致函行辕，请求协助购买军用机票（沈阳被围，铁路不通），大家准备离开沈阳。函由新闻处转呈，参谋长董英斌批回四个字“不应离沈”。显然，当局也觉得此时大批记者撤离，影响太坏。新闻处不得不于28日起，同意记者恢复新闻电报，但坚持必须经过检查后才能发出，检查人员就守在电报局。

1948年1月10日，蒋介石、杜聿明、傅作义等先后飞抵沈阳，会议军事。这当然是重要新闻，各报记者依照惯例发出专电。不料，当天夜里，行辕新闻处负责人赵某给张高峰打来电话：“有关蒋主席和傅总司令的新闻电报奉令检扣”，并且强调，中央社的电报也不准发。张问：“南京方面各报能不发蒋主席飞沈阳的消息吗？”赵说：“我不清楚南京如何办，只管沈阳不准发。”张说：“如果明天国内各报都有蒋主席离京北飞的消息，却无蒋主席到沈阳的报道，飞到哪儿去了也不知道，岂不是闹笑话？报社也会说我漏报新闻。”赵说：“我是奉命检扣，你不要抗检。”张回答：“悉听尊便。”谈话很不愉快。

第二天，张高峰找到傅作义，佯称有急事，要求搭乘他的专机飞回北平。傅作义与大公报许多记者打过交道，张高峰在北平办事处做记者时就与他熟识，况且，傅的女儿傅冬就在大公报工作，自然爽快地答应了。张高峰回到北平，还是发了蒋介石到沈阳的消息，只是电头迟了一天。事后，其他驻沈记者质问行辕新闻处，既然扣发我们的电报，为什么大公报记者可以抗检？新闻处知道张高峰走了傅作义的“后门”，却也不便声张，只好以“张高峰没有在沈阳”含混应对过去。后来，赵某见到张高峰，阴阳怪气地说：“你很有办法哦。”张高峰没有理睬他，但赵后来却一再检扣张的新闻专电。

国民党的新闻检查制度，抗战胜利后有过几次演变。

1945 年 9 月 12 日，日本投降不到一个月，国民党中宣部宣布，废止战时新闻检查制度，但“收复区在军事行动尚未完成以前除外”。同时希望新闻界能够“以国家民族利益为前提，善意向政府提供有建设性之建议；对社会负导师之责任，珍重自身之立场，采谨慎从事之态度”云云。

1946 年 3 月 5 日，国民党又宣布：“新闻自由为政府既定方针及中国国民党一贯主张。前以战事关系，不得已采取检查制度。现政府已电饬各收复区，将所有新闻检查予以取消。”

此后内战爆发，有关战局的报道常常引发各报与当局的龃龉。1947 年 5 月 18 日，南京国防部通令全国各部队：“严禁摧残言论机关，如遇报章所载传闻失实或言论记事其有涉及军誉之处，可权衡轻重，报由主管机关请予更正，或诉诸法律直接裁决。”

然而，时隔五天（23 日），淞沪警备司令部就以“连续登载妨害军事之消息及意图颠覆政府，破坏公共秩序之言论与新闻”为罪名，查封了上海文汇报、联合晚报和新民晚报，制造中国新闻史上一大公案。

6 月 1 日，天津当局宣布实行新闻检查，大公报津版专电、特稿大半被检扣。大公报沪版发表社评说：“这固然是大公报的不幸，其实更是国家的不幸。显然是与保障自由、尊重舆论背道而驰。……检查新闻，原是抗战时期的非常办法。为了抗战的关系，人民牺牲了新闻自由，是迫不得已的。虽然如此，新闻检查制度的弊害已遗毒不浅。这制度，使政府与人民都受了蒙蔽，掩饰罪恶，包庇顽邪，使报纸丧失了信用，而一切撒谎欺罔的责任都由执行新闻检查的政府一肩承担了。……我们一再思考，无论如何不能发现复活这已死的恶劣制度的必要。”

舆论的压力，迫使国民党当局不得不有所收敛。6 月 11 日，北平行辕电令所属各机关：“查政府对于新闻自由及保障新闻从业人员早有明令规定在案，希即按照规定，对于新闻自由及新闻从业人员依法妥予保障。”天津当局随即宣布停止新闻检查。

同年 10 月 30 日，南京政府行政院新闻局长董显光再次重申：“政府绝无恢复新闻检查之意，国防部已分电各行辕绥署，对新闻电讯不必检查。”但不到两个月，就在国民党政府宣布“行宪”的第二天，东北恢复新闻检查的事实，再次打了他们自己的耳光。

对于新闻检查，张高峰早有防备。为了避免当局因为报道找麻烦，他与上海馆总编辑王芸生、天津馆总编辑张琴南商定，凡是他发的东北专电，不要以发报地为准，而以电头后“××消息”为准，刊出时改为“××专电”。如“本报沈阳专电，锦州消息”，刊出时就改为“本报锦州专电”。这样声东击西，当局弄不清大公报的消息来源，即使找张高峰的麻烦，张也可以推脱、搪塞：“不知道”“我始终在沈阳，不知谁发的专电”。王芸生、张琴南同意这个办法，并通知编辑部照此办理。这样，大公报频频刊出除沈阳之外东北各地专电，详细报道时局变化。

这个声东击西的办法，不仅有效，而且救命。那是因为张高峰的一次严重报道失误，起因竟是中共代表李初梨向张高峰提供的一条假新闻。

1946年11月某日，李初梨告诉张高峰，国民党新六军22师师长李涛被俘了。22师全部美式装备，是国民党军王牌，李涛又是蒋介石的爱将，此事非同小可。张高峰问，消息可靠吗？李初梨说，来自林彪总部。张高峰信以为真，立即向天津、上海两馆发了专电。不料，第二天在长官部见到杜聿明，杜说被俘的是52军25师师长李正谊，而非李涛。张高峰听了暗暗叫苦，立刻想到，按照当时的戒严令第4条，“造谣生事者枪决”，意识到大事不妙，急忙打电话通知了李初梨，当天就搭乘平沈快车离开沈阳回了北平，以借口不在东北躲避追查。

张高峰回北平看到报纸，天津大公报未用，但上海大公报却加框突出刊登“本报长春专电：李涛被俘”。据说，李的夫人见报后找到蒋介石哭闹要人，蒋介石电斥杜聿明“为何不报”，新六军军长廖耀湘也要追查。事情闹大了，张高峰不敢再回沈阳，只得躲在北平。幸亏大公报刊登专电一般不署名，而且电头是长春，张高峰可以推脱。一个月后，民主联军渡过松花江发动新攻势，国民党忙于应战，无暇过问此事了，才算风平浪静。张高峰后来见到李初梨，笑谈“老兄一条假消息，我可险些掉了脑袋”。不过，1948 年冬，李涛在辽沈战役中还是被俘了。张高峰提前两年“预报”了他的命运。

东北战场吃紧，蒋介石几次亲临沈阳督战。蒋的行踪是国人关注热点，蒋到沈阳往往说明战局不利，因此当局竭力封锁消息。张高峰的应对办法是，以蒋的专机“美龄”号代称发专电，编辑部接报则明了蒋的行踪，改动“美龄”号为“蒋主席”，照样刊出。直到东北恢复新闻检查，逐字逐句检扣，以前的办法行不通了，才有了搭乘傅作义专机发专电的“新闻”。

在通讯《严寒东北》的最后，张高峰专题写到新闻检查：

检查阻碍了记者的工作，伤害了新闻本身。一月十九日中宣部东北办事处招待记者，大家提出许多意见，取消检查仍无希望。一月底，检查工作由行辕新闻处移交防守司令部办理，不久就是东北成立剿总，行辕缩编改组，范兵团登陆，每件都是比较有分量的新闻，沈阳各报全有刊载。因为“行辕缩编为三组”的新闻说行辕范围太小，触怒某人，各报受到责备，负责新闻检查的科长朱定南被扣押。如此一来，在电报局检查新闻的科员更胆小了，每见一条新闻，是扣是发，不敢做主。二月一日，新闻处的陈副处长亲自检扣电报，当日范汉杰抵沈、剿总正式成立，以及物价波动、游资入关等新闻几乎全部被扣。二日起外埠各报记者再停发电报，只可向环境低头，

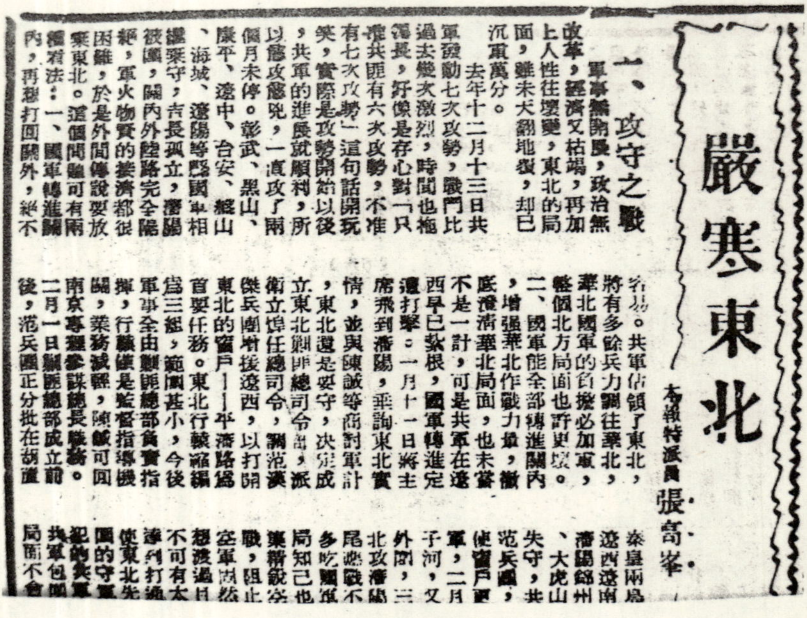

嚴寒東北

本報特派員 張高峯

軍事無開展，政治無改革，經濟又枯竭，再加上人性往壞變，東北的局面，雖未天翻地覆，却已沉重萬分。

一、攻守之戰

去年十二月十三日共軍發動七次攻勢，戰鬥比過去幾次激烈，時間也拖得長，好像是存心對「只准共匪有六次攻勢，不准有七次攻勢」這句話開玩笑，實際是攻勢開始以後，共軍的進展就順利，所以愈攻愈兇，一直攻了兩個月未停。彰武、黑山、康平、遼中、台安、盤山、海城、遼陽等縣國軍相繼棄守，吉長孤立，瀋陽被圍，關內外陸路完全隔絕，軍火物資的接濟都很困難，於是外間傳說要放棄東北。這個問題可有兩種看法：一、國軍轉進關內，再想打回關外，絕不

容易。共軍佔領了東北，將有多餘兵力調往華北，整個北方局面也許更壞。二、國軍能全部轉進關內，增強華北作戰力量，徹底澄清華北局面，也未嘗不是一計，可是共軍在遼西早已紮根，國軍轉進定遭打擊。一月十一日蔣主席飛到瀋陽，垂詢東北實情，並與陳誠等商討軍計，東北還是要守，決定成立東北剿匪總司令部，派衛立煌任總司令，調范漢傑兵團增援遼西，以打開東北的窗戶——平瀋路爲首要任務。東北行轅縮編爲三組，範圍甚小，今後軍事全由剿匪總部負責指揮，行轅僅是監督指導機關，業務減輕，陳誠可回南京專理參謀總長職務。二月一日剿匪總部成立前後，范兵團正分批在胡蘆

秦皇兩島
遼西遼南
瀋陽錦州
、大虎山
失守，共
范兵團，
使窗戶更
軍，二月
子河，又
外關，三
北攻瀋陽
尾追戰不
多吃虧反
局知已也
集精銳容
戰，阻止
容軍尚然
想渡過日
不可有太
達到打通
使東北先
圍的守軍
犯的共軍
共軍包圍
局面不會

1948年2月25日，大公报发表张高峰通讯——《严寒东北》

纷纷离开沈阳。现在奉馆令留在沈阳的外埠记者只有三位，极盛时代曾近三十位。四日以后，东北民报连开天窗，为东北新闻史上首次记录。六日陈诚回京，沈阳各报都未能刊登。

如今东北尚是严寒时候，许多新闻记者已不愿等待春暖了。

这篇通讯写于 1948 年 2 月 15 日。东北的“严寒”已非仅仅是气候意义上的，既然不能写新闻，发专电，张高峰也“不愿等待春暖了”，随即奉调返回北平，离开了他工作近两年的东北。

『北平电话』里的东北变局

回到北平后，大公报有关东北的报道，仍由张高峰负责，由于采访途径、消息来源改变，主要靠他在东北的“关系网”（包括通讯员）提供信息、线索，报道方式除了给上海、重庆、香港各版仍用专电外，给天津大公报的电头则改为长途电话了。北平再次成为大公报东北报道的重心。

东北战事逐步南移，日益迫近华北，关内关外连成了一体。1948年春节后，有关东北的“北平电话”密集，可见东北局势严重之一斑。

02-19　东北剿总昨电冀省府速拨新兵三万，补充东北兵源。冀参议会于十八日电请蒋主席迅赐设法。电称，“查近来东北情势日趋紧急，兵力既似单薄，粮食亦感困难，人心士气均感不安，而河北与东北唇齿相依，亟应迅谋挽救，以谋挽救东北，安定华北”云。

02-20　据悉，中央最近讨论东北问题，为固守沈阳、永吉、长春、四平等据点苦撑；以范汉杰兵团为主，以锦州为指挥基地，集重兵打通热河走廊，争热河以包围东北而掩护华北。为使战局改观，增派精锐战机集结于华北，支援东北。最高当局授命代理东北行辕主任卫立煌全权处理东北军事、政治、经济等问题，必要时可不受中央法令限制。①

02–21　鞍山巷战激烈进行，钢铁公司厂内落弹甚多，与北平联络已中断，员工均陷绝境，国内八成炼钢人才撤退无路。东北民航已停航一周。沈阳戒严时间提前，下午六时街上已断行人。三十万难民纷纷逃至沈阳，露宿街头，追人要钱，政府无力再救济。东北剿总参谋长赵家骧函平友人称："六昼夜未能睡眠。"

02–22　鞍山钢铁公司弃守，损失之巨无从统计。沈阳营口间交通线上失去辽阳、鞍山、海城等重要据点，纵使营口最近解冻，利用海路已告绝望。

02–23　继鞍山之后，本溪已被包围，通沈阳之铁路已中断，煤铁公司亦告停工，电源不能再输送沈阳，员工万余人钱粮两罄。共军赶修通辽至新立屯铁路，国军空军经常出动轰炸。若该路修通，则由哈埠可直通辽西，共军调动更为便利。

02–24　本溪安危堪虑，如本溪弃守，沈阳外围国军驻守者仅余抚顺、新民、铁岭三县。郑洞国赴京过平称：沈阳无危险，现有空中接济，将来陆路打通就好了。记者问东北现在需要什么？"需要打胜仗。"又问打胜仗需要什么？"需要兵械粮弹。"再问赴京请求什么？

---

① 正是这个"必要时可不受中央法令限制"，在后来蒋介石与卫立煌争执东北国民党军撤守战略上的分歧中，让卫立煌坚持固守沈阳、长春，而没有服从蒋介石一再要求把沈、长部队撤到锦州直至退守进关的意见，最终导致长春被围，锦州失守，被解放军在东北"关门打狗"的结局。

“将实情向中央报告，中央自有处理办法。”复问吉、长在目前战略价值如何？他说：“能够守住比将来收复容易。”①

02–25　东北处境窒息，人民更为饥饿所逼。吉林、沈阳铁路局与小丰满电厂员工均以豆饼充饥，且因饥饿多无力工作，当局欲解救无策。东北行辕指示，煤、电、机车三厂在任何困难情形下必需维持开工。又，辽西紧局未解，长城内外好似风筝断线，承德外围占领圈一缩再缩，承锦线支离割裂，阜新孤悬一隅。

02–26　锦州为修筑城防工事，砍伐城郊大小树木，苗圃也被拉光，更因砖石缺乏，拆房多处。因历次征兵限额均未完成，决凡流亡在锦适龄壮丁必须应征。街头时有三五成群逃回被俘及负伤士兵，褴褛不堪，沦落异地乞讨。

02–27　东北战事重心由辽南转向辽西。新民被围攻后，沈阳外围据点仅余抚顺、铁岭两县城，且铁岭至沈交通已告中断。又，东北物调局空运面粉，每日可运沈三四百袋，系专供公教人员食用，必要时移为军用。

02–28　营口战事高潮，伤亡惨重，战火迫近市区。沈阳外围国军防线愈短，共军用兵声东击西，国军疲于奔命。共军企图在解冻前占领营口，彻底掌握辽南。又，沈阳民航机票审查组门前车水马龙，登记人数已过万。市内繁华闹市商店十有八九倒闭。各小学多被伤兵医院借用，闻有五千伤兵将空运入关。大批学生到平津投亲求学。流通券贬值，十五万元换法币百万，大米法币十万元一斤，兵

---

① 卫立煌和东北诸将领都认为，放弃长春、沈阳，南撤锦州，途中就会被共军“吃掉”。郑洞国此行就是奉卫立煌之命去向蒋介石转达固守长春、沈阳等据点的意见，但蒋坚持要他们撤退锦州。卫立煌再派赵家骧等去申诉，蒋勉强答应“暂保现状”，一俟部队整训完毕，即将主力移至锦州。

船面四百万元一袋，猪肉二十万元一斤。

03-01　东北天气渐暖，共军大量军火及援兵南运，必趁机加紧抢占据点，巩固辽西基地。新民争夺益烈，车站已毁于炮火。共军增兵，国军援路已被切断。营口国军撤守，沈阳安危为各方注意。鞍山陷落，胜利以来之唯一产钢区域丧失。

03-02　沈阳外围据点尽失，虽新民、本溪仍为国军固守，在军事价值上已失其固有意义，故目前东北急需有力国军增援。罗卓英在平谈称："目前东北与华北两战场已打成一片，国军决确保辽西，与共军决战于长城以外，打破其进关威胁华北企图。"罗表示：七次攻势中，共军有一与前不同特点，即炮兵增多，兵力集中使用，虽受很大损失，疲惫中仍有不避更大牺牲的积极企图。

03-03　罗卓英二日与傅作义长谈整个上午，如何请华北救援东北，可能是罗、傅两氏煞费考虑的事。东北、华北事实上将成为一个战场，以棋局比战局，永吉、长春、四平、沈阳都成了"卡眼"，察、绥算是完整的"眼"，河北的"眼"不甚完整。春节以来的扫荡是"作眼"。华北必需有两个"眼"方能成为活棋，有了这片活棋来支援东北，连接局促在锦州、葫芦岛的那个"眼"，才可用"死子打接"，在长城以外拼杀，谋救沈阳，不然相当危险。局势紧张中，恐怕共军不允许傅作义和楚溪春两将军从容在河北"作眼"。按过去经验，共军在东北猛打，关内向关外增援时，当在华北发动牵制性作战。

03-04　近日沈阳外围战事较前平静，然并不能视为共军攻势已疲或成过去，而是另一战斗正在部署。辽南共军一面抢运大量物资到安全地带，一面移动北上，阻止国军南下作战。某军事权威人士语记者：东北危机并未渡过，扭转危机需要力量，这力量如何培养或由哪里抽调，我也蒙在鼓里头。又，永吉为吉林全省除长春外国军仅有之据点，二十公里以外全被共军包围，迄今已三四个月，市内贫民多由豆饼改吃豆渣生活。高粱米法币七万一斤，盐三十万。如此物价，逼死多少人。梁华盛主席说“活人住在死城里”。

03–05　国军空军出动频繁，分向营口、辽源及四平周境轰炸扫射。政府控制铁路一再缩短，今通车里程不及六百公里。东北之铁路员工约五万以上，因路程缩短，无工可做，物价高涨，以豆饼充饥，全家老少自杀者时有所闻。东北发行不久之千元流通券已不足应付市面，央行自四日起发行两千元一张券。

03–06　华北剿总发言人说，现在是乍暖还寒时候，东北华北相依为命，需要好好“将息”。罗卓英数日来与华北当局迭次交换意见，主题不外两方配合问题，但结果如何局外难得确息。又，东北工矿损失据初步估计约值美金百亿元。

03–07　罗卓英离平返沈，行前记者询以目前形势是否锦县已较沈阳重要？罗说：“沈阳仍具重大战略价值。不过锦县将为东北军事开展之重要基地。”记者再询营口海运与北宁路陆运两者孰重要？他说：“后者价值较大，而且比较容易打通。国军确守新民当为在北宁线上接迎援军。”问除军事以外，将怎样把握全面？他说：“今后东北与华北都要特别注重政治、经济与交通，力求面的开展，当然一切需要军事掩护和交通联系。”

03–08　北平基地空军陆续北调沈阳，国军空军在东北活动增强，营口之大轰炸系先以驱逐机低飞扫射，使地上无疏散机会，继以轰炸机投掷大量有杀伤力之重磅炸弹，地面上死伤狼藉。在增援部队未完全到达前，国军将以空军强袭限制共军活动，稳定沈阳外围，以待陆军之配合反攻。

03-09　四平鏖战，缩小防线。永吉国军撤离。锦沈铁路中断已久，中航央航两公司奉令开辟锦沈航线，惟锦县不靖，班机每日须返平过夜。

03-10　四平孤立，守军弹药全赖空投接济。北上增援国军被阻，无法解四平之围，守军已转至铁东地区，铁西全被共军控制。四平去年六月全城毁于炮火，修整未久，再经摧毁。

03-11　四平城区激战未已，战事渐入尾声。四平为辽北省会，且为国军控制之仅有城市，新省主席徐梁尚未及到任，全省已无一县一村在国军掌握中。

03-12　李宗仁举行记者招待会称：诸君所最关切者必为目前东北之战局可能影响华北之安危。余敢向诸君确实保证者，即政府将以最大力量挽救东北之危机。但戡乱不能专靠政府力量，而需要全体人民之支持与协助。

东北欲入关者比比皆是。物调局运面粉回程飞机，经行辕批准各机关包订九十四班次，要飞五十天始能运完。此次撤退后，沈阳可减轻约五千人之食粮负担。

03-13　共军围攻沈阳之兵力已转移，平静已久之长春孤城，形势顿呈紧张。郑洞国一周之间两度由沈飞长，显系国军待郑氏亲往指挥部署。

03-14　吉林省府由某军掩护自永吉转进至长春。盖永吉孤立已久，钞票与食粮早为不可解决之严重问题。固守永吉意义在于确保东北小丰满电源地，而小丰满至沈阳三百余公里之输电路全陷共区，永吉军事及工业价值全失，徒增财力负担，故政府始采取新措施，并集中国军兵力于长春，准备来日反攻。

03-15　四平国军撤守。为谋将永吉易手后之共军主力与两地重要设施加以重创，国军日来不分昼夜出动重轰炸机，飞临该地上空轰炸，并对小丰满发电厂重要设施投下燃烧弹，阻止共军恢复利用。[1]

四平再次易手，是东北战局转折的又一标志。为了争夺这个战略重点，1946年到1948年两年间，国共双方在此曾三次激战，第三次以国民党军落败告终。解放军占领了四平，切断了国民党在东北最重要的两个大城市沈阳、长春之间的联系，陷其于首尾不能相顾的境地。而对于中共来说，则有了运转兵力和军需物资的更大便利。东北局势进一步向着不利于国民党的方向发展了。

① 上引部分电文原注有“据××来人谈”，以示消息源，引文从略。文中“转进”“撤守”实为当局对国民党军撤退、战败的“委婉”说辞。记者报道“等因奉此”，有利于通过检查，读者也心知肚明。

东北元老『发牢骚』

东北内战愈演愈烈，留居关内的东北人对乡梓十分关切，希望能够做点什么。

“九一八事变”后，平津成为许多东北士绅富豪的寓居之地，其中的几位元老都是有影响的代表人物。除了前文已介绍的马占山将军，其他几位还有：

万福麟，东北军老将，先后为张作霖、张学良部下，曾任黑龙江省督办、东北边防军副总司令，抗战期间任国民政府军事委员会委员。张作相，绿林出身，后追随张作霖，成为重要助手，人称“辅帅”，曾任东北边防军副总司令兼吉林省主席，1933年热河抗战失败后寓居天津。王树常，日本陆军大学毕业，曾任黑龙江督军参谋长、河北省主席、天津卫戍司令，后长期寓居北平。邹作华，东北军炮兵高级将领，参加过抗日战争，胜利后曾任东北接收大员、吉林省主席。冯占海，人称“吉林抗日第一人”，后因不堪中央军排挤而下海经商。抗战胜利时，万、张、王都已年过花甲，最小的冯占海也四十六岁了。其中，除冯占海外，都曾官拜上将，无论资历、年龄，都堪称元老。张作相还是冯占海的姨夫。

1948年2月15日，春节刚过，万福麟邀请同乡士绅20余人聚餐，讨论东北前途。此事缘起日前陈诚电邀张作相、万福麟赴南京谈话，主题就是如何稳定东北局势。北平行辕并已派人赴天津接张作相。聚餐会上，大家推举张作相、万福麟、马占山、王树常等为代表，晋京申诉东北近况，陈述大家意见。此前，北平行辕主任李宗仁曾连续两天邀请东北留平人士万福麟、马占山、王树常、韩俊杰、吴焕章、马毅等午餐，交换对东北问题看法。可见朝野都十分看重东北。

大公报驻北平、上海和南京记者跟踪采访、报道了东北元老们的相关活动：

东北局势的严重，从北平也可以感觉得到。资源委会人员的撤退，东北人士的频频接触，华北军政当局对东北的注意，在在说明了那里的变化与北平息息相关。……多少人在细心研究东北为什么演变成了现在的局面？政府为什么不能完全接收东北，而使东北遭受了空前的糜乱？有人认为是外交的牵制，有人认为当初国军没有打铁趁热，一气呵成。而了解东北情形最深的人士，则认为国军接收之初忽略了两个主要因素：东北特殊的历史传统和沦陷时期地下活动的实况。张作霖父子与东北具有特殊的不可分性。张作霖在东北维持主权和应付日本人，自有他的一套办法。每谈起东北问题，就很容易想起张作霖父子。张学良现在幽居，张作霖孤寂的睡在他的太夫人的墓前，与风雪战乱的东北忍受着无限的凄苦。

黑龙江、嫩江、兴安三省旅平同乡会十九日午后茶会招待马占山、吴焕章、马毅等，马占山致词时火气很大，他说：我当松北绥靖总司令只是东北行辕给个名义，中央无正式命令，工作不死不活。近来东北局面真严重，共军有五十万大兵，壮丁也多被共军掌握。东北若垮台，国军想进关都不容易，华北也非垮不可。……今天的军队，甲挨打，乙看着，乙挨打，甲旁观，正是我们的弱点。共军是马，我们是牛，赶不上人家。兴安省主席吴焕章说，东北近三年的变化等于一部二十四史，无从说起……

2月22日，张作相等飞上海，次日招待中外记者，呼吁全国人士及舆论界重视东北问题。报告谈道："一、东北每天皆在大量破坏之中，农村破产，工矿残毁，已无国计民生之可言。行政方面则机关庞杂，军民脱节，社会不安。不能不大声疾呼，请政府予以彻底革新。二、亟待解决的问题是粮食缺乏，沈阳二百余万人民已有五分之一每天以豆饼豆渣充饥。加以四乡难民陆续逃入城中，如运输不通，全城人民即有断炊之虞。三、目前流通券发行额数已在万亿，严重贬值，且禁止法币出关，相形之下所差十倍，不能不请中央予以补救。四、东北军事已至严重阶段，现有据点必须保持，应尽先打通榆沈交通。因此必须立即增加华北武力，以就近相机采取有效行动。五、东北青年屡经变乱，保卫乡土之念最强。如中央能有适当之办法，相信定能负起保卫国家之责。六、东北问题非一隅之利害得失，而是整个国家的问题，为东北呼吁亦即为整个国家呼吁。"

张作相说："今日之东北已非放弃不放弃问题，实为放得下放不下问题。你一旦放下，他人即将取去，东北一失，华北之威胁必更严重。此为东北华北方面一致看法。同人等此来即是希望大家对东北之重要有深切认识。"

2月24日，张作相等到南京。大公报报道称，“据悉：政府研究东北当前的安抚、救济等问题，要请张作相诸氏出来办理这些事”。这句话颇堪玩味——国民党请他们“出山”，无非是安抚、救济东北百姓。

2月29日，蒋介石在官邸邀见张作相、马占山、万福麟等，并设宴招待。中央社电：“中央对东北有决心、有办法，即将派大军出关，并即恢复交通。此为蒋主席对东北耆宿所表示者。”下午，东北旅京同乡开会欢迎东北元老，张作相说：“东北光复之后，军事从未停止，共军和国军中多是东北青年，死的伤的也都是国家青年。想起东北的情形，真是一言难尽！接收之初，假如外交和地方的政治军事能够好好的运用，决不会演成今天的局面。时至今日，不愿多加批评。只要能够把东北家乡的痛苦完全解除，谁到东北去都受东北人民欢迎。”马占山重复了他说过的话：“假如东北丢了，华北马上要失，华中也站不住。”

3月7日，东北元老们由沪返平。张作相拒绝了采访，万福麟称：“政府决不放弃东北，但东北如病人，一副药是治不好的。”马占山说：“政府对东北形势已有认识，现正部署军队，但共军能否给机会则是个问题。人家很机警，会抢会吃。”此前各位都表示，若回东北就要做事情，不想当顾问。

3月21日，东北民众请愿团代表王化一说：“组织地方武力，东北人愿接受。但练把式也得有个场子，如今东北只有那一点儿地方，40多个乡，把九省主席两市长及各厅长分任正副乡长还有多余，何谈效率？”东北政务会委员马骏说：“接收东北失尽人心，东北敌伪物资敌伪并未带走，是我们自己从后门搬走的，入了私人腰包。政府再三表示不放弃东北，东北监察使谷凤翔在永吉也说政府不放弃东北，可是请愿团还未离京，谷凤翔刚离永吉，永吉已经撤退，让我们怎么相信？”

王化一这里所说的“场子”问题，与张作相他们所说“东北机关庞杂”是一回事，指的是南京政府任命了东北九省三市行政机构的全套人马，而这些人却因为“职责所在”地区的绝大部分为中共占领，根本没有地方可去“上任”，结果成了“流亡政府”，都集中在沈阳“办公”，整日无所事事，徒增开支与混乱。1948 年初，东北国统区除了沈阳、长春，已经没有完整的县级建制，东拼西凑，不过四十多个乡的地盘，当然不够那么多官员“分配”。

1948 年初东北元老们的“请愿”活动，表面看受到了南京政府的重视，实际上并无实质意义，不过是请他们“装点门面”罢了。从张作相、马占山的言谈中可以看出，他们也缺乏信心。

4 月 23 日，已被任命为东北政务委员会主任的张作相接受采访说：“东北问题政治要跟着军事走，军事没有开展，政治无法推行。如果目前的局面再支撑相当时间，也许还有挽回的余地，但今后不加强军政力量，挽救东北无能为力。过去说民力、财力、物力都没有运用，现在更是越来越小，只剩下点和线，线也被割断了。……中央总得有点办法，军政能配合方可做点事，否则便没有把握。”

5 月 7 日，东北旅平同乡会欢送张作相、马占山赴东北。他们表示：回东北不是去做官，而是服务乡梓。马占山更说：“若东北局面能支撑一个月，我们回去可以支撑一个月零两天。”然而，两天后的 5 月 9 日，沈阳当局就宣布疏散人口，预定 30 万人要进关。不必要的机关、学校一律疏散，单身难民可从军或参加生产。显然，东北已经难以支撑。

事情拖了三个多月，元老们总算赴任去了，结果，马占山不久即返回北平。万福麟身为东北“剿总”副总司令，却在沈阳失守前夕率先跑回了北平。张作相则于同年 10 月在锦州被俘，受到解放军礼遇，派人一路护送回津。天津解放前夕，蒋介石曾派人送来飞机票，请他去台湾。张作相没有动心，反劝一些国民党军将领留下来。1949 年 4 月，张作相在天津病逝。

1949 年留在大陆的还有王树常、冯占海、王化一，曾分任全国政协委员、吉林省体委主任、国务院参事，均于“文革”前病逝。万福麟、邹作华随国民党政府去了台湾，分别于 1951 年、1973 年病逝。值得一提的是，万福麟之子万国权，曾任全国政协第八、第九届副主席。

日渐干涸的黑土地

1948年过去了五个多月，北平已经入夏。遥望东北近来发生的巨变，张高峰以“干枯东北”为题，发表长篇通讯，开篇写道：“最近半年，东北朋友纷纷携眷入关，关内比较湿润些，而关外整个环境干枯得使人窒息，不论军事、政治、经济、工业、教育都需要大量的‘水’重新努力‘灌溉’，否则，无人敢保证东北不因干枯而龟变，由龟变而整个崩溃。……东北何以形成今日干枯的局面，分析起来很简单，也不简单，战乱的因素显而易见，而人与事的因素或更复杂。”

接下来，报道分析了东北逐渐“干涸”的各种原因。

军事的演变 国民党所谓“不放弃东北”，只是一句口号，事实上许多地方不必守也守不住。所以辽阳、鞍山、营口、盘山、四平、永吉先后放弃了。永吉的撤退很突然，3月8日深夜传来撤退消息，十多万百姓不摸头尾，匆忙慌张中随军撤退，三天三夜逃到长春，途中弹药的遗弃、人员的伤亡无法计算。但长春并没有做好接纳十万人的准备，老百姓要活下去还得自己想办法解决食宿。结果许多人经不住饥寒交迫，又陆续回到永吉去了。长春市民领略了这个教训，也感到惶惶不可终日。此后郑洞国以行辕副主任身份代理吉林省主席，飞往长春坐镇，人心才慢慢安定下来。

永吉本来早已孤立，迟迟不撤退，是希望长春形势好转，把吉长路打通，两点连成线，仍可偏安一时。但孤立的日子太久了，长春形势终未好转，永吉反而成了救济的负担。撤退的目的就是集中兵力，巩固长春防务，等待沈阳形势的好转。孰料紧接着长沈间的四平又被共军占领，长春与沈阳南北相望600里，中间隔着被共军占领的辽北全境，长春这个孤点也没有多少军事价值了，要撤退更不容易，漫长的600里路途上必有惨烈牺牲，长春变成吃不进、吐不出的鲠骨，卡在喉咙里。孤立中，长春无煤、无电、无粮、无柴烧，军民苦度岁月。

七次攻势以后，东北变化很大，吉林只剩下长春一城尚在国民党掌握中，辽宁还有沈阳、新民、本溪、抚顺、铁岭、辽中、锦州、锦西、绥中、义县、兴城11个不完整的县。因为平沈路的中断，整个东北也是孤立的，一切补给及运输全赖空运解决。由于空运力量有限，东北的军事一直采取守势。三月底共军重兵包围沈阳，一部主力指向长春，辽西地区留有机动部队，随时机动。

以过去的经验，夏秋之交东北又到作战季节，张高峰推测八次攻势就要开始。“国军长春、沈阳、锦州三大据点，共军究竟先攻哪一个？今冬长春的冷、沈阳的饿大成问题，既有饥寒来袭击，共军必不直接攻沈长两城，索性拖到冬天。东北下一次的战斗，可能以锦州、葫芦岛为中心，在热辽边区展开野战。葫芦岛是港口，锦州是空运基地，共军若能占领全部辽西，虽然国军还能控制沈长两城，东北大势已去掉多半。辽西这盘棋非常重要，一旦战斗开始，必演成血肉横飞的惨烈争夺。”后来的局势发展，印证了这个推测。

农村的崩落 “天天逃难，时时逃兵，既不能安生，如何种地？再劝人民‘务农为本’，简直是梦话。壮丁连征带逃，农村里剩下的是老头老婆。物价飞涨，无法生活，牛马骡杀光，到城市去换几斗粮食，沈阳街头到处可见到便宜的骡马肉。”张高峰写道。

农村缺乏人力畜力，春耕荒芜遍野，秋后无粮。东北行辕政委会看出粮荒的危险，组织春耕督导团到各县察看，发现人烟稀少，土地多未耕种，大田里野草横生。东北仅有的12个县份，再任土地荒废，秋后要饿死更多的人。为此，辽宁省府出台《荒芜土地代耕办法》，东北行辕又核发农贷，平均每亩可得15万元流通券。然而，农民的种子、耕具、牛马，吃的吃，征的征，卖的卖，烧的烧，重新添置绝无可能。因为一条小骡要两三百万，一辆破车也得百万流通券，高粱米三万多一斤，15万的农贷两天半就能吃光。“杯水农贷无法解渴，况且农村的病态并不是几火车钞票所能解救复苏的。”

炮火刚刚过去，骚乱进入农村。循环的抓车、抓马、抓丁、征粮、征草、征工，“农民压在三抓三征的担子下，站也站不起来了”。土地政策是理论，不安定是现实。农民逃难，脱离生产，土地无人耕，也无力耕，秋后东北难免有大饥饿。

饥饿的担子 东北的饥饿比全国各地都严重，粮荒与物价是造成东北饥饿的两大原因。东北国统区12个不完整县市，粮食的产量与储量已经无法再供应包括军队在内的近千万人口。东北粮荒以沈阳为最甚，国军士兵的伙食早已由大米改吃高粱，后又改为高粱掺大豆，而一般百姓的主食干脆直降为豆饼。东北到处可见饿殍或自杀的穷人。

要解救东北粮荒，在国统区非但不能扩大反而日渐缩小的情况下，惟有南粮北运接济。东北当局在江南订购了50万袋面粉，第一期4000万斤，但铁路中断，只能运到葫芦岛或平津，然后再空运沈阳。4000万斤粮食若一天运到，需要13000多架飞机，一个月运完也得4000架，谈何容易？即使这批粮食全部运到沈阳，也只能供应200万人一个月食用，而沈阳人口约150万，能吃到南粮的肯定不全是老百姓（指主要供应军政人员）。

远水不解近渴，又不能就地开辟粮源，沈阳的粮价有涨无落。高粱米每斤最高价格法币40万一斤，大米超过50万，面粉2000多万一袋，每月收入两三千万法币的公教人员，以全部薪水只能买到五六十斤高粱米，两口之家想吃高粱都难。只好改以豆饼、豆渣、豆面为主食，委屈了肠胃，影响了健康，代价是不至于立即饿死。况且，“压发薪水，不许借支”是东北各机关学校同有的惯例，公教人员个个囊空如洗，家无隔宿之粮，想买豆饼也要各处哀求借债。至于工人、贫民、难民，一日三餐连豆饼也吃不上。此外，沈阳民营小型工厂随着经济崩溃纷纷倒闭改行，遣散工人。沈阳原有2953家民营小厂，半年之内倒闭了1648家，成千成万的人群失业，面临饥饿的威胁。张高峰写道：

饥饿给人指出两条路——死与活。有勇气的自杀了，更有勇气的铤而走险，大小城市随时有抢杀案，东北乡间到处有土匪。为安定社会，东北物调局自五月份起每天拨配大豆五火车（约一百五十吨）加工制成豆面、豆油、豆渣、豆饼配售给贫民，最近更计划大量疏散人口。战时的食粮与子弹同样重要，军队没有子弹会投降的，人民没有食粮自然会闯大祸。

流通券的漏洞　东北军事失利，国统区面积日渐缩小，流通券一再贬值，无法维持原定一比十一点五的比值。物价因流通券的贬值天天往上跳动；物价飞涨又推动流通券大量发行，且票面增加，以维持军政开支，形成恶性循环。更要命的是，今日所谓东北，几乎仅指沈阳，流通券不能入关使用，每月发行的几千亿流通券，等于以沈阳弹丸之地，负担全东北的战争。人民实在挑不起40万大兵与九省三市军政开支的担子，所以东北人民代表请愿团吁请南京政府准许流通券入关，法币出关，打开币制的界限，由全国人民来负担东北的“战债”。

流通券不能入关使用，是因为关内已有多种钞券，若再增加一种流通券，则更复杂纷乱。法币不能出关，最大的原因是内地钞票早已供应不足。而法币不能供应东北，与流通券必发生差价，流通券将再贬值。此为又一种恶性循环。

张高峰最后写道：“流通券漏洞太多，对穷公教人员与一般市民没有半点好处，好处给了另一群人。中央银行把流通券运到东北去，他们把流通券从东北运回来，来回来去吸取人民血膏，流通券的价值是血淋淋的，叫东北人看得可怕，担心流通券的信用，唯恐有一天变成废纸，谁的手里也不存流通券，尽量购物资，难怪东北的物价永远不能平抑了。”

《观察》中的『烂污东北』

碍于大公报的立场，《干枯东北》并没有写尽东北问题的严重性，许多细节也不便在大公报上披露。而储安平主办、明显“左倾”的《观察》杂志，为张高峰提供了一块“阵地”，可以使他放开笔墨，痛陈时弊。

储安平是抗战时期张高峰在重庆大公报时结识的朋友。1946 年 9 月，储安平到上海创办《观察》周刊，以“无党无派，客观独立，追求民主、自由、进步”为基本原则和主张，放言论事，对国家政治、军事、经济各领域的焦点问题，“做尽可能客观的报道和评论”，因此成为当时中国进步民主运动的一面旗帜，影响很大。张高峰任大公报东北特派员，储安平邀他做《观察》特约记者，不时发去有关时局的通讯。

1948 年 3 月，张高峰在《观察》杂志发表通讯《烂污东北》，详尽综述东北问题的严重，披露了一些内幕，指名或不点名地指斥了部分高官（字里行间“对号入座”，读者可以看得非常明白）。现节录如下：

“东北在搞什么？”答：“在胡搞。东北今天弄得乌烟瘴气，就是胡搞的结果。”

军事 熊式辉、杜聿明先后出关，当时东北人的印象里只有杜长官，不知道行辕还有一位熊主任。熊杜两人共事不久就貌合神离，军政不调协。每次东北大战，杜一人担当，很少与熊商讨。杜有兵权，熊是牌位，两人的裂痕随着共军的攻势一天深似一天。杜聿明与孙立人也合不来，究竟是由于派系不同，还是彼此轻视，或两者兼有，难下断语。事实是杜极力排挤孙。去年六月共军五次攻势，国军连丢十几县，杜曾向孙表示：如今我们只可代最高当局受过。孙就向外人说：“最高当局有何过？如果有过，就是用杜当了司令官。”当局大概很清楚东北军政首脑间的磨擦内讧，所以才调走孙立人，撤销东北保安司令部，扩大行辕职权，熊杜一齐离开东北，派陈诚兼东北行辕主任，统揽军政大权。

陈诚去年八月到差，即向东北人民发出“支票”，要整军风、政风、学风。六次攻势时正值双十节，陈在纪念文告里说：“只许共匪有六次攻势，不许有七次攻势。”言出未久，共军的七次攻势上场。陈总长指挥不灵，国军丢盔败甲，一风未整，局面已经不可收拾。

换上卫立煌为东北剿总司令，东北人对卫尚无恶感，因为一是卫上任不久，二是卫不滥发“支票”。今年二月初沈阳形势最紧张的时候，陈登机而去，不许地方报纸刊登新闻，起初市民多以为陈还在坐镇沈阳，后来才知道总长已经溜走了。

市民歌颂陈诚：“陈总长真不善，火车南站通北站，不打八路军，专给自己干。”“火车南站通北站”是指铁路太短了；“不打八路军”是真是假，只有八路军知道。“专给自己干”，倒不是说陈搜刮了东北。陈一身廉洁，在东北军政大员里还算第一人。老百姓骂的是那些军官与政客。军人的罪状太多，老百姓都能睁眼看到：某军长接收了长春、沈阳两家印刷厂，办了两家报纸，吹嘘自己战功。又到处接收医院，扩充自己的军医院。他究竟是打仗还是办报，还是办医院？去年在阜新阵亡的某师长太太，被这位军长勾引，姘居，引起家庭纠纷，自己成为了双重“内战”主角。驻长春的某军长整天与红舞女“苹果小姐”鬼混。长春市民无煤无电，他们却三天两头开舞会，挥霍军饷。去年在辽北被俘的某师长，身上带着六只大金镯，临死不舍财，到了哈尔滨捐了两只。团、营、连、排长搞的更乱，到处讨老婆、抢房子，凡是人民的就是军队的，难怪共军登高一喊，全体缴枪。

现在东北国军还控制着长春、沈阳、锦州等十个不完整县，政府说“绝不放弃东北”，剿总说“我军有万全把握”，谁也不信了。

政治　更是一团糟，九个省政府，除吉林辽宁两个省府还有点事可干外，其他在沈阳住闲，哈尔滨、大连两市政府也整天闲荡。南京方面从不考虑这些机构究竟有无存在的价值，为什么不早下令暂时解散？真的掌握了全东北，再成立各省政府也不晚，何必现在徒增人民负担？他们唯一的作用是消化已经膨胀了的流通券。没事打打麻将，迎来送往，是七省二市的经常工作。沈阳告急了，大家一齐飞去。平时吃白饭，战时就登天，人民恨透了这些官员。

东北最高的政治监督指导机关就是东北政务委员会，养活着几百人，也是终日无所事事。东北仅有四十八个乡，还谈什么交通、农田、水利？纯粹是一个空架，是公文袋，叫人民扛着背着。政委会有六位常务委员，四位在平津，只有代理主委王树翰老头子与副主委高惜冰在沈阳，要开会都不够法定人数。另外六七位委员，也有一部分离开沈阳进关了，还指导什么政务？

再看看东北官员们的丑态：最高政治首长的内弟，借势力在沈阳办银号，关外的钱流到江西去的不少。父亲掌握东北经济大权，儿子处处违背父亲的“计划经济”政策，又有江苏人的优越传统，在沈阳经营工厂，开贸易公司。姐夫、父亲表面是清官，小舅子、儿子暗中摸钱。另一位管粮食的大官，东北闹粮荒时，曾南飞购粮，其实他个人囤粮最多。卸任不久的某特别市长，连运垃圾扫马路的工作都未做好，办公室却放着一对“姊妹花”；女学生向市长请愿，一谈一个上午。市长虽然垮台，还有国大代表的身份，现在已经飞到南京去了。某流亡主席在沈阳无事可做，就顺便讨妾。一个仅管辖两个城市（三月九日以后只有一城）的某省主席，从来没有到过北方，是珠江流域的人，现在北平有他一所华丽的住宅，哪里来的钱？在省会专修游泳池，邀女教员去游泳，又在私邸“召见”，哪一点资望像“主席”？修游泳池用的是救济分署以工代赈的面粉，分署长被五省二市控告，这也是一个原因。署长有办法，属下徒刑换来免职处分，分署辽宁办事处长及辽北吉林两办事处许多职员都入了牢。最高军事机关的某主任，接收了数不尽的敌伪物资，东北籍官员联名告发，要给他立贪污纪念碑，国防部军法处派人来彻查，某部长也到了沈阳，案子不了了之，人钱一齐入关。

东北政治无能到了顶点，使什么收揽人心，凭什么打八路？七次攻势，共军连下十几个县城，沈阳也要丢，才有人民代表请愿团晋京之举。这请愿是否有作用，不得而知。其中一位代表本身是松江省财政厅长，明明是政府官吏，硬说是人民代表，简直是欺骗人民。请愿团已经回了东北，他还留在上海，请问他是替谁请愿？以上虽然全是个人隐私，也足能看出政治的无能。人民冤枉死了，但是没有了人民，哪儿来的官吏？

经济　日本投降时，东北物价相当稳定。政府怕内地物价影响了东北，才发行流通券，用意良苦。可是两年以后，关外物价高于关内三倍以上，流通券已经不起隔离作用，且每随东北战事贬值，由一比十一点五的法定比值跌到一比六，所以有人主张收回流通券，东北也改用法币。问题是收回流通券需要大量法币，这笔印刷、纸张、运输等费用也相当可观。在全国币制还有问题的时候，流通券的问题只好暂时摆在东北。

东北每月军政开支要两千亿流通券，虽然最高的面额已经两千元，但是印刷仍来不及，最好是叫钞票多回笼。政府去年发行了多少流通券，我们不知道。可是去年一年国军放弃了二十几个使用流通券的县份，那正是共军套换物资的工具。如果允许流通券进关使用，难保关内物资不被共军套换，影响物价。

但是，真正有力量扰乱关内外物价的不是共产党，而是政府区域的人们及官员，譬如飞机带黄金出关，关外黄金比关内高半倍或一倍。在东北换了流通券又从银行汇入关内，往返一次可以牟利一倍。关内流通券贬值，所以有人在关内大量收购流通券，用飞机带到关外，再从关外以法定的比率汇入关内，轻而易举就可以发财。政府只想到共产党是敌人，其实政府的官员专门拆政府的台。

文教　从接收到现在，东北就没有使文教工作走上正轨，甚至连伪满时代都不如了。近一年来，东北文教工作的没落更非所能想象。沈阳五家大报非党即军，全纸官方言论，看了一家就等于看了其他几家，淡而无味。每当时局紧张，件件新闻蒙蔽人民，从来不能指责是非，报导事实。中宣部东北办事处招待记者讨论新闻工作，大家意见很多，不外是如何“协助政府戡乱，消灭共匪”。偏巧就有一位总编辑发言：“今天社会上有许多问题应该指责，可是编辑记者拿起笔来就发愁，揭开问题，自己要负责。骂吗？又要惹祸。想来想去没有办法，还是骂骂共产党吧！我们今天只有骂共产党的自由。”这句话说到大家的心坎上，全堂大笑。

两年来，在东北没有听说谁扶植过戏剧或艺术工作。市面上专写“共匪不灭，国不富强”一些八股宣传的标语，坊间流行的是有毒素的黄色刊物，学生想找一本精细英文字典都很少。政委会的文化处从来没有发动过一件有益于文化的工作，专门研究学生思想，如何控制他们，如何逮捕他们。

谈到教育，地方有罪过，教育部罪过更大，东北大中小学连难民收容所都不如，学生老师吃不饱，三天一逃难，五天一搬家，校舍随时被军队占用，现在还有许多中小学在操场上课。国立东北大学更是糟糕，没有教授，学生是一百多个单位保送去的，一部分学生程度不如初中。私人办学，教育部一向不过问，沈阳私立中正大学招收一两千学生，杜聿明自任董事长，张忠绂挂名校长，余协中代理校长，无头无尾搞一阵，最近下个命令解散了。学校不是军队，把教育当成儿戏，难道只喊“打倒共产党”就够了吗？沈阳还有一些不三不四的独立学院，如私立辽东学院、私立河北大学等，滥收学生，教授是一群教中学都有问题的混子。朱部长去年到过沈阳，曾否真正了解东北教育情形？

十几年来喊着收复东北，东北也是政府摧残的对象吗？今天的罪过太大了，想想吧，你们这批人究竟在东北搞些什么？

（原载《观察》第四卷第七期）

兵临城下前后

1948年3月，解放军冬季攻势结束。由于永吉撤退，四平战败，国民党在东北的主要据点仅剩长春、沈阳、锦州三个中心城市了。而且由于地盘支离破碎，交通阻断，各自孤立，导致地面调兵、补给困难重重，空中运输也受到极大限制。

与之形成对比的是，中共在东北站稳了根基，交通极具优势。随着占领区的扩大和铁路的及时修复，火车可由哈尔滨通到辽宁的辽源、通辽，大军调动便利，补给源源不断，因此能够在辽西、辽南广泛转移、机动作战。

为了固守长春，牵制解放军南下，减轻沈阳、锦州压力，3月末，郑洞国以东北"剿总"副总司令兼任第一兵团司令、吉林省主席的身份，率两个军的兵力，亲赴长春坐镇。他没有想到的是，这是他为国民党、蒋介石效力的最后厄运。

5月初，解放军11个主力纵队，分别从北、南、东三面向长春集结，逐渐形成合围之势，与此同时，在沈阳外围部署了四个纵队，以阻击沈阳之敌可能的北上增援。5月底，随着大房身和宽城子两机场被占，对外空运联络中断，长春彻底孤立，即使不打，也是一座“死城”了。事实上，林彪的战略意图就是“围而不打”——在长春城郊修了层层壕沟，禁止人员出城、物资入城。只要你不往外打，我也不再往里攻，但对长春保持着长炮射程，随时可以向市内发炮。既然郑洞国没有力量打出去，长春就只能坐以待毙了。

长春虽然孤立，却又与整个东北局势有着牵一发而动全身的关联。为观察全局演变，以下节录1948年长春被困前后，大公报有关东北局势的部分报道：

03-14　沈阳物价空前，最平民化的豆腐卖到三百元流通券一块，鸡蛋三万元一个，高粱米三千三百元一斤。能吃高粱米已是小康之家。沈阳本是一个极有希望的工业大都市，今天却是一个不折不扣的“难民之都”了。

04-06　东北军粮不足，民粮飞涨，高粱米十二万法币一斤，食豆饼者约二十万人以上。东北筹码拮据，央行赶制大额钞票。又，政府控制区铁路行车里程已不及三百公里，管辖机构却有十二个，实际工作员工一月份薪水迄未补发。

04-13　热河收复区五县四十乡居家九成陷入断炊危状，想吃高粱、糠、豆腐渣、豆饼亦觅不到，只剩观音土、树皮、草根没吃光。村妇孩提衣不蔽体，翁妪挑柴进城换米，一担柴砍两天换不到二升高粱。承德四乡饥民载道，哀吟惨绝，讨饭要不着，饿得走不动，村间中壮健青年不见，非当兵即逃亡，老弱饿毙日众，少妇自杀最多。红拉沟狗吃孩尸，石桥沟三村姑悬梁。百姓说：大小衙门都是要钱要粮的，不管救济，跪望中央快救命。五县饥民非赈不活者二十万。

04-14　沈阳百里之内随处可见荒田，秋收必远不如去秋。当局发动部队协助春耕。农民仅乞求不再抓壮丁、抓马、抓车，保存人力畜力，胜于直接协助。

04-18　东北国军控制区仅四十八乡镇，沈阳附近即有四十，壮年多避难，无人春耕。十八万法币一斤之高粱米，沈市一百七十万人口有力购买者约半数。

04-21　东北纺织陷于末路，产棉区几乎全部放弃，开工纱锭仅余六千。

04-25　锦沈段铁路恢复无望，入关旅客多由新民步行四百里至锦州再搭车入关，日均千余人，多为冀鲁籍。数十年之关东梦，如今换到一身贫困。

05-06　春暖以来，东北共军整训补充，阵势摆布重兵似在长春外围，这孤立近一年的据点如何坚守下去，军火接济最困难。

05-08　辽宁省主席王铁汉在辽西各县便装访问农村，认为如仍任地主剥削贫农，则士兵摸不清为谁打仗，此为根本问题。组织地方武力并非随便招兵买马，人民不堪负担，应纯为自卫。否则人民只有两条路可走：一是逃，二是死。

05-10　沈阳难民麇集，地方无力供应食粮，沈市规定：独身壮丁使之从军；有家属之壮丁编为地方守卫队；从事浑河水利工程。近又拟订疏散人口办法，总数预定三十万，凡不必要之机关学校及不生产、不工作者均在疏散之列。

05-12　东北将领云集北平，与傅作义等缜密研究关内外配合作战方略。东北新兵补充仍须在现有之十三县市内抽征训练。

05-15　锦沈铁路中断，沈阳民航登记人数已过万。飞不走的纷纷搬家，但哪里安全谁都说不清。飞不起又无处搬的抱着“天塌大家死”的念头。沈阳房价大跌，过去要价千万元的空房，现只要三百万，且带满堂家具。

05–17　东北国军控制区仅余三盐场，盐价大涨，一斤盐可换一头毛驴。

05–20　东北各厂矿一副血泪景况。煤产量只有二十二万吨，电力供应不过五万千瓦，存煤只够一星期用，水泥的唯一用途就是筑碉堡，造纸原料是伪满钞票，现又打算用销毁的百元流通券了。机械铁工厂全部停工，只有碾米厂在粮价高涨声中还维持着。

05–21　长春十万大军粮秣少积存，出外突击抢购粮源。四周“胡子”有十万之众，把市外八十里左右吃得精光，据说是被清算的地主集合。市府下令所有废墟及空地种粮，但燃料没有办法，存盐也不丰。有钱人成批逃亡关内，留下的苦力依赖日工过活，中产者大崩溃，当局为维持军民关系煞费苦心，然也只好拖一天算一天。

05–27　阜新、北票两矿弃守后，辽西用煤即告断绝，电厂工厂全部停工。

06–03　东北流通券停止发行，法币出关，兑换比率为一比十一点五。

06–10　共军完成合围态势，向长春城郊渗透，企图吃掉国军零星部队。某东北人士称：长春孤点已成国军之累赘，军火食粮惟赖空投，且缓不济急。

06–11　抚顺特殊钢厂为国内所仅有者，沈阳兵工厂兵器用钢全由该厂供应，华南亦亟需特殊钢供制兵器与工具之用，东北政委会每日拨调飞机十数架南运。

06–26　东北重心已由沈阳移至锦州，沈长两城全赖锦州空中输血。锦州物价狂涨如旧，不过多添了几个机关。街头官比兵多，花千把万就可弄个校官牌子。市上出卖骡马甚多，买者寥寥。一匹七岁大的拉车马，以当下粮价计算不过值二斗二升小米。卖主说，“不是兵拉就是匪抢，谁还敢养马？”

06-29　锦榆段通车后，大批难民蜂拥进关，两日来榆关麇集约万余名。

06-30　东北各省市长以长沈粮价高于全国，人民嗷嗷待哺，联署电请行政院将长沈划为美援配给区，粮食部电复：东北交通梗阻，运输困难，不克救济。

07-12　五千难民到锦州，粥厂只能日供一餐，当地穷人也去喝粥。煤都抚顺穷人偷煤为生，矿工连豆饼也吃不起了。

07-19　北大教授吴恩裕自沈归来称：沈、长缺粮，一斤树叶子涨到十万元流通券。中央支撑东北要给以物资上的补充，限制特殊阶级在地方上随意购售，减少波动。又，沈阳国军四路出击抢购新粮。

07-28　在平之辽宁、辽北、沈阳、长春四议长及国代十九人，为争取美援联名致送备忘录称：东北目前困窘已达极点，沈、长两市数百万人之食粮已濒绝境。严冬将至，衣着堪虑，东北各纱厂停工，棉花纱布援助为刻不容缓之事。

08-02　东北铁路数万员工半年来多以豆饼糠粃充饥，近来更积压薪俸，生活日益窘困，遂于上周全体怠工，要求改善生活待遇，各路客车一度停开或减班。

08-10　此间接获长春市长尚传道来电称：长春被困半年，三十六万市民早以树皮、树叶、糠皮果腹，每日饿毙者数百人，军队与公教人员十五万人同遭饥馑之威胁，深盼政府每日能派专机运粮空投。如粮荒解决，长春孤城仍可坚守。若任长春自灭，以往所牵制之共军兵力势必南下围困沈阳，则沈阳势将与长春同一命运。长春之饥馑现象为东北有史以来所罕见。

08-11　空投长春飞机已中断两日，食粮益感恐慌。东北留平国代、立监委等四十余人分电蒋总统、卫立煌等呼吁：尽量空投食粮救济；军事采攻势并疏散人口。长春议长毕泽宇称："长春食粮恐慌到万分，政府何忍叫长春自生自灭？"

08-16　东北当局严禁公务人员滞留关内，因故入关者限期返任。

08-19　吉林省市县参议会联合会电留平东北国代立监委称："军粮空投迄今两月，始终未能如数。被困之国军仍就地采购军粮。刻高粱米每斤法币一亿七千万元，大豆一亿元。民粮空投喧嚷已久，迄未见颗粒，饥民望眼欲穿。请发动旅外乡人促成广泛救死运动。"

08-23　据经济周刊载文称：六月份东北财政支出已超过法币三十万亿，相当全国支出的百分之四十，其负累之重，可以想见。

08-24　抚顺煤矿因工资发不出，工人饥饿，日前全部停产。电厂维持开工，沈阳电源减少近百分之四十。本溪煤矿已临绝境，工人不堪饥饿相继逃亡。

09-06　东北九省三市立监委及国大代表联名呈请总统，集中空运力量空投食粮并作其他有效处置，文内有"北望乡邦，欲哭无泪，明知政府鞭长莫及，心余力绌，但长春地非瓯脱，人属国民，救溺解悬，政府有责"等语，情词痛切。

09-07　东北生产萎缩，财政枯竭，剿总政委会近拟定各机关紧缩方案，裁减机构、人员，以求节省开支。又据东北来人谈，长春的米是用信封包装出售的。更有人说，长春十斤米可换一所大洋楼。

09-10　关东经三年战乱业已面目全非，地下宝藏已经没有人发掘，土地也已没有多少人耕种，机轮停止转动，烟囱再不冒烟，到处是废墟、灾难、饥饿与死亡。长春粮食恐慌已达顶点，高粱米卖到法币两亿元一斤，市区内树皮草根都被吃光，空投虽然解决了军粮，究非长久之计。

长春濒临绝境，国民党中央社却罔顾事实，公然连续做虚假报道，如：

长春被围整整三月，民心已由不安转为坚定，市民为保卫此东北战略要镇，虽于物质生活中付出极大代价，而精神上所表现之坚忍不屈之气节，实令人致敬。目前市内秩序未稍紊乱，学校、商店及影戏院一如平时，两家日报照常发行，市面虽感物资燃料奇缺，而街头仍有二十余辆公共汽车往复驶行。二十日起，因改革币制消息传来与空投加强，物价普遍下跌，高粱米每斤由流通券三千万跌至两千四百万。（中央社8月23日长春电）

我军民艰苦防御长春将近四月。由于空投补给之步入定时定量及各线防御工事之完成，显示军民坚忍四月之辛酸刻已获得较大安慰，即此东北重镇始终以“攻不破困不死”之雄姿屹立松南也。此间枯草落叶已报秋深，寒霜催人，准备迎接冬临。而币制改革消息似予比空陆隔绝之孤城以良好影响，盖两旬来，物价皆已普遍平稳，食粮涨风亦告停顿。长春市民数月来情绪之不安与紧张，咸因物价之平稳而趋缓和。除偶闻隐约炮声外，无人可直觉彼等系身处匪军重围中。若目前长春机场能安全接受飞机降落及银行恢复开放内汇，则长春更可获得十足之安定。又，市民政局统计：长春自驻军发动救死运动以来，已发放之急赈金达流通券二百一十二亿元，救活贫难民八千五百余名。（中央社9月11日长春电）

中央社的报道与长春实情相去甚远。请看大公报同时刊发的读者来信：

长春是目前东北国军各据点里最脆弱的一环，在被围困的情势之下不断遭受攻扰。大房身机场今虽失而复得，但是破坏程度相当严重，飞机还是无法降落。粮食恐慌已达顶点，高粱米卖到法币两亿元一斤。饥饿的魔手抓住六十万市民，市区内树皮草根都被吃光，空投虽然解决了军粮，但究非长久之计。在长春西南的洪熙街孟家屯等地，在双方军事的夹缝里，有十几万欲求进退都不可得的难民，围困在狭隘地带内，他们什么吃的东西都没有，每天有几百人饿倒下去。

对于当年长春的景象，时任长春军政最高指挥官的郑洞国晚年回忆录中记述：

（1948年）7月以来，市内已有饿殍出现，许多百姓因粮食吃光或被军队搜光，只得靠吃树叶、草根度日，结果因身体极度虚弱而病死、饿死的人愈来愈多，尸首也无人安葬。后来街市上甚至出现了卖人肉的惨剧。……被遗弃的孩子愈来愈多，有时每天竟多达近百名，如何收容得过来？许多孩子就因此而死掉了。……大批拖家带口的市民麇集在南郊和东郊两军阵地的空隙地带，出不去又回不来，加上一些土匪乘机抢劫财物食物，弄得百姓们惨状百出，终日哭号之声不绝，在这些地方饿死、病死的人无法计数，据说长春解放时，在城东、南郊一带掩埋的尸体就有几万具。

长春本是一座美丽的城市，此时城内外却是满目疮痍，尸横遍地，成了一个活生生的人间地狱，人民遭受了一场亘古少有的浩劫！多少年来，每每追忆起长春围城时的惨状，我都不免心惊肉跳，尤其对长春人民当时所遭受的巨大灾难和牺牲，更感到万分痛苦和歉疚，此生此世我都将愧对长春的父老百姓！

当时的长春，郑洞国指挥下的有李鸿的新七军和曾泽生的60军，论实力并不弱，但由于长期被围困，只能靠空投补给，苦撑等待卫立煌调大兵北上，打通沈长线，才能起死回生。而解放军在大军包围长春又围而不打的同时，用四个纵队摆在沈阳外围，卫立煌稍有动作就被阻击，不给国民党军北上的机会。如此半年过去了，沈长线没有打过一次仗，打通铁路的希望更是渺茫，郑洞国若不想自生自灭，只能不战而降。

拔掉最后三颗『钉子』

1948年9月，辽沈战役打响。解放军以锦州为首选目标，先打兴城、锦西，争夺外围义县，沈阳、长春越发混乱。大公报报道记载：

09–21　长春逃平难民称：长市饥饿情形非外界所能想像。穷人食野草中毒，全身浮肿，体力不支，随时有跌倒街头死亡者。省市政府呼吁空投食粮，久无消息，军民望眼欲穿。

09–27　幅员狭小的辽西走廊一变为关东大门了。它凭借秦葫二港北宁一线的力量接应着东北战场，天天要给沈阳长春哺乳输血。旬日来关内外烽火的蔓延，正是对付辽西基地的开端。最近共军在关内外发动了秋季攻势，烽火环绕着山海关，在东西隔断的北宁线上弥漫。共军在东北战场上已由游击战术很显明的一变而为正规战，东北战场迈入新阶段。

09–28　沈阳益形窘困，九月初旬全市公共汽车停驶，中旬电车公司全部遣散，盖均无力维持。东北电力局亦在苦撑。战前电费每度收价可抵高粱米十斤，现仅抵一两。抚顺、本溪两大煤矿采掘杀鸡取蛋，员工情绪因受生活之累，日渐低落。辽西各地火海一片，烽火持续，秋收大减，故沈阳有再遣散人口计划。

09-28 长春市面充满萧杀，市民自七十万降到二十几万，满街满巷除去军人就是营养不良的居民，能够用麦子和糠壳充饥已算不易。建筑物找遍长春已没有一座完整的，军民为解决燃料问题抢着破坏抢着拆，没皮的树还矗立在市内各处，等待焚烧的命运。据估计，全市树木仅够二十天之用。

09-29 锦州完全进入战时状态。驻扎外围的队伍开进城里，城防工事也在加紧补修。戒严时间延长后，零碎枪声仍不时来自四处。锦榆路继续遭破坏，停在车站上的抢修车、联运车为了应付军差，加足了煤升起火来待命。民航队的机群自晨至暮此去彼返，轮流为长沈输血。回程机装载着沈阳难民。街上煤价天天往上爬，现在五万流通券一斤，成百的孩子自晨至晚徘徊在车站的煤堆附近，窥伺守卫不备下手。抢煤的孩子中有许多衣冠楚楚的小学生，可见黑色恐怖威胁的不仅及于穷人。物价疯涨，而且有行无货。街头看不到一家卖东西的，诅咒声在空气中飘荡。市府下令，对不开业者永久吊销营业执照，商人只有忍痛开门敷衍，但东西寥寥。街头很少再现内战英雄和美人挽手出游，军政各界由散漫一变而为紧张加班，礼拜六的晚会也停摆了。

10-02 今日战讯：义县不守，兴城已被打下，高桥陷落，铁路隔绝，锦西重兵镇守，锦郊被围困，小战日夜不断，大战一触即发。义县轰成废墟，十七天惨酷拼杀，收得两万人头代价。刀兵毁灭最无情，但不知黎民涂炭几时休。

10-10　长春市内既无耕耘之田，又乏进粮之路，燃料已告断绝，发电无能为力。空投食粮只充为军用，民众只能找野草、瓜花、豆荚、糠皮充饥。有粮人以少量米便可换得许多东西。十斤米可易少女出嫁，一条裤子不过换一根细葱。饥饿势如洪水猛兽，侵袭着长春善良百姓，四顾饿殍横陈，一片凄凉景象，友好之间互视而嘘吁，不知何时被饥饿的魔手掳去生命。

此后，东北局势急转直下，国民党兵败如山倒。廖耀湘兵团自沈阳西进彰武，并在锦西塔山海滩登陆东进，企图救锦州之围，遭到解放军强力阻击。10月13日起，解放军向锦州发起总攻，大公报锦州专电："辽西烽烟弥漫，大战惨烈进行，两锦地区战斗陷胶着状态。国军陆海军联合炮轰，平沈基地机群大编队反复临空射炸，13日鏖战火炽空前，硬拼猛打之场面已全面揭开。连续四昼夜，锦州周边焦土积尸，浓烟冲向云际。市区内普遍落弹。"10月16日，解放军攻克锦州，生擒国民党东北"剿总"副总司令范汉杰。

当天，蒋介石再次飞到沈阳督战，又回北平召集卫立煌、傅作义、杜聿明等商讨军事。杜聿明再度出山，任东北"剿总"副总司令兼冀热辽边区司令。然而，东北败局已定，谁去坐镇都回天乏术了。来自沈阳的消息说，那里候机待飞的旅客已达12万人，而沈阳每天最多只能运4000人入关。此外，由于锦州失守，国民党东北运粮基地只能退回关内，改设平津，运输里程倍增，运量却减少了。这对亟待粮食救济的沈阳、长春来说，无疑又是致命打击。

10月18日下午5时起，长春与平津的无线电联络突告中断，是为不祥预兆。其时，国民党长春守军第60军曾泽生所部已经起义。

10月20日午夜，沈阳接获郑洞国当晚呈蒋介石电，内称："职率本部副参谋长杨友梅及司令部与特务团两个营全体官兵及省府秘书长崔垂言共约千人，固守央行，……我外围守兵均壮烈成仁。刻仅据守大楼以内，兵伤弹尽，士气虽旺，已无能为继，今夜恐难度过。缅怀受命艰危，只以德威不足，曾部突变，李军复灭，大局无法挽回，致遗革命之羞，痛恨曷已。职当凛遵训诲，克尽军人天职，保全民族气节，不辱钧命。惟国事多艰，深以未能继续追随左右，为钧座分忧，而竟革命大业为憾。时机迫促，谨电奉闻。职郑洞国，10月20日晚11时亲印。”

21日凌晨，郑洞国放下武器，率部投诚。

有意思的是，中央社那位自称“直到长春一切命运都明显而肯定地摆布出来的时候才化装脱出”的记者，跑到沈阳发专电，也不得不写道：“粮荒消减了士兵的体力和民族意识与国家观念。从9月20日前后，士兵开始吃豆饼曲子。25日锦州大战爆发，空投粮运一度中断，米价最高每斤达法币50亿。10月初前后，长春已渐入混乱，匪方的传单、标语到处都是，市内枪声整日不断，成群的难民由长春向外流亡，日以万计。难民牺牲了不少，四个月中前后堆积男女老少尸体不下15万具。”这些话，与其月前报道天差地别，不啻自己打脸。

长春丢了，沈阳危在旦夕。请看大公报有关东北局势最后几天的报道：

10-27　辽西国共主力会战全线接触。沈阳为减轻缺粮负担，决定再疏散十二万人口入关。

10-29　严冬已届，冬煤堪虞，沈阳豪门将旧存食粮几全部抛出，准备入关，故沈市粮价一跌再跌，街头旧货地摊增多，人民对此现象揣测不安。据悉：沈阳各机关电台已奉令停止发报。故平沈间官商电报拥挤，平电信局除发沈加急电外，其他普通电报暂停收。又，东北剿总副总司令万福麟搭便机飞抵平，暂不返沈。

10—30　沈阳各机关彻底紧缩遣散。各流亡主席、高级文官及各国行经理已于前昨两日陆续抵平。中国、中央两航空公司平沈班机自即日起暂时停航。

10—31　沈阳市内已闻炮声，面价大跌且不易脱手。东北政委会统筹资遣东北各流亡省政府人员包机飞平，每机载五十人，不准带行李，故机场遗留行李数卡车，返平人员情形颇狼狈。沈阳街头张作相布告，国军集中兵力守卫北陵、浑河、东塔三机场，以保空中通路。政委会仍有包机十架，日内陆续飞来。平沈间商电自三十日起暂停收，军电官电照收。

11—01　沈阳形势紧张，中国、中央两公司及民航大队撤退后，高级官员及一般公教人员均无法入关。东北政委会副主委高惜冰、辽宁省主席王铁汉、沈阳市长董文琦等十月三十日联名电留平之马占山、万福麟，请速谒总统拨飞机五十架，撤退东北各省政府人员。惟此项电报到达时，蒋总统已南返。马氏等即急电南京吴秘书长铁城，转呈蒋总统。又，沈阳三机场感受威胁，机场门窗均被炮弹震动，三十日下午所有飞机均飞返北平。

沈阳战事于三十日入夜后即趋沉寂，三十一日平沈间已无电信往来。辽宁省主席王铁汉、安东省主席董彦平、沈阳市长董文琦、东北政委会副主委高惜冰、委员王家桢等于三十日下午奉令飞葫芦岛，三十一日飞抵平。卫总司令立煌、杜副总司令聿明、赵参谋长家骧亦已安抵某安全地区，继续指挥作战。未及撤离沈阳者尚有高级官员一部分。三十日以前抵平者，有东北剿总副总司令马占山、万福麟、董英斌，黑龙江省主席韩俊杰、兴安省主席吴焕章、哈尔滨市长毕泽宇等。

沈阳吃紧，先跑的都是高官。事实上，10月30日，杜聿明在蒋介石的督促下，曾由北平飞沈阳准备接手指挥，但因飞机无法降落而折返。当天，卫立煌、赵家骧由沈阳飞抵葫芦岛“安全地带”，杜聿明又赶去会合。11月1日下午，解放军已经进入沈阳，中旬，又相继攻克锦西、葫芦岛、承德，至此占领东北全境。

再说廖耀湘。锦州战役结束后，廖的第九兵团试图从黑山、打虎山南下营口，从海路撤退，但被阻未果。林彪挥师自锦州回援，将其包围全歼，廖耀湘带着李涛等人化装脱逃。11月6日，廖耀湘被俘。

国民党败退关内，“善后”首先要办的就是追究东北当局高官的责任。

11月10日，蒋介石发布命令：“东北剿匪总司令卫立煌迟疑不决，贻误战机，致失重镇，着即撤职查办。”随后，国民党监委侯天民等27人提案，纠举卫立煌、高惜冰、王铁汉、董文琦等“于沈阳陷落前未能从容应变，且相率仓皇弃职潜逃，以致影响戡乱大局，使国家人民蒙受极大损害，特请行政院将卫立煌等暨东北剿匪总司令部及东北各省市弃守潜逃各地之高级文武官吏分别严加惩处，以振纪纲，而儆效尤”。

11月28日，监察院辽安行署委员崔淑言由沈阳化装抵北平，他接受大公报记者采访时说：“此次沈阳仓促撤退出人意料。如事前有计划，两日半时间足可利用，不致有大小官员数百人被俘，且未及通知各领事馆撤退，实感可耻。本人日内赴京报告撤退实况。”

12月9日，中央社南京电称：“监委崔淑言目击沈阳陷落情形，对卫立煌弃城仓皇潜逃深表不满，据称：卫氏于10月30日下午乘机悄然离沈，事前未通知任何方面，对部属亦未发布任何口头或文字之命令，以致三军无主，未克做有组织之突围撤退。据当时情报，卫氏离沈时，共军部队距沈市尚在百里之外，而我方兵力雄厚，31日51军尚在东陵打一胜仗，城内计有装甲车150辆、卡车500辆加油待命。卫氏如不仓皇潜逃，即做突围部署或做坚守之战，应无问题。故崔委员认为，卫氏应负沈阳弃守之最大责任。深望负责当局从严惩处，以儆效尤，而振纪纲。”卫立煌成了东北战败的罪魁祸首、蒋介石的替罪羊。

东北全境易手，大公报对东北的报道至此结束。大公报对东北的报道终结了，但国民党对大公报东北报道的不满却开始“秋后算账”。1949年1月，国民党重庆绥靖公署控告重庆大公报于地方法院，案由是“违反出版法及国家总动员法”，所列“罪证”十条，其中张高峰名下三条：

1948年2月25日《严寒东北》（高峰）摘要：“东北政治军事均甚紊乱，人民痛苦，一片惨象。”审查意见：违反政令，称共匪为共军，夸大东北危机；

1948年7月8日《跌在糟房里》（高峰）摘要：“流亡平津的学生不如猪狗，因猪狗是有主人照应的。”审查意见：刺激学潮；

1948年4月23日《干枯东北》（高峰）摘要：“东北不论军事、政治、经济、工业、教育均无办法，人民痛苦万分。”审查意见：毁谤政府，夸大危机。

晚年张高峰

当时张高峰在北平。朋友们说，国民党穷途末路，抓人杀人不眨眼，劝他暂避一时为好。张高峰觉得，重庆远在千里之外，北平已被解放军重重包围，国民党顾不得了。不久，北平和平解放，重庆又陷困境，此事不了了之。不过，从重庆当局的“指控”，人们可以想见当年新闻记者要坚持客观、真实报道的不易，和保持职业操守的艰难。①

1949 年 1 月 19 日，香港大公报刊登重庆通讯，披露重庆当局控告大公报是“欲加之罪岂无辞，以卑劣手段打击民间报”，通讯写道：

“争取新闻自由”的口号喊了多年，新闻自由不仅没有获得，政治力量加之于新闻界的枷锁却愈来愈牢了。虽然中国有“防民之口甚于防川”的古训，更有因“防口”而引起的事变屡见于史章，但是到今天，言论依然被严格封锁着，报纸因而动辄得咎。……新闻记者向被社会赐以“无冕王”。这话在今天不能通用了。新闻记者在今天是有冠者，他们戴的是荆棘之冠啊！

---

① 《严寒东北》《干枯东北》见前述引文。《跌在糟房里》是张高峰所写平津东北流亡学生的通讯。“糟房”是指酿酒的作坊，因为酿酒过程中会产生酒糟，所以酒坊又被称为糟房。酒糟则是酿酒的原料在酒精被提取后剩下的渣滓。内战中的东北教育如同糟房，几乎毁掉了一代青年。张高峰借用“糟房”做了比喻。

回首东北三年

从1945年抗战胜利后三个月，国民党军打出山海关，开始接收东北，到1948年辽西大决战，中共占领东北全境，前后整整三年时间，东北局面发生了天翻地覆的改变。这期间，张高峰作为大公报特派员，参与、负责东北的采访、报道，基本见证了这一历史转折的全过程。对国民党彻底败退东北，应该有一个总结。

1948年11月2日，沈阳易手的第二天，张高峰完成了这篇报道，题目就是《东北三年》，节录如下：

胜利景色，一年不如一年的拖过去了。以东北论，今年的变化最大，也最快。

溯三年前接收东北，曾经过一番中苏交涉。国军计划在大连登陆，苏联说那是商港；改在营口登陆，前一天又被中共占领。三十四年（1945）十一月十六日杜聿明率领十三、五十二两军，由山海关打进东北，直入沈阳。半年过后，双方以松花江为界。

两年大变 三十五年（1946）十一月十六日，东北保安司令长官部庆祝国军出关周年纪念。算一算战功，东北连热河十省，总面积一百二十四万平方公里，国军控制了约三分之一；连热河在内共一百六十三县，国军进驻七十四县，约占二分之一。此后国军在松花江以南成立了锦州、沈阳、中长、齐齐哈尔四个铁路局，有五万员工。另外抚顺、本溪、烟台、营城子、西安、阜新、北票七大煤矿开工。仅次于日本八幡的鞍山钢铁公司也恢复了生产。动力有小丰满水电厂，每天十二万千瓦的电力用不完。要火车，沈阳有全国只此一处的机车车辆公司，每月出机车两辆、货车百辆。用汽油，抚顺有月产十万加仑的炼油厂。用纸张，尽管向辽宁纸浆造纸公司去订购。讲民食，各省各县有吃不完的大豆、高粱、玉米。

转眼又过了一年。三十六年（1947）春季，林彪大军已经养成，渡过松花江，一直采攻势。一次、两次、一直到第七次。杜聿明司令长官、陈诚主任、卫立煌总司令都是林彪的有力对手。七次攻势打得太凶猛，东北局面全非。以沈阳为中心，东至抚顺，西到新民，南达苏家屯，北通铁岭，四周不出一百五十里。七大煤矿剩下抚顺、本溪两矿，军煤、机煤、民煤闹起恐慌。四个铁路局管辖的铁路只有五百里。小丰满水电厂失陷了，各城市成黑暗世界。鞍山钢铁公司丢掉，机车车辆公司缺乏原料。辽北全省放弃，缺少了一个重要米仓，人民没有了食粮。东北完全变了。

一篇旧账 当初，若干接收东北的人似乎是以"征服"的姿态出现，凡是伪的全是"接收"的对象。但有例外，十四年的奸伪不在内，一个也没办。各机关留用人员与南来的人员在待遇上打一个折扣。如此歧视，叫人寒心。这些人给东北带去胜利，也带去混乱与负担。

东北有的是财物宝藏。东北接收敌伪产业共值两亿零三百一十一万金圆（全国敌伪产业总值三亿两千余万金圆）。东北敌伪产业中，被各种机关与私人接管的值一亿两千三百三十二万余金圆，等于苏浙皖三省的敌伪产业总值。那些敌伪产业在若干机关与私人手中似乎一直在变，愈变里面愈空，愈变愈破烂。由东北敌伪产业处理局接收保管的工厂、房产、物资等共值七千九百七十八万余金圆，过去只侧重接收，不曾办理标售。今年十月上旬，奉政院令大量标售时，东北人民已经穷得连粮食都买不起，敌伪产业自然无人问津了。

胜利以来，东北人民的负担加重了。十八岁到四十五岁的男子，被征为预备兵与民夫的在十五万人以上。三年过后，农村见不到耕种的壮丁。军粮、车辆，一步逼一步地向人民征借。所以军民之间一条鸿沟，从胜利起一年年地加深。

去冬七次攻势以后，国军控制下的是不完整的十四个县份。高高在上的是剿总政务委员会，所辖九省三市，面积仅四百平方里，人口二百五十万。政治机构形成头重脚轻的病态。人民一头挑着九省三市的庞大开支，一头挑着庞大的军费。政府从未考虑过怎样彻底紧缩无业务的闲散机构，减轻人民的负担。东北的支出真是太浩繁了。钞票运不及的时候，沈阳、长春两地由国行发行本票，长春发行本票总额七千亿流通券，沈阳约三千亿流通券，人民被钞票给淹没了。

哀下一代 教育是下一代的摇篮。没有下一代新生的力量，收复了东北又有多大希望?

胜利之初，东北教育行政机构叠床架屋，没有政策，也没有可循的轨道。大学缺教授，少图书，学生参差不齐，还有靠人情送进去的。中小学校今天做了兵营，明天借给伤兵医院，操场做讲堂，砖头做桌椅，这是什么景象?今年东北四院校在平招生，有考生竟把“罢免权”写成“罢兔权”；国文题“故都之秋”，考生误解为“故乡之秋”。下一代受这样的教育，教育部从不过问，东北当局也根本不管。

今年四月以后，东北学生纷纷入关，集中在平津两市。学生自己去找庙宇或难民所，似乎各不相干。学生没有吃的住的，东北地方政府也不积极设法救济安置。“七五”事件[①]演出了，沈阳喊起来：惩凶、抚恤。东北各界民众代表慰问团来到北平，给子弟们办丧事。但子弟们活着受罪的时候，却难得有人来管！

东北大学、长白师范两校荒废了十个月，最近才在北平开学。沈阳医学院搬到北平来，连一架显微镜也没有。长春大学迁到天津，教职员与学生在报上登大幅广告诉苦。办教育的人们真是对不起学生。十月二十九日东北四院校联合招生发榜，取录了两千多人，房子不够用，仪器设备在哪里？怎么教学生去学习？

战局急转　自从去冬沈锦交通断绝后，沈阳、长春变成孤点，一切补给靠着葫芦岛的港口，以及锦州空运基地去接济。三月八日政府决定撤退永吉，曾泽生率部作二百里的突围行军，弹药兵马粮秣遭受不小的损失。林彪不等国军撤退长春，就在三月十四日攻占了沈长间的四平重要据点。郑洞国指挥曾泽生、李鸿两军苦守长春。对方以围困代替围攻。当锦州告急的时候，郑洞国奉令率曾、李两部突围南下。曾部于十月十七日发生突变，长春终告不守。

林彪蓄意攻打锦州已久。九月初旬，聂荣臻、李运昌先后在平古路与北宁路唐山、山海关间发动攻势，切断了平榆交通。林彪就在此时从热辽边区分路围攻锦州。双方半个月的苦斗，国军二十九日退

---

① 1948年7月初，北平参议会通过“东北流亡学生救济案”，规定“凡确有学籍及身份证明者，应予以严格军事训练；身份不明、行为悖谬者，予以管制；学力不合者拨入军队入伍服兵役。”消息传出，激起了东北流亡学生的愤怒。7月5日上午，3000多名东北流亡学生聚集北平参议会门前抗议，学生们情绪激动，冲进去捣毁了办公室的门窗、玻璃、家具，把“北平市临时参议会”牌匾覆盖改为“北平市土豪劣绅大会”。下午，一部分东北流亡学生又到东交民巷北平参议会议长许惠东住宅请愿，与前来镇压的军警发生冲突，军警两度向学生开枪，造成死八人（当场死亡三人）、重伤18人，另有路人中弹身亡的惨案。

出兴城，三十日失绥中，十月初义县撤守，锦州外围据点全被占领。林彪重新部署，从东西北三方进攻锦州。冀热辽边区总司令范汉杰极感应战吃力，十月十三日退守城垣，十四日陷入混乱状态，十五日“对外联络中断”了。紧接着沈阳也被攻了。

转眼三年，情势大异。尽述所知如前，以飨读者。

东北三年，国民党当局三易主帅。熊式辉是个政客，不懂经济，更不懂军事，权术与谋私倒是拿手好戏，国民党内对其早有非议。好在他下台时东北局面还能够支撑，因此没有受到过多追究。陈诚为官还算清廉，主政东北时也曾大刀阔斧地整饬风纪，但他刚愎自用，军事上毫无韬略，而且排除异己，结怨属下，结果铩羽而归。若非蒋介石的心腹，下场很难说。卫立煌不是黄埔出身，亦非蒋的亲信，但他统军能拼善打，在国军中有“嫡系中的杂牌”之称。加之当时在东北领兵的杜聿明、郑洞国、范汉杰、廖耀湘都曾是卫立煌统领远征军时的部下，因此成为收拾东北残局的最终人选。

卫立煌认为，东北是苏美利益之所在，势在必争。沈阳系东北重镇，有战略价值。只要保存实力，占据地盘，即有可为。因此他到东北后采取了“固守沈阳，以待事变”的战略，连四平、永吉、甚至长春失守，他都不肯轻易出兵增援。蒋介石曾多次要他率军退守锦州，他也没有执行，终致演成最后败局。

东北战败，卫立煌被撤职查办。不想时局骤变，1949 年元旦蒋介石下野，李宗仁代行总统之职，恢复了卫的自由。在后来的回忆录中，李宗仁还为卫立煌说了几句话：“东北在大势已去之后原不应死守，而蒋先生一意孤行，下令死守到底，实犯兵家大忌。最后锦州之战，如果蒋先生从卫立煌之议，不胡乱越级指挥，则国军关外精锐不致丧失殆尽，华北亦不致随之覆没，则国民党政权在大陆或可再苟延若干时日。蒋先生不痛定思痛，深自反省，反将全部战败责任委诸卫立煌一人，立煌不但被拘禁，几遭枪决……”

李宗仁所言是否中肯，还需要更多考证，算得一家之言。但国民党政治腐败，军事无能，经济崩溃，社会混乱，以致自毁江山，却是无法改变的历史事实。

图书在版编目（CIP）数据

东北专电：大公报里的政声与民生 / 张刃著.
--北京：中国工人出版社, 2020.7
ISBN 978-7-5008-7446-1

Ⅰ.①东… Ⅱ.①张… Ⅲ.①东北地区—地方史—史料—1945-1948
Ⅳ.①K293

中国版本图书馆CIP数据核字（2020）第105600号

东北专电：大公报里的政声与民生

出 版 人	王娇萍
责任编辑	董 虹
责任印制	栾征宇
出版发行	中国工人出版社
地 址	北京市东城区鼓楼外大街45号 邮编：100120
网 址	http://www.wp-china.com
电 话	（010）62005043（总编室） （010）62005039（印制管理中心） （010）62004005（万川文化项目组）
发行热线	（010）62005996 82029051
经 销	各地书店
印 刷	北京盛通印刷股份有限公司
开 本	880毫米×1230毫米 1/32
印 张	11.75
字 数	280千字
版 次	2020年8月第1版 2020年8月第1次印刷
定 价	58.00元